実践詳解 精神分析16講 下

欲動論と関係論の対話

吾妻壮 Agatsuma Soh

岩崎学術出版社

目次

第9講　対象関係論の始まり

1

対象関係論という言葉

これまで何度か対象関係論という概念に触れてきました。たとえば、第5講では、同一化論の話から、対象関係論の萌芽の話をしました。今回から何回か、この対象関係論についてさらに詳しく話したいと思います。対象関係論は現代の精神分析において決定的に重要な考え方になっていますから、これをよく理解することが非常に重要です。

対象関係論という言葉は、魅力的な響きがあるように思います。私も、精神分析を最初に勉強し始めた頃に対象関係論という言葉に出会ったのですが、何となくかっこうのよい言葉だと思いました。難しそうで、興味を惹かれました。しかし、一体それが何を意味するのか、少々勉強したくらいではなかなかよく理解できませんでした。それから精神分析を本格的に学ぶようになって、少しずつ意味が分かるようになっていきました。今回の講義の一つの目標は、対象関係論という言葉の意味が分かるようになることです。

対象関係とは何か

対象関係とは一体何なのか、それをまずしっかり理解しなければなりません。そのためには、フロイトに遡らなければなりません。フロイトはブリュッケのもとで生理学を研究していた経歴があって、その経験から、量を持つ心的エネルギーというものを考えたという話を思い出してください。心的エネルギーがどこに向かっていくとか、それが情動として発散されるとか、あるいは拘束されて思考のために用いられるとか、フロイトはそういったエネルギー論的な観点からこころの現象を考えようとした、という話をしました。

第4講で話したように、フロイトは、「性欲論三篇」(Freud, 1905) の中で、主たる欲動であるリビドーの三つの要素を明らかにしました。すなわち、リビドーには、それがどこから出てくるのかという意味で源があって、そしてそれがどこに向かうのかという意味で対象があって、そして何を求めているのかという意味で目標がある、ということでした。リビドーが向かう先にたまたまそこにいた人やそこにあったものが対象になる、とその時点でのフロイトは考えていました。ですから、平たく表現すると、対象関係とは**欲動を介した自分と相手のつながり**であると言えます。

欲動には、フロイトが精神分析の始まりの頃からずっと考えていたリビドーと、あとでリビドーに加えてもう一つ考えた死の欲動があります。死の欲動は、攻撃性と読み替えると分かりやすいです。ですから、対象関係の一つのパターンは、**リビディナルな（リビドー的な）つながり**で、もう一つのパターンは、**攻撃的なつながり**になります。これが対象関係を分かりやすくした考え方です。実はもっと複雑なのですが、まずはそのように理解しておくとよいでしょう。対象関係論とは、患者の話す内容を、これらの**二つの相反するつながりのあり方**の観点から継続的に聴くような考え方です。

ある男子大学生は、大学の男性の先生を嫌っていました。あるときの面接で、先日友人たちと集まったとき、その先生がいかに「最悪」かについて誰ともなしに話しだし、それから互いにその先生の悪口を言い合って「大いに盛り上がった」という話をしました。その話を聞いている私の頭の中には、この男子大学生はこころの中で、大学の先生という対象と攻撃的なつながりを持っており、一方で、一緒に先生の悪口を言って盛り上がっている友人たちとは、陽性の情緒を介したつながりですから、対照的に何らかのリビディナルなつながりを持っている、という考えが浮かびました。私は、そのような**対象関係論的な観点**からこの男子大学生の話を聞いていたと言えます。

対象関係論的な観点からは、さらに、これらの二種類の対象関係について、それぞれどのような発達早期の関係性に由来するものなのか、この二つが互いにどのような関係を持っているのか、などということを探究していくことが重要になります。

大学の先生がどのような対象で、そのような対象との対象関係がどのようなものかについてここで想像してみることにしましょう。

大学の先生は、権威を振りかざす父親のような対象を表しているのかもしれません。すると、大学の先生とのつながりは、去勢の脅しをしてくる対象との攻撃的なつながり、すなわち攻撃的な対象関係である、と考えることができるでしょう。ここで問題になっている攻撃性は、エディパルな（エディプス期的な）ものです。

あるいは、同じ大学の先生が、侵襲的な母親的な対象との攻撃的なつながりを表している可能性もあります。すると、大学の先生とのつながりは、侵襲してくるような対象とのつながりであり、この場合も攻撃的な対象関係である、と考えることができるでしょう。ただこの場合、問題になっている攻撃性は、プレ・エディパルな（プレ・エディプス期的な）ものになります。

悪口を一緒に言って盛り上がってくれる友人たちについてはどうでしょう。こちらは少し想像するのが難しそうです。そのような友人たちがどのような発達早期の対象なのかを想像してみましょう。するとたとえば、かつて父親からの去勢の脅しに際して一緒に気炎を上げてくれた同胞や、母親からの侵襲から逃れようと一緒に隠れてくれた同胞なのかもしれない、という考えが浮かんできます。友人たちとのつながりは、陽性の情緒を介した対象関係、すなわちリビディナルな対象関係と考えられそうです。

さらには、友人たちが父親や母親の全く別の側面を表しているのかもしれない、という考えもあるかもしれません。少し複雑ですが、同じ父親や母親が、良い父親と悪い父親、良い母親と悪い母親にスプリットされていて、そのうち良い父親や良い母親が友人たちを表している、と考えてもよいかもしれません。父親や母親という同一人物が、攻撃的な対象関係の相手であり、同時にリビディナルな対象関係の相手でもある、と考えるのです。

続けて、今考えたような対象関係が相互にどのような関係にあるのかを考えてみましょう。大学の先生との攻撃的な対象関係は攻撃的な対象関係でした。一方、悪口を一緒に言って盛り上がってくれる友人たちとの対象関係はリビディナルな対象関係でした。これらの二つの対象関係は、相互に、一方が他方を防衛するような関係にあります。すなわち、先ほど述べたようなリビディナルな対象関係は、エディパルな、あるいはプレ・エディパルな意味で攻撃的な対象関係からの避難先として機能している可能性があります。逆に、リビディナルな対象関係は、ときに、息が詰まるような性質を持っていたり、飲み込まれて自分がなくなってしまうような不安をもたらすために、逃げ出したくなるような気持ちを引き起こすかもしれません。そのようなときには、攻撃的な対象関係が、リビディナルな対象関係からの逃げ込み先になるかもしれません。

長くなりましたが、たとえば以上のように考えてみることが、二つの対象関係の相互の関係について考えていくということです。実際の臨床では、リビディナルな要素と攻撃的な要素が混ざり合ったりすることもあって、事情は今論じたよりもはるかに複雑ですが、対象関係論的に考えるということがどういうことか、何となく分かってもらえたのではないかと思います。

なぜ対象関係論なのか

このように、対象関係論は、対象関係のあり方を中心に分析を進めていくやり方です。ただ、なぜ対象関係を考えなければならないのか、というと、これだけではまだ分からないと思います。フロイトの精神分析ではなぜ不十分なのか、なぜ無意識の内容とそれに対する防衛のあり方を中心に分析を進めるのでは不十分なのか、ということが分かりにくいでしょう。

フロイトの精神分析は、当初、リビドーに関連する願望が主に抑圧によって防衛されているのを解釈することで、それまで意識していなかったリビドー的な願望を意識化する、という作業を中心にしていました。ところが次第に、そのように、リビドーがどうなっていったのか、すなわちリビドーの変遷を辿るような発想だけでは、実際の臨床では説明も対処もできないことがあることが分かってきたのです。

大きな展開点の一つが「喪とメランコリー」における同一化論だったことを第５講で話しました。対象との関係のあり方がこころの構造の一部になるという話です。フロイトは、この辺りから本格的に、こころはリビドーの流れとそれに対する防衛によってのみ構造化されるのではなくて、対象との関係のあり方との関連でも構造化されていくらしい、と考えるようになっていきました。

対象を失ったとき、こころは同一化のメカニズムによって対象を自我の一部にしてしまい、そのことによって対象喪失の痛みに対処しようとするのですが、ここにおいて、対象はもはや外的なものではなく、内的なものになってしまっています。対象は、**心的構造が扱うもの**であるばかりではなく、**心的構造を構成するもの**あるいは**心的構造そのもの**に近いものになったのです。

心的構造そのもののようなものとしての対象とは、外的対象が不在でも、内的にはずっとこころの中に安定した形で存在するようなものになっています。自分の中にすっかり巣くってしまっているのです。

イメージしにくいと思いますが、そのような、心的構造そのもののようなものとしての対象の代表は超自我です。超自我とは、「エディプス・コンプレックスの相続人」“the heir to the Oedipus complex”（Freud, 1938, p.205）だとフロイトは言いました。言い換えれば、父親との母親をめぐる競争的な関係のあり方の残滓のようなものが超自我だということです。すなわち、「お前は母親をめぐって俺と競争などしては駄目だ。そのようなことをすると去勢するぞ。そのような野心は捨て去って、俺のようになって、お母さんに似た、他の女性と一緒になりなさい」という父親からの禁止と父親からの指針のなれの果てが超自我なのです。

そのように、関係のあり方を中心とした発想をもつことが、エディプス状況以外の場面でも臨床上非常に有用だということが分かっていきました。それならば、そういう考えをもっと拡張していった方がよい、ということになるでしょう。すなわち、超自我のように構造としてすっかり安定していて、固有の名前を付けるほどのものではないけれども、それなりの安定性を持った**内的対象**がこころの中にある、と考えて、そのような内的対象と患者との**内的対象関係**を想定する、という発想です。さらには、この内的対象関係が関係のあり方の**強力な鋳型**として力を発揮するために、内的なこころの世界の中ばかりではなく、外的な世界における関係のあり方をも強く規定するようになる、と考えると、それまで説明がつきにくかったことも説明ができるようになっていきました。そこで、そのような方向に精神分析全体が移動して行きました。だから対象関係論なのです。

もう少しイメージが浮かぶように話してみましょう。こころの中に超自我があるように、たとえば今、母親のある程度安定したイメージのようなものが無意識的世界に存在しているとしましょう。実際には無意識的イメージというよりも、無意識的表象、あるいは表象化される以前の段階の対象なのですが（第5講の注3、注4を参照のこと）、ここでは分かりやすくイメージ、としています。このイメージは、ある程度の安定性をもっているのですが、超自我ほどの安定性をもっているわけではなくて、ひどく怒っているときもあれば、すごく優しいときもあります。その母親の無意識的なイメージを内的対象と考えて、その内的対象と患者の対象関係を分析していくのです。それが対象関係論だと考えると分かりやすいでしょう。

復習ですが、「喪とメランコリー」においては、すでに失われた対象との関係が問題になりました。失われた対象は、同一化のメカニズムによって自分の一部になります。すると、失われた対象に対する怒りが、失われた対象と同一化した自己部分に向けられるので、自分自身を結果的に痛めつけることになってうつになるというのがフロイトが提示した理解でした。

この図式に、内的対象関係という概念を取り入れると見通しがよくなります。第5講では、「対象の影が自我の上に落ちる」というフロイトの言葉を紹介しました。「対象の影」が、失われた対象が同一化のメカニズムによって自我の一部になることで自我の中で生き続けるという意味でした。いわば「影」になることで、対象は自我に影響を及ぼし続けるのです。

自我の一部になった「影」としての対象は、一種の内的対象として考えることができます。そして、この内的対象との関係のあり方によってさまざまな精神病理が説明されるのです。

エディプス・コンプレックスにおける父親との関係の残滓が超自我だという話をしましたが、超自我という概念は、内的対象という概念の延長線上にある概念であると言えます。内的対象という言葉は、発達的により早期で原始的なこころの状況を描写するのに用いられることが多いのですが、言い換えれば、父親的内的対象がもう少し成熟して構造としてこころの中に安定した状態でいられるようになると、それは超自我と呼ばれるものになるのです。

これと同じような発想をどんどん広げていくと、さまざまな内的対象からなる内的世界というものが考えられるでしょう。それを分析しているのが、対象関係論です。

ひとつ注意しなければならないのは、先ほど、内的対象は同一化の産物だ、という言い方をしましたが、内的対象はそうするとこころの外部から取り込まれることによって生成されるものだ、と考えたくなるかもしれません。しかし、必ずしもそうである必要はありません。外部とのやり取りがなくても、すなわち外的世界の経験がなくても、豊かな空想の世界が内的に生成され得る、という考え方を取れば、内的対象の世界は外的経験に縛られることなく存在するものだと考えることができるようになります。このような考え方はすべての精神分析家に受け入れられているわけではありませんが、一部の精神分析家はそのような考え方を重視しています。

対象関係と欲動

ここで一つ厄介な問題について考えなければなりません。それではこれまで積み上げてきた欲動論はどこに行ってしまったのか、という問題です。これまで、たとえばリビドーの流れを考えて、それが物事を考える方に向かわずに身体的に表現されるようなルートに向いてしまうとヒステリーになる、などと理解してきました。あるいは、心的エネルギーの拘束がうまく行かないと反復強迫するしかなくなる、といった話をしてきました。しかし、今や対象関係の話が中心になりました。自分と相手、固く言えば自己(注13)と対象の関係のあり方に集中するようになったのです。

「この人は今、自分を脅かすような、懲罰的な父親的対象と一緒にいるという自己を生きているのだな」とか、「この人は今、自分をいくらでも満たしてくれるような、理想的な母親的対象と一緒にいるという自己を生きているのだな」といった形で話を聴いて、それを「あなたは今、私を酷く懲罰的な人だと感じているようです」とか、「あなたは今、私を何でもあなたの求めるものをあなたに与えることのできる人だと感じているようです」などと解釈をするような精神分析の流れが生まれたのですが、すると今度は、「リビドーや攻撃性は一体どこに行ってしまったのですか?」という疑問が出てきます。欲動論を対象関係論にどのように組み込むのか、ということについて考えなければならなくなったのです。

その問題に対する一つの考えは、**関係のあり方は欲動に由来する情緒に貫かれている**というものです。自己と対象をつなぐ接着剤は情緒である、と表現してもよいかもしれません。一つの対象関係があるときに、それはリビディナルな関係なのか、それとも攻撃的な関係なのか、あるいはその両者が混ざったような関係なのか、という観点で話を聴くのですが、そのような意味で、リビドー論というのは対象関係論の中にも生きています。また、先ほど内的対象が外的経験がなくても生成し得るという話をしましたが、そのプロセスを促すのは理論的には欲動です。リビドーや攻撃性が生得的に存在するからこそ、良い対象や悪い対象の世界を経験以前の段階で空想の中で体験することになる、という考え

（注13）自分に関するある程度安定した意識的および無意識的なイメージという意味でここでは自己という言葉を用いている。

方があります。これもまた、対象関係と欲動の重要な結びつきを示していると言えます。

以上のように、フロイトが考えていた欲動論からはずいぶん離れてしまっているように思いますが、対象関係論は欲動論を独自の形で大切にしている、と言えるでしょう。

欲動の転移、関係性の転移

対象関係論の登場に伴って、転移の理解も変化して、より幅広いものになりました。転移は、過去の対象との関係の、今ここにおける分析関係における反復として現れます。ただそれは、関係性というものがそもそも反復されるようにデザインされているというよりも、欲動が向けられる対象が同じような性質を持つ傾向があるために、結果としてある特定の関係性が反復されるように見える、というのがフロイトの考えでした。過去の対象に向けられるべきリビドーや攻撃性が間違って分析家という今ここでの対象の方に向けられてしまうから転移が起こる、という説明だったのです。関係性の反復を欲動によって説明していたわけです。

ところが、対象関係論では欲動の反復というニュアンスはやや減って、関係性そのものがそもそも反復される性質を持っている、という方向に理解がシフトしています。ただ、それは力点の違いであって、対象関係論の考え方にしたがったとしても、「なぜ関係性が反復されるのですか」と問えば、やはり、「それは関係性が欲動と関連しているからだ」という説明になるのです。

それはどういうことかというと、二つの考え方があります。一つは、欲動という概念の中に最初から対象が埋め込まれている、という考え方です。これはクラインの考え方です。もう一つは、対象を求めるということをそもそも欲動と呼んでいるのだ、とするものです。こちらはフェアバーンの考え方です。どちらの考え方をとっても、対象関係論がフロイトの欲動論を切り捨てているわけではなく、むしろ欲動論の延長線上に自らを位置付けているということが分かるかと思います。

実は、関係性の反復の背景に欲動の作動を見る、という感覚は現代の精神分析ではますます減ってきています。「今こちらに欲動を向けているな、転移だな」とは今の精神分析家はあまり考えなくなりました。それよりも、「この人は父親との関係性を今私との間で繰り返しているのだな」と考えるようになっています。

現代の精神分析家の中でも対象関係論的な考え方をする分析家ならば、説明を求められれば、欲動論を参照するのかもしれません。しかしそれでも、欲動論的な理解が真っ先に来るという感じではなくなっていると思います。欲動が対象に働きかけた結果として関係性を見る代わりに、欲動を本質的に構成するものとして、あるいは欲動そのものの直接的な現れとして関係性を見るのが対象関係論的な考え方だからです。

比較的新しい考え方である関係精神分析においては、欲動論が語られることはほとんどありません。現代の多くの精神分析家は、理論的には欲動論を理解しつつも、関係性に集中して分析作業を進めることが多い印象です。

欲動論の位置付けはフロイト以降大きく変わりました。対象関係論は、精神分析がフロイトの欲動論から大きくシフトしていくことになったきっかけとしても大変重要です。

対象関係論の諸学派

対象関係論学派はさらにいくつかの学派に分かれているという話を以前しました。まず、**クライン派** *Kleinian*

*School*です。次に、**独立学派** *Independent School*です。独立学派は**中間学派** *Middle School*とも呼ばれているのでした。もう一つ、**米国対象関係論学派** *American Object Relations School*と呼ばれるものがあります。これはアメリカ流の対象関係論で、一言でいうと、自我心理学と対象関係論の統合理論です。米国対象関係論学派は、クライン派や独立学派と比べると、学派としてのまとまりはそれほど明確ではないのですが、アメリカにおける重要な志向性の一つです。

イギリスの対象関係論学派の分析家と比べると、自我心理学派の分析家は、より手堅い発想をしているように思います。たとえばメラニー・クラインという人は、かなり奇想天外な発想をした人でした。クラインの書いたものは、論理よりも直観に訴えるようなものでしたが、自我心理学派の人の書いたものは、クラインの書いたものよりも論理を大切にしている印象です。自我心理学派に対して、常識的すぎて面白くない、という感想がときどき聞かれますが、それは言い換えれば着実であるということです。一方、クラインの奇抜な発想は確かに魅力的ではありますが、単なる思いつきにすぎないのではないか、と思わせるような主張も少なからずあります。

長い間、アメリカの精神分析家たちは、基本的に自我心理学派で、あとはその他に少し対人関係学派の精神分析家がいた程度でした。対象関係論がアメリカに本格的に紹介されたのは、一九六〇年代後半から七〇年代以降のことです。当初、アメリカでは対象関係論の考え方に対して大変な反発があったそうです。特にクラインは、発達最早期のこころの世界について、縦横無尽に想像力の限りを尽くして書いていますが、アメリカでは、そういうクラインの考えはあまりにも突飛で、確認しようのないものだ、とみなされ、かつては酷い扱いを受けました。

それがどういうものだったのかを示す面白いエピソードを聞いたことがあります。「国際精神分析誌 *International Journal of Psychoanalysis*」という精神分析の学術誌があります。これはフロイトやアーネスト・ジョーンズが作った学術誌で、精神分析の世界では最も歴史と権威のある学術誌なのですが、対象関係論が本格的にアメリカに紹介される以前にアメリカの精神分析インスティテュートで訓練を受けていた候補生たちは、教員の分析家たちから、「あの学術誌はクライン派の考えがあまりにもたくさん掲載されている学術誌だから、そういうものは読むな」とまで言われていたそうです。

「国際精神分析誌」は確かに国際的な精神分析誌なのですが、イギリスの精神分析インスティテュートが発刊主体で、国際誌とはいえ、どうしてもイギリスの精神分析の貢献が強調される傾向があり、するともちろんクライン派の論文がたくさん掲載されるようになります。（注14）

だからといって「国際精神分析誌」を読むな、というのは今から考えると行きすぎだと思いますが、そういう禁止令が出るほど、クラインの考え方は受け入れがたいものだとアメリカではかつて思われていたのです。

しかし、そのような狭量な考え方は止めて、クラインの考えも取り入れよう、と考える精神分析家がアメリカにも出てきました。その一人がオットー・カーンバーグ Otto F. Kernberg という精神分析家でした。ただ、イギリスから輸入したままの形だとやはり奇抜すぎる感じがするので、自我心理学の言葉を用いてクラインの考え方を説明し直して、その上でアメリカの精神分析家にも受け入れやすくする、という作業をカーンバーグは行いました。このカーンバーグ

（注14）「国際精神分析誌」は、日本ではしばしば「ＩＰＡジャーナル」と呼ばれている。したがってＩＰＡが発刊している学術誌であるような印象を与えるが、正確には、ＩＰＡの加盟組織であるイギリスの精神分析インスティテュートが発刊している学術誌である。ＩＰＡが直接発刊している学術誌は実は存在せず、各国の精神分析協会や地域の精神分析協会連合がそれぞれ学術誌を発刊している。「国際精神分析誌」はその中の一つであるが、フロイトが直接関与していたこともあり、現在でもＩＰＡの世界の代表的な学術誌である。アメリカ精神分析学会は、独自に「アメリカ精神分析学会誌 *The Journal of the American Psychoanalytic Association*」を発刊しており、これはＩＰＡとの関連で言えば「国際精神分析誌」と似たような位置づけの学術誌である。アメリカ国内では「アメリカ精神分析学会誌」は“JAPA”（ジャパ）という略称で呼ばれており、特にＩＰＡ系の精神分析家たちに広く読まれている。なお、日本精神分析協会は「日本精神分析協会誌 *The Journal of The Japan Psychoanalytic Society*」を独自に発刊している。

の仕事が、その後の米国対象関係論学派の礎となりました。

対象関係論学派の主な精神分析家

対象関係論学派の主な精神分析家を見てみましょう。クライン派の精神分析家としては、クライン自身はもちろんですが、他に有名なところでは、ウィルフレッド・ビオン Wilfred R. Bion、ハンナ・スィーガル Hanna Segal、ハーバート・ローゼンフェルド Herbert Rosenfeld がいます。この人たちは、クラインから直接影響を受けている人たちです。現代のクライン派の精神分析家として有名な人に、ベティ・ジョセフ Betty Joseph、ジョン・スタイナー John Steiner、ロナルド・ブリトン Ronald Britton などがいます。

独立学派の主な精神分析家として、ドナルド・ウィニコット Donald W. Winnicott、ロナルド・フェアバーン Ronald D. Fairbairn、ハリー・ガントリップ Harry Guntrip がいます。現代の独立学派の精神分析家として有名な人に、クリストファー・ボラス Christopher Bollas などがいます。

米国対象関係論学派の主な精神分析家として、さきほど挙げたオットー・カーンバーグ、そしてトーマス・オグデン Thomas H. Ogden などがいます。

ここに挙げた精神分析家たちは皆世界的に知られている精神分析家です。彼らによる著作はたくさん日本語に訳されています。

対象関係論の特徴

対象関係論の特徴をもう少し詳しく見ていきましょう。クライン派の理論や独立学派の理論をフロイトの精神分析およびその延長線上にある自我心理学派の精神分析と比較してみることにします。

自我の分析、エスの分析

フロイトにとって、自我の分析は重要でした。特に、一九二三年に『自我とエス』を発表して以降、自我の分析は重要度を増していきました。フロイトの精神分析の裾野はとても広いですが、その主要な部分の一つは、最後は自我心理学に行き着いたと言えるでしょう。それを発展させたのがフロイトの娘のアンナ・フロイトでした。ですから、自我心理学派の分析家たちは**フロイト派** *Freudians* とも呼ばれています。

クライン派の精神分析では、分析の関心は自我よりもエスにより向いている印象です。これは理論的であると同時に技法論的な違いを表しています。クライン派の分析家は、自我心理学派の分析家の目には、しばしば自我の防衛を飛ばして直接エスの分析に入っていくように映ります。それに対して批判が集中したので、最近ではその傾向は弱まってきてはいるのですが、それでも自我心理学派の分析家と比べると、ずいぶん突っ込んだ解釈をします。

突っ込んだ解釈の方が魅力的で良さそうに思われるかもしれませんが、事情はそう簡単ではありません。自我心理学派の分析家に言わせると、そういう解釈は、一見華やかですが、実際には速やかに強固な防衛を引き出してしまい、うまくいかないのです。あるいは、そのように突っ込んだ解釈は、**暗示** *suggestion* として作用しまう可能性があります。

分析家がそのように言うのだからそうに違いない、と患者に思わせてしまう作用のことです。魅力的な解釈には、そういう危険性もあるのです。

そのような批判があるのですが、クライン派の分析家たちは、自分たちは同時に自我の防衛も視野に入れながら解釈をしているので、自我心理学派からの批判は的外れだ、と反論しています。彼らには、自我心理学派の分析家たちの分析は逆に手ぬるく見えるようです。自我心理学派の分析家たちの仕事は、自我の分析を先に行い、防衛を一つ一つ、まるでタマネギの皮を剝いでいくようにはがしていく感じです。そして最後に核となる問題の分析をする、という手順を踏みます。この最後の問題というのは、自我よりもエスの領域です。でもクライン派の人たちは、そのプロセスを経ずに、直接こころの一番深い層であるエスを分析しようとします。

果たしてクライン派の精神分析の考え方と自我心理学派の精神分析の考え方のどちらが正しいのでしょうか。一概に言えないところです。私は自我心理学派の考え方により馴染みがあって普段は自然に自我心理学派よりの考え方をしているように思いますが、特に、精神分析状況が錯綜して困難な状況になっているときなどに、クライン派の考え方が非常に役に立つという経験もしばしばしています。

発生論的観点

第7章で精神分析的観点について説明しました。その一つが発生論的観点でした。フロイトにとって、発生論的観点は非常に重要なものでした。フロイトは、現在の問題を過去に実際にあった出来事の結果として理解して解釈すること、すなわち発生論的な解釈をすることが多かったのです。

しかし、対象関係論を中心とする現代の精神分析においては、今ここにおける関係性の理解がより重視されるようになってきました。こころを過去にさかのぼって理解することでなく、こころの奥にしまってあることを今ここで十分に展開することが大切だとされるようになったのです。精神分析は、過去に遡って問題の発生点を探ることから、こころの中の表現されていない関係性を今ここで生き直すことを通して理解する作業に大きくシフトしたのです。それはもう少し固い言い方をすると、無意識的な内的対象関係の世界を、今ここにおける転移関係の中で生きることを通して理解し、意識化することです。そちらのほうが分析の中心になっていきました。

エディプス期、プレ・エディプス期

精神分析プロセスの中では発達のそれぞれの段階が分析の対象になるのですが、その中でも、フロイトがエディプス期の分析を特に重視したことについてはこれまで話した通りです。自我心理学派の精神分析でも、エディプス期の分析の重要性は変わりません。

一方、対象関係論はプレ・エディプス期に焦点を当てる傾向があります。メラニー・クラインは、エディプス・コンプレックスは、フロイトが想定していたよりもずっと早期に、驚くべきことに生後一年のうちには体験されると論じました。ウィニコットは、発達早期において母親が提供する環境の決定的な重要性を論じました。(注15) もしクラインやウィニコットの主張の通りだとしたら、精神分析においてプレ・エディプス期の分析が中心になるのは必然でしょう。クライン自身はフロイトと同じくエディプス期の分析を重視していたつもりだったのかもしれません。ただ、クライ

(注15) 対象関係論で頻繁に言及されるプレ・エディプス期に関する議論には、母親が決定的に重要な役割を果たすという話が繰り返し出てくる。ただ、ここでいう母親は、必ずしも生物学的な母親には限らないことを確認しておきたい。母親のような機能を果たす母親的対象のことを指しているのであって、生物学的に母親であるかどうかは必要条件でも十分条件でもないと考えていただきたい。

ンが着目していた発達上の時期は、フロイトや自我心理学派の分析家に言わせれば、プレ・エディプス期に分類されるものです。

クラインの主張に疑いの目を向ける精神分析家も少なくありません。一部の自我心理学派の分析家は、精神分析は、やはり三歳から五歳ごろというフロイトが考えた通りのエディプス期においてエディプス・コンプレックスを扱うものだ、とクラインを批判しています。彼らの主張は次のようなものです。人が言語を十分に使えるようになるのは三歳ごろからで、ちょうどエディプス期の始まりと重なります。ですから、精神分析の中で言語を用いて表現することができるのもそれ以降の出来事の記憶に関するものであり、したがってプレ・エディプス期の問題に精神分析的にアプローチするということがそもそも成り立たないのだ、というのです。プレ・エディプス期の問題というものはあるのだろうけれども、それは精神分析の対象にはならない、というわけです。

この批判は真剣に考えるべきものだと私は思います。プレ・エディプス期のこころの世界について、言語が生まれる以前の原始的なこころの世界だと考えながらいろいろと想像することは可能ではあります。しかし、私たちがそのように想像しているときですら、私たちは、自分たちが言語を操る存在であるという制約のために、依然として言語の影響下にあります。言語を絶するプレ・エディプス期のこころの世界について考えるという発想は魅力的なものですが、その可能性については慎重であるべきかもしれません。

ただ、だからといってプレ・エディプス期のこころの世界というものを精神分析の対象からすっかり除外してしまうのもどうかと思います。一つの解決策は、クラインやウィニコットが描いたようなプレ・エディプス期の世界というものを、実体としてではなく、臨床的な**メタファー** *metaphor* として考えることです。そのようなメタファーの導入によって、精神分析の可能性は飛躍的に広がります。

エディプス・コンプレックスは、異性の親をめぐって同性の親とライバル関係に陥ることをめぐるコンプレックスでした。ですから、男の子の場合父親との関係が、女の子の場合母親との関係が問題になります。一方、プレ・エディプス期に問題になるのは、男の子でも女の子でも、母親との関係の問題です。対象関係論の描くこころの世界を通して、私たちは母親との関係について精神分析的に語る可能性を得るのです。この可能性はフロイトが手にし得なかった可能性です。

防衛機制をめぐって

防衛機制としてフロイトが重視していたのは抑圧でした。フロイトにとって、防衛と言えば基本、抑圧のことを指していました。それくらい、抑圧は重要だったのです。

一方、クライン派の対象関係論において特に重要な防衛機制は、**投影同一化** *projective identification* です。抑圧は、不快な情緒や考えをこころの奥底に文字通り抑え込むような防衛機制ですが、投影同一化は、自分の中に抑え込むのではなく、自分ではない対象に投げ込むような防衛機制です。

クラインは、原始的なこころは、こころの中で扱えないものを対象を巻き込む形でしか扱うことができない、と考えました。そして、逆に良いものであれば、こころはそれを取り入れようとする、と考えました。これは抑圧とは全然違うこころの動きです。抑圧は自分のこころの中で完結する防衛機制ですが、投影同一化は自分のこころの問題を相手を使うことで扱おうとする防衛機制です。抑圧よりも投影同一化の方がより原始的な防衛機制であると考えられています。

ところで、投影は分かるけれども、なぜ同一化なのだろう、と疑問に思うかもしれません。投影同一化においては、自分の問題を対象に投げ込むことで処理しようとするのですが、もし対象に投げ込むということだけであれば**投**

影 *projection* という概念で済みそうです。しかし、投影同一化の場合、対象の中に投影されたものが自分の一部である、という感覚が自分の中に残ったままになっています。その部分が同一化の部分です。自分の問題を自分のこころの奥深くに押し込む抑圧とは違って、それは自分ではなく他の人の問題であり、かつ依然として自分の問題であるという感覚も自分のこころの中に少し残したままなので、結果として自分の問題をあたかもうまく処理できているような感覚になる、というのが投影同一化です。

しかし、そういう状態はあまり長くはもたないものです。当然ですが、人のせいにし続けることは根本的な解決にはならないからです。抑圧も根本的な解決ではないのですが、抑圧よりももっと問題を孕んだ、仮の解決法が投影同一化です。ですから投影同一化の方がより原始的な防衛機制だとされています。ただ、プレ・エディプス期のこころの分析ではこちらの方が重要だ、とクラインは考えました。クライン派の分析家は、投影同一化を丹念に分析していくことを非常に重視しています。

解釈をめぐって

フロイトは、精神分析プロセスを促進するのは解釈以外にはないと考えていました。対象関係論の中でもクライン派は、あくまで解釈中心です。ただ、独立学派は少し違います。たとえば、独立学派のウィニコットは、母親が赤ん坊を**抱えること** *holding* の意義を論じました。同じように、分析家も患者を抱えることが大切だ、とウィニコットは言いました。赤ん坊が母親に攻撃性を向けるように患者は分析家に攻撃性を向けるものなのですが、それを解釈するだけではなくて、それを抱えて、生き延びること、そういう非解釈的な動きというものが、実は重要であるかもしれない、とウィニコットは言いました。だから、分析家は、こころを顕微鏡で覗くように細かく観察して、「あなたのこころはこうなっていますね」などと知的に説明するようなかかわり方ではなくて、こころを共に体験して生きるようなかかわり方をするのが重要だ、という方にシフトしていったのです。

解釈なのか体験なのか、という問題は、実はまだまだ議論の余地はあるのですが、少なくとも、自分は巻き込まれないで、相手のこころをただ顕微鏡で覗くかのように解釈をする分析家、という感じではなくなってきています。フロイトの時代には、こころを知的に理解し、説明する作業が精神分析の中心だったのですが、そこから関係性をどのように体験しているのか、という、より体験的な次元のほうに精神分析はシフトしていきました。

転移解釈の意義もフロイトの精神分析と対象関係論では若干異なっています。フロイトの精神分析では、転移分析の重要性は現代の精神分析と比べると相対的に低いものでした。もちろん転移分析は分析の中心的課題ではあったのですが、転移分析こそが精神分析である、という考え方は現代的なものです。

対象関係論では、転移分析が分析の中心になっています。防衛分析を始めとする自我の分析を対象関係論がしないということはなくて、もちろんするのですが、転移分析の方が重要視されるようになりました。

また、対象関係論では、転移されるものは、衝動よりも関係性にシフトしていて、硬直した関係性というか、パターン化されたステレオタイプな関係性が、今ここにおいて反復されている、ということを共に生きて、その上でその解釈をする、というタイプの転移解釈が中心になっています。

クライン派、独立学派、米国対象関係論学派の主な違い

クライン派、独立学派、米国対象関係論学派の主な違いをここで説明しておきましょう。クライン派は、内的な世界

というものの独自の意義を最重要視しています。発達早期におけるこころの中の**内的対象関係** *internal object relations* を積極的に解釈することを通して分析を進めていきます。

独立学派は、クライン派と比べて、外的な現実すなわち**環境** *environment* の意義を大切にしています。クライン派の精神分析家は、外的な対象を内的対象の投影として扱う傾向があります。したがって、たとえば治療者がどのような人物であるかということはほとんど問題になりません。クライン派の考え方では、治療者の分析する機能に関心が集中しています。分析家が外的な人物としてどういうあり方をしているのか、ということは精神分析にはあまり関係のないこととして扱われます。患者が治療者をある特定の特徴を持つ人物として体験するとしたら、それは治療者が実際にそのような特定の特徴を持っているからではなく、患者の内的世界の治療者への投影同一化によって治療者がそのような特定の特徴を持つかのように患者によって体験されるに至っているからだ、と考えられているからです。

一方、独立学派の考え方では、内的な世界を扱うだけでは精神分析は完結しません。外的な存在としての分析家のあり方が大切だ、という考え方を取り入れています。分析家は、解釈するだけの存在ではなくて、現実的なかかわり方もする存在です。

患者が分析家に攻撃性を向けることがあります。クライン派の分析家は、それを患者の内的世界の現れである、と考える傾向があります。そして、内的対象への攻撃が今分析家に向けられている、と考えてそれを解釈しようとします。しかし、独立学派の考え方では、解釈も重要ではあるのですが、それよりも、患者の攻撃を受け止め、それを生き延びつつ、なおも分析家としてしっかりそこに残っているという感覚を患者が体験することの方が重要です。独立学派の考え方では、分析家は外的な存在であって、かつ同時に患者の内的世界にもかかわる存在として捉えられています。

米国対象関係論は、先ほど説明したように、自我心理学と対象関係論を組み合わせたような理論です。どういうことかというと、対象とは何かということについて考えると分かりやすいです。フロイトの構造モデルは、こころを、エス、自我、超自我から成り立つと考えるのでした。自我心理学はこの構造モデルにおける自我の働きの分析を重視します。対象は、構造モデルのどこかに位置づけられなければなりません。

それではそれはどこか、ということになりますが、それは**自我**です。自我心理学的には、対象は自我の中に浮かぶ**表象** *representation* の一種として考えられています。同じように、**自己** *self* も自我の中に浮かぶ表象の一種です。そして対象関係は、自我の中に浮かぶ自己表象と対象表象の関係のことを指します。このように、米国対象関係論では自我内における対象関係を考えます。そしてこの自我内の対象関係の一部は無意識化されます。さまざまな病理が、意識的および無意識的な対象関係を考えることで説明されます。

クライン派や独立学派の対象関係論と米国対象関係論の違いについても少し説明しましょう。同じ対象関係論といっても、米国対象関係論と比べると、クライン派や独立学派の対象関係論では、自己や対象の概念が比較的ぼんやりと語られています。カーンバーグは、対象は無構造の中に存在するのではなく、構造の中に位置づけられる、と論じました。

それに対して、クライン派や独立学派の精神分析家は、それには理由があるのだ、と反論します。彼らは、自分たちの対象関係論が扱っているのは生まれて間もない時期の原始的な心だからそれでよい、と言うのです。自我心理学が考えるような構造論的なこころのモデルがまだ完成していない時期のことを話すのだから、一見曖昧にならざるを得ない、というのが彼らの主張です。

第10講　クライン派の精神分析

メラニー・クラインの貢献

これから対象関係論についてさらに話していきます。はじめにメラニー・クラインの貢献について話したいと思います。クラインは重要な仕事をたくさん残しているのですが、その一つは発達最早期の意義の評価です。クラインは内的世界が出生時より存在している、と考えました。生まれたばかりの赤ん坊にもすでに内的世界というものがあって、何か対象のイメージのようなもの、たとえばお母さんの乳房のイメージとか、そういうものを持っている、しかも無意識的にこころの中に持っている、とクラインは言いました。（注16）

そしてクラインは、それらの対象をめぐって赤ん坊は活発に空想をしていると考えました。赤ん坊はもちろん、私たちが普通空想するように空想するわけではありません。そうではなくて、赤ん坊のこころの中は**無意識的空想** *unconscious phantasy* で一杯だ、とクラインは主張したのでした。第8講でも話しましたが、英語のスペルは fantasy ではなくて phantasy です。原始的なこころにおける空想という特別な意味での空想なのでこういうスペルを用いたのでした。

そして、赤ん坊は生まれたときから**内的対象関係**を持っている、とクラインは考えたのでした。無意識的空想の中で活発に対象と関係している、そういう世界を赤ん坊は生きている、と言うのです。無意識的空想の中で対象と関係している、ということは、対象に良いものを与えてもらったり、対象を憎んだり、対象に攻撃されたり、そういうさまざまな無意識的空想の中に赤ん坊は生きている、ということです。クラインにとっては、対象が不在である時代というものはありません。この世に生まれたときから、対象と何らかの形で関係している、とクラインは考えました。

部分対象、全体対象

そう言われてもピンとこないかもしれません。もう少し説明が要りそうです。赤ん坊の対象と言えば何を思い浮かべるでしょうか。母親のことを多くの人は思い浮かべるのではないかと思います。すると、赤ん坊が空想の中で活発に内的対象関係を持っているということは、生まれた直後の赤ん坊が、母親に空想の中で授乳してもらったり、あやしてもらったり、かと思うと逆に酷く怒られたり、そういう空想をしていると想像すればよいのか、と思うかもしれません。

しかし、そのように考えるのは少し無理があるでしょう。赤ん坊の脳は未発達で、その上まだこの世に生まれたばかりで、何も経験していないのです。母親という人物の全体などとても認識できるはずがありません。もちろん、母乳とか、母親の温もりとか、そういうものも赤ん坊はまだ知りません。

（注16）対象、対象のイメージ、対象表象という言葉の違いについては、第5講の（注5）を参照のこと。

そこで、以前に少し紹介した**部分対象** *part object* という概念の出番です。部分対象という概念は、カール・アブラハムが最初に考えた概念だということを第8講で話しました。クラインはこの部分対象という概念に注目して、それをさらに発展させていきました。乳房、指、歯などといった身体の一部、断片的なものが部分対象です。それに対して人全体という対象を**全体対象** *whole object* と言います。

このような概念があると、人のこころの中の対象世界というものをずっと早期に拡張することができるようになります。生まれたばかりの赤ん坊は、母親という人全体を認識する能力はまだ持っていないでしょう。そもそも、人間に出会うのも初めてだからです。生まれたばかりの赤ん坊は、全体対象関係を持つことはなさそうです。授乳されているときの記憶を母親の人物像を交えつつ語る人というのはいないものです。赤ん坊は、母親という人物の乳房という部位から授乳されているという状況には気づいていないからです。けれども、部分対象関係という概念を使うと、この発達最早期のことについてもいろいろ言えそうな気がしてきます。しかも、無意識的な部分対象関係というものを考えるとしたら、かなりのことが言えるようになるでしょう。部分対象、部分対象関係という概念には、そういう利点があるので、そこにクラインは魅了されたのだと思います。

部分対象関係の臨床

部分対象関係というのは、単なる理屈上のことなのではないか、と思う人もいるかもしれません。しかし実際、臨床現場では、この人は確かに部分対象関係を生きているようだ、と思える患者にしばしば出会います。

クライン派の著名な精神分析家であるハンナ・スィーガルのもとに、専門家の資格を取ることを目的としてある男性がやってきました。その男性は、最初に、最短の期間で資格を得たい、と言いました。そのように、彼は初回のセッションのときから熱心でした。そのセッションの後半で、その男性は、自分には消化器系の持病があるということを言いました。彼はまた別の話題の中で、乳牛について語りました。

スィーガルは男性に、あなたに母乳を与えてくれたあなたの母親のように私を分析的な栄養を与える乳牛のような存在だと思っているのだろう、そして貪欲にもあなたは私のすべてを飲み尽くして空っぽにしてしまおうと思っているのだろう、と解釈しました。男性は、自分は母親を食い物にして疲れ果てさせてしまった、と罪悪感を速やかに語りだしました。

スィーガルの、面接の最初からの発達早期の問題への食い込み方は強烈なものです。このスィーガルの症例は有名なのですが、実は当時の自我心理学派の人に酷く批判されました。彼らは、スィーガルの解釈を支持する臨床素材がないではないか、と批判しました。彼らの言う通りかもしれません。確かに、スィーガルは患者が語ったわずかのことを手掛かりに、かなり大胆な解釈をしています。それが思いつきにすぎない可能性もあると思います。ただそれでも、そもそもこういう発想が可能になったのは、クラインが部分対象関係と無意識的空想の世界について論じたからです。技術的には、十分な臨床素材がないままに強引に解釈したという批判には一理あるかと思いますが、その介入がどうだったかは別として、こういう解釈の可能性にも道を開く点で、部分対象関係というものは非常に重要な概念だと言えると思います。

クラインと自己愛

部分対象関係という概念が精神分析の可能性を広げたという話をしました。もう一つ、自己愛の扱い方が精神分析の可能性の広さに大きくかかわっていますのでその話をしたいと思います。

フロイトの精神分析とクラインの精神分析の違いはいろいろありますが、自己愛をどのように考えるかということにおいて、両者の考えははっきりと違っています。自己愛の理論は非常に重要です。臨床にも大きな影響を与えるからです。

それはどういうことかということを少し説明しましょう。自己愛は、対象を愛する代わりに自分を愛することですが、別の言い方をすれば、自分にとっての対象というものの意味が極端に減っている状態です。あるいは、自己と対象の区別がついていない状態です。だから、いわばすべて自分だ、と思い込んでいる状態になります。自己愛的な人は、相手も自分の一部だと考えているものです。

分かりにくいかもしれませんが、たとえば、相手のことを「こうに違いない」と決めつけている人がいます。「あなたはこうね」と勝手に思っていて、かつどういうわけかそれが間違いないことだと思い込んでいるのです。そういう人にとっては、相手というのは自分の一部のようなものです。もちろん、精神病水準でなければ現実検討は保たれていますから、他の人が自分とは違う存在だということは少なくとも表面的には分かっています。しかしそれでも、こころの底では相手も自分の一部だと思っているのです。それが自己愛病理の本体です。ですから、そういう人と一緒にいると、自分が意味のない存在であるかのように思えてきます。多くの場合、嫌な感じがすることでしょう。

自己と対象という概念を使って、このことを、自己と対象の病的融合と別の言い方で表現することができます。前回の講義で挙げた米国対象関係論学派のカーンバーグは、自己愛病理について明解に説明しています。カーンバーグによれば、自己愛病理とは、**理想自己** *ideal self* **理想対象** *ideal object*、**現実自己** *real self* の三つの**病的融合** *pathological fusion* です。そして、カーンバーグのこの理解の背景にはクラインの精神分析理論があります。カーンバーグはもともとウィーンに生まれて、そのあとチリにわたり、そこでクライン派の精神分析を勉強した人です。カーンバーグはそのあとアメリカで自我心理学を吸収したのですが、もともとはクライン派の考え方からスタートしたのでした。実際、カーンバーグは自分のことを「隠れクライン派」だと言っています。

クラインは、自己と対象というのは、生まれた時から分離している、と考えました。ここのところはフロイトの考えと大分異なっています。フロイトの考えでは、最初対象は存在していません。フロイトによれば、最初は自体愛があります。すなわち、対象というものがまだ存在しないまま、自分自身で充足している状態があります。そして、続いて一次自己愛の段階があります。自分自身にリビドーを向けている段階です。それが相手に向くようになって、対象愛の段階に達するわけです。

ところがクラインは一次自己愛というものは考えませんでした。最初から対象関係がある、と考えました。これは大きな影響のある考え方です。なぜなら、一次自己愛がないと考えると、精神分析で扱える領域は、少なくとも理屈上は広がるからです。フロイトの精神分析では、分析可能と見なされる病理は非常に狭く、自己愛性パーソナリティや精神病は分析の対象から外されていました。自己愛性パーソナリティも精神病も転移を生じないからです。でも、クラインは一次自己愛の段階というのはない、と考えていたので、フロイトが分析できないと考えた発達段階でも転移分析ができることになって、分析の可能性が大分広がったのです。

死の欲動、スプリッティング、投影同一化

以上のように、クラインは、発達最早期から赤ん坊は活発に空想していると考えたり、部分対象関係という概念をうまく用いたり、自己愛の意義を見直したりすることで、生後直後の赤ん坊のこころの中の世界を巧みに描きました。さらにクラインは、フロイトの死の欲動論についても独自の考え方を展開しました。そうすることによってクラインは赤ん坊のこころをさらによく理解することができるようになると考えました。

クラインは、死の欲動が生後直後から作動していると考えました。すると、出生直後の世界はどのような世界として描かれることになるでしょうか。クラインは、出生直後からの死の欲動の作動のために、赤ん坊は早々に死の恐怖に包まれることになる、と考えました。大変なことです。そこで赤ん坊はそれを何とかしようとします。何とかしようとする、と言っても赤ん坊は何も実際にはできませんから、赤ん坊は空想の中でそれを処理しようとする、とクラインは考えました。

その処理の方法ですが、クラインは、赤ん坊にとって、良いものと悪いものを**スプリッティング** *splitting* というメカニズムによってはっきりと分けておくことが重要になる、と考えました。スプリッティングは**分割**あるいは**分裂**と訳されることもよくあるので、両方覚えておくとよいでしょう。クラインは、悪いものは死の欲動と関連していると考えました。死の欲動が作動しているので、赤ん坊は生後いきなり死にそうな恐怖を味わうのですが、そのような恐怖を赤ん坊が処理するためには、良いものを悪いものから分けておいて、別にして保っておく必要がある、とクラインは考えました。

それではそのあと悪いものはどうなるのかということですが、スプリッティングの結果生じた悪いものをいつまでもこころの中に置いておくのは難しいのです。なぜかというと、いくらスプリッティングさせても、悪いものがこころの中にあるわけですから、危険な状況は続いています。いつ悪いものによって良いものが破壊されてもおかしくないような、非常に不安定な状態です。

そこでクラインは、赤ん坊は悪いものが外に排出される空想をする、と考えました。このこころの働きのことを、投影同一化と言います。防衛機制の一つとして前にも話しました（第9講、「防衛機制をめぐって」を参照のこと）。悪いものを投影するのですが、投影されたものは自分の一部ですから、自分と同一化している部分でもあります。ですから投影同一化と呼ぶのでした。

さて、投影同一化によって悪いものを外に排出して一件落着、といきたいところですが、実はそうはいきません。その理由はいくつかあって、一つには、投影同一化による排出ですが、排出される悪いものはそもそも自分の一部であることもあって、排出は完全ではなく、悪いものがまだいくらか自分のこころの中に残るという事情があります。また、排出すると確かにこころの内部からは悪いものがかなり消えますが、それでも悪いものはまだ外部にはあるわけですから、こころは今度は外部からの迫害的な攻撃に怯えることになります。すなわち、**迫害不安** *persecutory anxiety* に怯えることになるのです。

理想化 *idealization* は防衛機制の一種ですが、今問題になっているような赤ん坊のこころの中の生きるか死ぬかの状況と深く関連するので、これについても話しましょう。こころの内外の良いものを理想化することは、こころの内外の悪いものからの攻撃への防御としてかなり有効ではあります。自分は完璧だ、あるいは自分は完璧に良い対象と一緒にいる、と思うことは、悪いものに負けないという自信をもたらすことになるからです。しかし、こうしてこころの内外で良いものと悪いものがますます分けられていくと、その良さと悪さの度合いがどんどん増していくことになります。するとスプリッティングはますます増強されていくしかありません。悪循環の始まりです。理想化は解決をもたらさないのです。

ここまで、良いものと悪いものと言ってきましたが、精神分析の言葉ではそれぞれ、**良い対象** *good object*、**悪い対象** *bad object* と言います。良い対象とか悪い対象というのは何のことか分かりにくいと思いますが、具体的には、母親の乳房のことを考えてみてください。ここでは、乳房というのは**部分対象**としてのそれです。赤ん坊はまだ全体像としての母親、すなわち**全体対象**としての母親を赤ん坊は知らないけれども、母乳を与えてくれる母親の乳房のイメージを赤ん坊は扱っていて、それを部分対象というのでした。ですから、**良い乳房** *good breast* と**悪い乳房** *bad breast* の話をここではしているのです。

悪い乳房が外部にある、というのはどういうことかというと、いわば、乳房と悪い関係になってしまっている、ということです。戦争状態にあるようなものです。赤ん坊は、悪い乳房と空想の中で悪い関係を持っていて、それは二つのパターンがある、とクラインは言いました。一つは、死の欲動由来の攻撃性が**口唇期サディズム的な攻撃** *oral-sadistic attacks* である場合で、もう一つは、それが**肛門期的サディズム的な攻撃** *anal-sadistic attacks* である場合です。口唇期的な攻撃の場合、赤ん坊は乳房の中のミルクを飲みつくして、乳房を食いちぎってしまう空想をする、とクラインは考えました。肛門期的な攻撃の場合、尿道や肛門を通しての攻撃、すなわち、尿や大便を乳房に投げつけて汚してしまうことを空想する、というのです。クラインに言わせれば、死の欲動が作動しているために、赤ん坊のこころは本当に大変なことになっているのです。

急に突拍子もない話になったように思うかもしれません。クラインは今述べたような空想生活を赤ん坊が営んでいる、と言ったのですが、もちろんクラインの考え方に反対の精神分析家もたくさんいて、彼らは、そのような豊かな空想の能力は赤ん坊には備わっていない、と反論しました。皆さんの中にも、クラインの発想にはついていけない、という人も少なからずいるのではないかと思います。

しかし、クラインが言ったことをそのまま文字通り受け取る必要はなく、**メタファー** *metaphor* として考える、ということだったら、受け入れられる方は多いのではないかと思います。世の中を良いものと悪いものに綺麗に分けてしまいたい気持ちは人間にとってしばしば起こるものです。そして、良いものの方を理想化したくなったりするのではないでしょうか。どうしようもない人やものというのがあると思うと、一方で、この上なく素晴らしい人とかものがあるはずだ、と人は夢想したくなるものです。しかし、世の中は実際にはそのようにはできていません。良さと悪さの混じった、不完全な人とものでできているものです。

投影同一化は、自分の中の悪いもの、嫌なものを外部に排出することができると空想することによって自分のこころを平穏に保とうとするメカニズムでした。ですから、投影同一化は悪いものを投影することが基本なのですが、その前後に良いものの**取り入れ** *introjection* というメカニズムがセットになっているものです。

そのようなメカニズムが顕著にみられるのは、たとえば、摂食障害の患者においてです。摂食障害の患者は、投影同一化による排出、そして取り入れに深刻な病理がある人たちだ、と考えることができます。

摂食障害には、食べるか食べないか、そして吐くか吐かないか、という二つの側面があります。拒食症は食べないで痩せていくタイプ、あるいは食べてかつそれを吐いて痩せていくタイプで、一方過食症は、食べてかつそれを吐いて太らないタイプです。両者とも、排出と取り入れに問題があると考えると分かりやすいでしょう。

摂食障害患者には、良いものを取り入れて悪いものを排出することによって、良いものだけでできている自分になりたいという願望があると言われています。しかし、良いものを取り入れたらそれで満足かというとそうではありません。摂食障害患者は、良いものを取り入れた途端に、実は今取り入れたものが自分の中で悪さを働くような気がして不安になるのです。具体的には、たとえば、余分な栄養を取ってしまったので体重が増えてしまうのではないか、という不安です。それで今度は吐き出したくなるわけです。そして吐き出すと今度はまた食べたくなる。それをずっと繰り返してしまいます。過食症の患者、あるいは拒食症の中でも食べる量を制限するのではなく過食をして吐くタイプの患者は、たくさん食べて、そのあとにすぐ吐き出したりします。さらには、過剰に運動したり、下剤を過剰に服用したりすることで何とか体重が増えないようにする人もいます。そういうことをすることで、自分のこころの中の良いものと悪いものの対立をコントロールしているような感覚を得ようとします。このように、拒食症や過食症の世界では、良いものの取り入れと悪いものの排出というメカニズムが、臨床的に非常に見やすい形で現れます。

もう一つ、悪口について考えてみましょう。「糞食らえ」という表現があります。これは文字通り、相手に糞を食らえと命ずる言葉ですが、悪いものの排出行為として理解することができます。このような言葉を口にする人は、自分自身の中に悪いものが溜まっていると感じており、しかしそれを自分自身の中で処理することができないために、相手にその悪いものを排出してそれを食べさせようとしているのです。ですから、「糞食らえ」という言葉は、何かを表現して伝えているというよりも、もはやトイレに行って排便しているのと変わりません。

一方で、そういうことを口にする人は、実は常に外から攻撃されるのではないかと怯えているということもあります。「糞食らえ」と言っている人は、今度は自分が糞を投げつけられるのではないかと恐れているものです。汚く悪いものを外部に排出しても、結局は自分のところに戻って来るということをどこかで知っているからです。

その延長線上に、反社会的な人たちの世界があります。そういう人たちは、こころの奥底ではいつも怯えているものです。人に攻撃性を向けた結果、今度は自分がやられるのではないか、と怯えています。もとはと言えば自分が人に酷いことをしているからです。

クラインの理論が受け入れにくいと感じている人も、以上のような例について、メタファーとしてクラインの考え方を用いてみると、有用な理論だということが感じられるのではないでしょうか。

妄想 - 分裂ポジションと抑うつポジション

次に、妄想 - 分裂ポジションと抑うつポジションの話をしましょう。クラインが言ったのは、生まれてすぐに死の欲動が作動するので、赤ん坊はいきなり抜き差しならない状況に置かれる、ということでした。そのために、良いものと悪いものをスプリッティングすることで赤ん坊はなんとかしのごうとします。そして悪いものは自分の中に置いておけないので外部に投影同一化のメカニズムによって排出するのでした。内部では良いものの理想化が起こります。けれども、外部の悪いものはまだ自分を攻撃してくるように感じられるので、全く安らぐことがありません。

結局、悪性の循環になるのです。自分が悪いのではなくて相手が一方的に悪い、と思うと、相手を攻撃するしかないと感じることでしょう。でもすると、相手は反撃してくるという不安が増えてしまいます。そうするとますます相手は悪く思えてきて、さらに攻撃するしかなくなります。するともっと強く反撃してくると不安になることでしょう。しまいには、もともと何について争っていたのかなどは分からなくなってしまって、ひたすら相手を攻撃しなければならない気分になっているものです。

こういう一連の状況におけるこころのあり方のことを、クラインは**妄想 - 分裂ポジション** *paranoid-schizoid position*

と名付けました。**妄想 - 分裂態勢**とも訳されています。精神分析を学んでいる人の間では、略して、P - Sポジションと言ったりします。精神分析のケース検討会などでは、さらに略して、単にP - Sと言ったりします。「この人はP - Sの人だと思います」などというようにに使われています。この概念はとても有名で、精神分析を多少なりとも勉強した人なら必ず知っている言葉です。

妄想 - 分裂ポジションは、迫害不安、自己および対象の断片化、部分対象関係、スプリッティング、投影同一化、具象性、象徴機能の喪失などによって特徴付けられるこころのあり方です。

一方、クラインが論じたもう一つのこころのあり方に**抑うつポジション** *depressiveposition* があります。**抑うつ態勢**とも訳されています。単にDポジションと略して呼ばれることもあります。これは妄想 - 分裂ポジションよりも進んだこころのあり方で、抑うつ不安、対象の傷つきへの気づき、全体対象関係、自己と対象の分離、投影同一化・スプリッティングの減弱と成熟した防衛への移行、象徴機能の発達、などによって特徴づけられます。妄想 - 分裂ポジションのこころのあり方の中でただひたすら悪いだけの存在であると思っていた相手が、実は悪いだけの面ではない、いろいろな面をもった複雑な存在であることが分かってくると、Dポジションに移行することができます。

ある女性患者に、面接の急なキャンセルの連絡が治療者から入りました。患者は、「分かりました」と簡単に返事をしましたが、しばらくすると、「先生はなんて冷たいんだ。私のことなんて一切考えていないに違いない。先生はいつも自分のことばかり考えている」と、激しい怒りが沸いてきました。しかしそのあと、実は治療者がキャンセルしたのは、自分の家族が病気だったためで、そのためにやむなくそうするしかなかったらしい、とたまたま知りました。患者は、「先生には事情があったんだ。先生は病気の家族を抱えていたのだな。先生のことを悪く思いすぎたかもしれない」と、治療者に対して酷く怒ってしまったことについて反省しました。

この患者のこころは当初P－Sポジションで機能していたと言えるでしょう。しかしその後、治療者の事情を知った患者は、自分の治療者への怒りが行き過ぎたものだったと感じるに至りました。患者のこのような体験はDポジションのこころの機能によるものであったと言うことができるでしょう。

皆さんは『宇宙戦艦ヤマト』というアニメを知っているでしょうか。昔、非常に人気だったアニメです。あれはP－Sポジションの世界だと思います。

ガミラスという星のデスラー総統という独裁者が、冥王星に基地を作って、そこから遊星爆弾という放射能爆弾をたくさん地球に打ち込んできました。それで地球は、表面は海も干上がってしまい、人類は地下に都市を作ってそこに移り住んで耐え忍ぶことになりました。すると、イスカンダルという星から、こちらにはコスモクリーナーという放射能除去装置があるから、取りに来なさい、というメッセージが入りました。それで、昔戦争で沈没した戦艦大和を改造して宇宙戦艦ヤマトを建造し、それでイスカンダルまで散々苦労してたどり着きました。ところが、驚くべきことにイスカンダルとほぼ同じ位置にガミラスがありました。ガミラスとイスカンダルは二重星だったのです。それでヤマトの乗組員たちは、「しまった、騙された」となりました。

ここまではまさにP－Sポジションの世界といえるでしょう。良い対象と悪い対象のスプリッティングが、イスカンダルとガミラスとして描かれています。悪い対象であるガミラスからの遊星爆弾による攻撃からの救済として、コスモクリーナを与えてくれる良い対象としてイスカンダルが理想化されています。

ヤマトはガミラス星で散々戦って、何とかデスラーたちに勝利するのですが、その結果ガミラスという一つの惑星の命を絶やしてしまいました。実は、ガミラスは、星としての晩年に差し掛かっていて、それでデスラーたちは仕方なく地球を移住先にしようとしていたのでした。

そういう事情が分かり、主人公は、「勝利か、糞でも食らえ！」と言うのですが、それはDポジション的な発言だと思います。完全な悪としてみなしていたデスラーたちが、実は自分たちと同じように普通の人たちで、自分たちの生存が脅かされてやむを得ず地球に移住しようとしていたという事情が分かってきた、というわけです。

もちろん、クラインの理論を説明するために作られたアニメではないので、うまく説明できないことも多いのですが、クラインが描いていた世界に、かなり近いと思います。

体験の様式としてのポジション

妄想‐分裂ポジションとか抑うつポジションというのは、結局、概念としてはどのように考えたらよいのでしょうか。一つの考え方は、それらを人の**発達段階** *developmental stage* を表す概念であるとするものです。乳幼児の世界は、最初妄想‐分裂ポジションから始まって、そこから次の段階の抑うつポジションに時間の経過と共に移行していく、とする考え方です。クラインは、赤ん坊は生後四―六カ月の間は妄想‐分裂ポジションにあり、そのあと抑うつポジションに移行する、と言いました。

もう一つの考え方は、妄想‐分裂ポジションと抑うつポジションとは**体験の様式** *modes of experience* である、とする考え方です。体験の様式というのはどういうことか、少し説明しましょう。今、誰かが自分の前にいるとします。そのとき、「自分にとって、この目の前の人はどういう存在なのだろう」とか、「この人を目の前にして、自分は何を感じているのだろう」とか、そのようなことがこころに浮かんでいるとき、私たちは何らかの体験をしているわけです。その体験の仕方のパターンのことをここでは体験の様式と呼んでいます。そのような体験の様式の一つが妄想‐分裂ポジションで、もう一つが抑うつポジション、ということです。

妄想‐分裂ポジションと抑うつポジションを発達段階として考える考え方と、体験の様式として考える考え方のどちらが正しいのか、ということですが、どちらも正しいと言えば正しいと言えるでしょう。ただ、体験の様式として考える方が分かりやすいと思います。これら二つのポジションを、クラインは発達のあまりにも早期に位置づけました。生後四—六カ月の間に妄想‐分裂ポジションから抑うつポジションに移行する、とクラインは考えたのですが、生後わずか半年の赤ん坊が、クラインが考えたほど複雑な世界を体験できているかどうかは実は怪しいところです。また、妄想‐分裂ポジションと抑うつポジションを発達段階として考えると、一度乗り越えたら、そう簡単には元には戻らないだろう、という感じがしてしまうのではないでしょうか。

しかし、実際には人間はもっと複雑で、一人の人間の中に、妄想‐分裂ポジション的な部分と抑うつポジション的な部分が混在しているものです。ですから、妄想‐分裂ポジションを乗り越えてひとたび抑うつポジションに移行したら妄想‐分裂ポジションは卒業で、妄想‐分裂ポジションにはもう二度と戻らない、というのではなくて、これら二つの体験の様式というものが入れ替わり立ち代わり現れる、と考えた方がよさそうです。この二つの体験の様式のどちらがより発達早期に現れるのかと言ったら、それは妄想‐分裂ポジションの方なのですが、抑うつポジションに一度移行しても、繰り返し妄想‐分裂ポジションに戻ってしまうものです。

第11講　独立学派の精神分析

独立学派

今回は対象関係論の話の続きで、独立学派の話をします。第8講でも話しましたが、独立学派は、一九四一年から一九四五年まで続いた、アンナ・フロイトとクラインの間の論争の中でどちらの側にもつきたくなかった分析家が集まってできた学派です。中間学派とも呼ばれています。独立学派の有名な分析家の代表はフェアバーンとウィニコットです。今回は最初に、フェアバーンの貢献について話します。続いてウィニコットの話をしたいと思います。対象関係論は主にイギリスで発展したもので、前回のクラインの話もそうですが、今回の話もやはりイギリスが舞台になっています。

フェアバーンの貢献

最初にフェアバーンの貢献について話しましょう。フルネームは、ウィリアム・R・D・フェアバーン William

Ronald Dodds Fairbairn（一八八九―一九六四）です。名前についてですが、「フェアバーン」と表記されることが多いのですが、「フェアベーン」と表記されることもあります。アメリカでは、「フェアベァン」という感じで発音されています。

フェアバーンの経歴

フェアバーンという人は、イギリスの北部を占めるスコットランドという地域のエジンバラという、ロンドンからは離れたところに生まれた人です。エジンバラ大学で神学と古代ギリシア・ローマ学を学びました。その後フェアバーンは第一次大戦で兵士として戦闘を体験しました。その体験を経て、精神医学を学ぶことを決意し、医学の訓練を受けることにしたそうです。この戦争体験は、彼の精神分析理論にのちのち大きな影響を与えることになります。

フェアバーンはその後、精神医学を学ぶ傍ら、フロイトとユングの著作を読むようになりました。そして一九二一年よりオーストラリア人の分析家であったコンネル Connell, E. H. という人の分析を受けました。

イギリスにおける精神分析の中心は今も昔もロンドンです。そのロンドンから離れたところで一人で先端的な精神分析実践を行っていたところが当時の他の多くの分析家とは違います。

リビドーは快ではなく対象を希求する

フェアバーンはいくつか非常に重要なことを主張しました。その中でも、**リビドーは快ではなく対象を希求する**、という主張は、現在でも頻繁に引用されています。フェアバーンは、精神分析理論の中心にあったリビドーというものの考え方を、根本的に見直す必要がある、と主張したのです。

これは極めて過激な主張です。クラインは、リビドーと対象というものを切っても切れない関係にあるものと考えました。他の言い方をすると、対象というものはリビドーの中にすでに埋め込まれている、と考えたのです。この二つは分け難いセットになっているのであって、リビドーと対象の片方だけを考えることはできないというのです。セットになっているために、リビドーはいつも対象に向けられていることになります。だからこそ、クラインの考え方は対象関係論なのです。クラインの理論では、リビドーと対象のどちらかだけを考えることはできないからです。

しかし、クラインの考え方だけが対象関係論の可能性ではありません。フェアバーンに言わせれば、リビドーと対象がセットになっている、だからリビドーがあるところにはいつも対象がある、という理解では不十分です。そうではなくて、リビドーというものは、対象を求めるということそのものである、とフェアバーンは論じます。フェアバーンによれば、リビドーという本能がまずあって、それを満たすために対象が必要になる、というのではないのです。順番が逆で、対象を求めるという本能がリビドーと呼ばれているのだ、というのです。

フェアバーンは、本質的に対象関係に立脚した発達論が必要だと考えました。古典的リビドー理論が全く無駄だったと考えたわけではありません。しかし、古典的リビドー理論の価値は、主にその発見的価値 heuristic value にあった、とフェアバーンは考えました。古典的リビドー理論は役に立つのだけれども、それは、そのような理論を持っていることで初めて見えてくるものがあるという意味においてであって、リビドーが実際にフロイトが考えていた通りのものであったわけではない、ということです。

対象関係を何よりも重視している点ではクラインと似ています。そしてフェアバーンの考え方も、クラインとは違った意味で、フロイトの発達論とは異なる発達論を示しています。フロイトの発達論では、リビドーの向かう先が発達軸に沿ってどのように展開していくかが重要でした。リビドーの向かう先が、口唇から肛門へ、そして性器に移っていく、それが発達だ、とフロイトは考えました。言い換えると、フロイトの発達論は、リビドーの向かう先の調整の発達を論じるものだったのです。

しかし、リビドーを満たすためにこそ対象がある、というフロイトの発想をフェアバーンは捨てています。そうではなくて、リビドーというのは相手を求めているということそのものなのだ、とフェアバーンは考えたのです。

今、「なぜあなたはこの人と一緒にいるのですか」という質問を向けられるとしましょう。フロイト的な答えは、「それは、この人は私のリビドーを満足させてくれるからです」というものです。けれども、フェアバーンであれば、「それは、この人と一緒にいること自体を私は求めているからです」となります。私がこの人と一緒にいるのは、そのこと自体を求めるように私はなっているからです、というように説明されるのです。

リビドーの究極の目標は対象を求めること自体にある、というのはそういうことです。フェアバーンは、「対象関係を決定するのがリビドー的態度なのではなく、対象関係がリビドー的態度を決定するのだ」（Fairbairn, 1952, 第2章）

と述べました。それは、その人がリビドーをどのように扱っているのかがその人の関係のあり方を決めるのではなくて、その人の関係のあり方が、逆にその人がリビドーをどのように扱うのかを決める、という意味です。関係のあり方が口唇的なものであれば、リビドーも口唇的に扱われるようになるのであって、逆ではない、ということです。

抑圧されるものはリビドーの記憶ではない

他にも、フェアバーンはいろいろと面白い議論をしています。フェアバーンは、抑圧されるものはリビドーの記憶ではない、と言いました。以前フロイトの理論の変遷を紹介したときに、当初フロイトは、心的外傷、特に性的な外傷が精神病理を引き起こすと考えていたということを話しました。フロイトの最初の発想は、人は、性的な心的外傷などによって自分にとって異質な部分がこころの中に生じてしまうと、それを抑え込んで、こころを安定した状態にもっていこうとする、というものでした。フロイトの「心理学草稿」のところで話した恒常原理を思い出してください（第2章を参照のこと）。そのような安定化の仕事をするのは自我でした。自分にとって異質な部分を抑圧して無意識化することによって、自我は安定性を獲得するのでした。そして、抑圧されるものは主に性的な、心的外傷の記憶だったのです。ところが、やがてフロイトは、問題となるのは外傷の記憶そのものというよりも、外傷に含まれている性的な性質だ、と考えを変えました。言い換えると、フロイトは外傷体験そのものに注目する代わりに、外傷体験に含まれるリビドー的性質に注目するようになったのです。

これはフロイトの精神分析における決定的な転換点でした。フロイトの考えた欲動とは、一つにはリビドーで、もう一つは死の欲動あるいは攻撃性でした。ですから、抑圧されたリビドーや攻撃性が、その後どうなっていくか、言い換えればそれらの**運命**または**変遷** *vicissitude*（英）*Schicksal*（独）が問題だ、とフロイトは考えたのでした。

でも、フロイトのように考えると、なぜ性的な外傷が抑圧されないといけないのか、ということはいま一つ説明できないところです。性的な外傷を体験した人には大変失礼なことなのですが、性的外傷でも、そこにはリビドー的な満足があると考えることができるだろう、とフロイトは考えました。こんなことを考えたフロイトはのちのち散々に批判されたわけで、そしてその批判は正しいと思いますが、それがフロイトの当時の考え方でした。性的外傷であってもなんらかのリビドー的満足を得ているのではないか、というのです。繰り返しになりますが、これは当時のフロイトの考えで、私はフロイトのこの考え方は間違っていると思いますし、現在の精神分析家たちもそのようには考えないのですが、ともかくそのような発想がフロイトにはありました。

性的な外傷には痛みの側面が間違いなくあって、ほとんどの場合、そちらの方がはるかに大きいものですが、フロイトはわずかではあれ、全くないわけではないかもしれないその満足の側面にも着目したのです。禁じられた関係、たとえば近親姦的な関係において性的ないたずらをされた人がいたとして、その人が病気になるのは、そこに快があったからだということはないか、と言うわけです。そうすると、それは悪いことなので、超自我の禁止が働いて罪悪感になって、だから病気になる、とフロイトは考えました。これは現代では、受け入れられていない考え方です。今では、外傷というものは外傷として考えることができるのであって、別にそこにリビドー的な満足を入れて考えなくてもよい、と考えられています。しかし、フロイトの当時の理論構成上は、外傷におけるリビドー的満足の側面というのはどうしても視界に入ってきてしまうものでした。外傷的体験そのものが耐え難いから抑圧されるのではなくて、記憶に埋め込まれているリビドー衝動が罪深いものなので抑圧される、と考えたのです。

フロイトの理屈によると、抑圧されるものは超自我の禁止に触れるものだということになります。罪深いものが抑圧されるというのが、フロイトの考えでした。フロイトが考えていた人間像は、性的な欲動に満たされようとしていて、でもそれが罪深いからヒステリーになったりする、というものだったのです。

悪い対象の抑圧

以前、それに対してフェレンツィが異を唱えたという話をしました（第8講を参照のこと）。外傷というものはフロイトが考えているよりもずっと深刻な問題だ、とフェレンツィは主張しました。フェアバーンは、フェレンツィが主張したような心的外傷論を別の角度から論じていたと言えるでしょう。ただしフェアバーンは、基本的にリビドーはそれ単独で存在していて、その後にそれを満たす対象を発見するというのではなくて、こころというものは基本的につながることを求めている、そしてそれがリビドーだ、と言ったのでした。たとえば赤ん坊にとって母親が大切なのは、母親が、たとえば母乳を与えることによって赤ん坊のリビドーを満足させるからではないとフェアバーンは考えました。そこが、独自のリビドー論を展開していたわけではないフェレンツィとは違うところです。

それでは結局、何が抑圧されるのかということについてのフェアバーンの考え方は、抑圧されるのは罪深いリビドー、言い換えれば罪深い衝動などではなくて、**内在化された悪い対象** *internalizaed bad object* である、というものでした。

ここで、内在化された悪い対象という言葉が出てきましたが、これはクラインの話の時に出てきた悪い対象という言葉とそれほど変わらない意味で使われています。ただ、違いはあります。クラインの悪い対象は、空想の世界において、自己由来の攻撃性が対象に投影されて作り上げられるものです。空想の世界の対象であるということから分かる通り、基本的に、こころの中の対象、すなわち内的対象です。

フェアバーンのいう内在化された悪い対象も、こころの中の内的対象であることは変わらないのですが、フェアバーンの場合、対象の悪さの由来は攻撃性ではありません。フェアバーンにとって、対象とは外的対象のことです。それが虐待や剥奪などの悪い経験をきっかけとして悪い対象となり、その悪い対象との絆を保つためにそれは内在化され、内在化された悪い対象になります。

さらに、フェアバーンは衝動の抑圧についても言及しています。内在化された悪い対象が抑圧されると、それに付随して二次的に衝動も抑圧されるにすぎない、と言ったのです。フロイトは、リビドーが罪深さのために抑圧される、と考えました。クラインに言わせれば、リビドーは罪深さのために抑圧されるのだけれども、対象はリビドーと分け難くセットになっているため、同時に対象も抑圧されるのです。しかしフェアバーンに言わせれば、そもそも悪い対象が抑圧されるから衝動も抑圧されるのです。

内在化された悪い対象とは、臨床場面ではどのようなものを指すのか、説明が要るでしょう。このことは親子関係で考えると分かりやすいと思います。フェアバーンは、なぜ子どもは虐待的な親を大切にするのだろう、という疑問に対して一つの答えを与えてくれます。

皆さんも多分聞いたことがあるかと思いますが、虐待を受けても、子どもというものは、ときとして可哀そうなくらいに親に忠実であるものです。親に虐待された挙句、死んでしまった子どもの話をニュースなどで耳にしたことがあると思います。過酷な辛いことをしろ、と親に命令されたりしても、けなげにそれにしたがって、でも最後は死んでしまったりするわけです。

大人であるわれわれの目から見たら、そのような酷い親は無視すればいい、という話になるでしょう。けれども、そういう子どもは、そういう酷い親をそれでもかばって、むしろ自分が悪い、というようにするものです。その説明がつくのか、ということが今問題になっているわけです。虐待的な親への愛情とか忠誠心、それが悪い対象の内在化ということの具体的な例です。要するに、関係が全くないよりは、あったほうがいい、ということです。どんなに酷い関係でもあった方がいいので、こころの中に取り込んで、内在化して、そういう虐待的な親との絆を保とうとするのです。

対象がいない状態で全く一人ぼっちになってしまうことが、人間にとって一番辛いことです。全宇宙で、自分一人だけ存在しているとしたら、どうでしょうか。それも、外的に誰もいないだけではなくて、こころの中にも、内的にも誰もいないとしたらどうでしょうか。内的にも誰もいないというのは、思い出の中にも、想像の中にも、誰もいない、ということです。それはきっと耐え難い体験でしょう。そうなるくらいだったら、悪い対象であっても、一緒にいた方がまだずっといい。それが虐待的な親との絆にしがみつく子どものこころの世界です。こころの中に悪い対象である親を取り込んでしまうと安心が得られるのです。なぜならば、こころの中に取り込んでしまえば、目の前に外的に存在していなくても、孤独にならないからです。だから悪い対象の内在化というものがあるのです。悪い対象を内在化して、悪い対象との関係を自分の中で生き続ける、という生き方です。それが虐待の犠牲者のあり方です。自分は悪い人間です、駄目な人間です、といった考えを手放さない人がいます。そういう人は、フェアバーン風に言うならば、悪い対象との絆を手放さない人だ、ということになります。

次から次へと、悪い人たちとばかり付き合う人というのが世の中にはいます。そういう人は、暴力をふるったり、性的に接触したりするような虐待的な親に育てられた体験があることがよくあります。そういう親は悪い対象の典型なのですが、そういう親対象との絆であっても、それを手放すことは子どもにとっては大変難しいことです。そしてその子どもが大人になると、悪い親対象のような対象を選んだりします。すなわち、暴力的な配偶者を選んだりするようになります。子どものときに虐待された方が、大人になると虐待的な配偶者をしばしば選ぶのは、悪い対象との絆という考え方で理解できるようになります。

興味深いのは、悪い対象である親を内在化している子どもというものは、親のことを隠すことがよくあります。親の悪さのことを隠すのです。それは恥の感覚からです。悪い対象との関係は、耐え難いだけではなくて、恥の感覚をもたらします。父親に虐待を受けている子どもに、「お父さんは、あなたのことぶったりしないの?」と聞いても、「そんなことないよ」と答えたりするものです。そういう親は、その子どもにとって悪い対象です。そしてその悪い親対象との絆を恥ずかしいと思っていて、でも、恥ずかしいのだけれども自分にとっては大切な絆なので、隠すのです。そういう形で悪い対象との関係を保つわけです。

悪い親対象のもう一つ例は、自己愛的な親対象です。子どもを自分の欲求を満たすための道具のように考えているような親です。そういう親は必ずしも子どもを虐待するような悪い対象ではないかもしれませんが、別の意味で悪い対象です。なぜかというと、自分の自己愛的な目標から外れるような願望をその子どもが持ったら、その子どもを無視したりするからです。そういう自己愛的な親であっても、子どもにとっては、かけがいのない対象です。ですから、そういう悪い親対象との絆をなんとしても守ろうとするものです。

そういう親を持った子どもは、親が望むような生き方を無理にでもしようとします。けれども、それでは自分自身を生きている感じがしないでしょう。そういう人は、偽物の人生を生きている感じを抱えながら生きていくことになります。やがてその偽物感が耐え難いレベルになったり、あるいは意識しなくても、自分の人生は何かがおかしいと感じて治療を求めるようになったりします。そうして初めて、自己愛的な親の望むように生きてきたことに気づいたりします。でもそれでもなかなかその絆を放棄することは容易ではありません。

フェアバーンは、そういうふうに考えていくと、精神分析はいわば**エクソシズム（悪魔祓い）** *exorcism* のようなものだ、と言いました。精神分析家というのはエクソシストのようなものだということです。精神分析家は悪い対象との関係を患者が手放すことを助けるのですが、それは、悪魔祓いと似ているというわけです。

第6講で反復強迫を理解するための方法についていろいろ説明しましたが、フェアバーンの考え方を使うと、反復強迫をフロイトとは違うやり方で説明できるようになります。

そういうことを、フロイトは死の本能によって説明しようとしました。嫌な経験をなぜ繰り返すのかということのフロイト的な説明というのは、「快感原則の彼岸」を持ってくることだったのです。けれども、フェアバーンによれば、快感原則というものでは悪い対象との絆をうまく説明できません。それはそういうもので説明されるのではなくて、対象希求性としてのリビドー、そして悪い対象の内在化として説明される、というのがフェアバーンの考え方です。フェアバーンに言わせれば、悪い対象との関係の反復強迫は、快感原則の彼岸に行く必要はなくて、悪い対象との絆という観点から理解できるものです。これは非常に有力な考え方です。

ウィニコットの貢献

続けてウィニコットの話をしましょう。ドナルド・W・ウィニコット Donald W. Winnicott（一八九六―一九七一）は、フェアバーンとほぼ同じ時代の人です。ウィニコットという人は極めて独創的で、精神分析の可能性を広げた分析家です。最も重要な分析家の一人と考えられています。フェアバーンよりもウィニコットの方がより多くの分析家に影響を与えているかもしれません。

ガントリップ Guntrip, H. という分析家はフェアバーンとウィニコットの二人から分析を受けた人ですが、ガントリップがこの二人の分析家との精神分析の経験を書き残していて、それを読むと二人の違いが分かります（Guntrip, 1975）。ガントリップによれば、フェアバーンは、緻密に思考を展開していくタイプで、控え目な感じの人だったそうです。フェアバーンが実際エジンバラで一人コツコツ精神分析をしていたのは、そういう性格もあってのことなのでしょう。フェアバーンは温かいこころの持ち主だったということですが、それを前面に出してくることはあまりないタイプの人だったようです。

一方ウィニコットという人は、非常に親しみやすい人柄だったそうです。ガントリップは、ウィニコットとの間には、フェアバーンとの間には感じることのできなかった、ごく自然な「個人的なかかわり personal relating」と「自然な相性 natural fit」を感じることができた、と述べています。

ウィニコットはそういう性格で、それはそれで良いことだと思うのですが、書いたものを読むと、とても曖昧な書き方をしています。一方、フェアバーンの書き方は緻密です。でも、ウィニコットを読むと、何を言いたいのか分からないときがあります。それで、当時ライバル関係にあったクライン派の分析家たちにウィニコットは馬鹿にされたりすることすらありました。ただ、その曖昧な書き方を通して、精神分析の本質をうまく描き出しているとも言えます。精神分析をしていると、曖昧なことにたくさん出くわします。曖昧なことを下手に明確しようとすると、本質から離れてしまう可能性があるのです。ウィニコットは、その点、無理をすることなく、曖昧にしか分からないことは曖昧なままにしておいたようです。

ウィニコットは、こころの中のことなのか外的な現実のことなのか、主観性なのか客観性なのか、夢なのか現実なのか、そのどちらなのかが分からないような、そういう中間の領域というのが大切で、それこそが精神分析の場だ、と言いました。確かに曖昧な言い方をした人ですが、それでいて極めて本質を突いたことを言った人です。

ウィニコットの経歴

ウィニコットは、イギリスのデボン州のプリマスというところで生まれました。最初ケンブリッジ大学で生物学を学び、続いて医学を修めました。ウィニコットは他の大勢の分析家と同じく、医師としての訓練を受けてから精神分析の訓練を受けた人です。しかも、ウィニコットは精神科医ではなくて小児科医でした。精神科医は確かに医師ですが、医師といっても身体疾患の治療をすることはほとんどありません。ウィニコットは小児科医ですから、身体をしっかり診ていました。

ウィニコットはクイーンズ小児病院とパディントン・グリーン病院で小児科医として働いていました。このことが実はウィニコットにとってとても大切なことでした。小児科には、当然ですが、たくさんの子どもとその母親が訪れます。その子どもたちや母親たちが精神的な悩みを抱えていたかというと、身体が弱ればそれは精神的にも辛い状態だったのだと思いますが、基本的には精神的な問題が悩みの中心ではなかったわけです。ですから、ウィニコットは通常の母子関係とはどういうものなのか、小児科医としての診療の中で、たくさん経験したそうです。

少し話はそれますが、この当時、精神分析をやっていた人の中では医学を修めなかった人のほうが少なくて、その代表はメラニー・クラインです。あとは、エーリヒ・フロム Erich Fromm という、『自由からの逃走』という本を書いた非常に有名な精神分析家がいますが、この人も医師ではない分析家の一人としてクラインと並んで有名です。フロムはフランクフルトでしっかりと精神分析の訓練を受けた人ですが、心理学者であって、医師ではありませんでした。フロムがヨーロッパにいた頃は別に問題にはならなかったのですが、その後アメリカに移住した後で、フロムが医師ではないのに精神分析をやっているのは問題だ、ということになってしまったのです。心理学者が分析家の訓練を受けてもよいのか、という問題はその後特にアメリカで議論になったのですが、それはフロムのあたりから出ていたのでした。今では、この問題は解決しています。今では医師に加えて、心理学者やソーシャルワーカーも精神分析家の訓練を受けることが認められていますし、さらに、精神分析に関連する領域、たとえば人類学や哲学などを修めた方も精神分析家の訓練を受けられるようになっています。

ウィニコットの話に戻ると、フェアバーンもそうですが、ウィニコットは戦争で大変な経験をしています。ウィニコットは、必ずしも軍役に就かなくてもよかったようなのですが、結局自ら志願して戦争に行ったようです。そして第一次大戦中、実習生として駆逐艦に乗り込んで、多くの友人を失ったり、それは大変な思いをしたそうです。

その後、一九二三年から、ジェームズ・ストレイチーから教育分析を受け始めました。そして、一九三五年からはメラニー・クラインのスーパーヴィジョンを受け始めました。そのような訳で、ウィニコットはクラインに非常に影響を受けている人です。ただ、のちにクラインとは根本的に違う観点を提示することになります。

P-Sポジションへの疑問

それではウィニコットの精神分析はクラインの精神分析と何が違うのでしょうか。クラインが想定した子どもこころの世界は、すでに見たように、生後直後から死の欲動が作動していて、最初からかなり過酷な状況にあるのでした。部分対象関係を生きていて、母親と基本的には分離していて、活発な空想的な世界を持っている、そういうものとしてクラインは赤ん坊を描きました。クラインが考えた赤ん坊は、生まれてすぐに、速やかに攻撃性に満ちた世界で生きているのです。それがクラインのP－Sポジションの考え方でした。

しかしウィニコットは、そのようなクラインの考え方に反対でした。赤ん坊は、P－Sポジションのような、生きるか死ぬか、食うか食われるかの世界に生きているわけではない、とウィニコットは考えたのです。それが、小児科医として数多くの子どもを診たウィニコットの意見でした。

現実的な関わり方の重要性

ウィニコットは、外的世界との現実的な関わりを重視した点でもクラインと違っていました。クラインによれば、対象は外的現実である以前に、赤ん坊の空想の中の存在でした。対象が現実的にどのような存在であるかという問題は、クラインにとっては二の次の問題だったのです。

外的現実に関するクラインのこの考え方は、フロイトの考え方に由来しています。少し振り返りましょう。フロイトは当初、ブロイアーと共に、類催眠状態における外傷的な情緒体験外傷がヒステリーの原因だと考えていました（第3講を参照のこと）。しかしその後、フロイトは欲動と空想をより重視するようになっていったのでした。外的現実が精神内界に影響を及ぼすメカニズムをフロイトが取り上げたのは、喪の作業についてフロイトが考察しているときでした。そこでフロイトは、同一化のプロセスというものがあって、自分の愛する対象を失ったときに、その対象に同一化することでその失われた対象を自分のこころの中に持ち続ける、と考えたのでした。

そういう形で人間のこころの発達における外的現実の意義がフロイトの理論に再び導入されたのですが、たとえば、母親が赤ん坊に何かを現実的にすることの赤ん坊のこころの発達への影響について、フロイトはほとんど何も述べていません。

フロイトは分析家の現実の存在としての側面は精神分析では問題になるべきではないと考えていました。精神分析家は精神分析をする機能を果たしているのであって、患者の現実的なニードを満たすようなことをしてはいけない、とフロイトは考えていました。そういう原則を禁欲原則と言いました（第8章を参照のこと）。患者が求めているものを現実的に提供することは分析とは関係ない、とされていたわけです。

クラインは、フロイトと比べると、相互交流的な視点をより大切にしていました。分析家と患者が互いに関わる、という視点です。それでも、クラインの相互交流というのは、それは空想の世界でそうなのであって、実際に関わるというのは違います。また、相互交流と言っても、その始まりはもっぱら患者の側からなのです。

分析家として患者に何かを現実的にする、ということを実験的に行った人がいたのを覚えているでしょうか。そうです、フェレンツィです。フェレンツィは相互分析というものを試みました。けれども、フェレンツィの相互分析はあまりにも過激で、失敗に終わったのでした。クラインはフェレンツィに分析を受けているのですが、その辺りはクラインはフェレンツィとは一線を画していました。

ウィニコットの話に戻りましょう。ウィニコットは、フェレンツィほどは過激なことを主張することなく、現実的な存在としての分析家という観点をうまく精神分析に取り込んだ分析家だと言えるでしょう。フェレンツィと比べると、ウィニコットの主張ははるかに受け入れやすかったのです。精神分析の中から忘れ去られることは一切なく、むしろ本流中の本流の一人として精神分析に多大なる影響を残すことになりました。

ウィニコットは、母親が赤ん坊に、適切な環境を現実的に提供することが不可欠だ、と考えました。それが適切になされないことが精神病理の原因になる、と論じたのです。簡単に言えば、母親が赤ん坊の世話をすることが大切だ、ということですから、当然のことのように感じるかもしれません。しかし、母親が現実的に何かを提供することが大切だ、ということの考え方は、精神分析の中では極めて斬新な考え方だったのです。なぜなら、それまで精神分析の世界では、精神病理は、母親が何かをうまく提供しなかったことではなく、患者の欲動のあり方およびそれがどのように患者のこころの中で扱われていったかにこそ関係している、と考えられていたからです。フェレンツィは、現実的に周囲の人が患者にどのように関わったのかが大切だ、と主張したのですが、あまりにも先走りすぎていて、また技法的にもやりすぎたところがあって、フロイトやその他の当時の精神分析家たちには受け入れられませんでした。

周りの人の現実的な関わり方が大切だ、という考えを臨床実践の中に持ち込むのは、パンドラの箱を開けるようなものので、いろいろと問題が出てきます。フェレンツィの相互分析は大失敗に終わりました。そこまでいかなくとも、患者の精神病理が患者の周囲の他者の関わり方の問題に直接的に起因するものだとしたら、分析家がそれを修正するには、過去の他者の関わり方とは異なる適切な関わり方を分析家は提供するべきではないか、という発想が生まれるでしょう。しかし、そういうことは全く精神分析的ではない、というのがフロイトおよびそれ以降の精神分析の主流の考え方だったことはこれまで繰り返し見てきた通りです。

実際に何かを患者のためにすることは、**支持的心理療法** *supportive psychotherapy* ではよくあることです。たとえば、患者には褒められる体験が必要だと思ったら実際に褒めるとか、患者には助言が必要だと思ったら実際に助言をするとか、そういうことを治療者は支持的心理療法では行うのです。

しかし、それでは精神分析にはならない、と考えられています。実際に褒めるとか助言をするとか、そういうことではなくて、患者が褒められることを必要としているのはなぜか、助言を必要としているのはなぜか、その根本のところを分析し、理解することこそが精神分析だ、とフロイトは考えました。クラインもそういう基本的なところではフロイトと同じでした。

ところが今ここで全然違う話が出てきて、ウィニコットは外的現実としての関わり方が大切だと言い出したのです。これは主張の仕方によっては全く非精神分析だと言われそうなものですが、ウィニコットが独創的なのは、一見精神分析的にはとても思えない主張をうまく精神分析理論の中に組み込んだところです。

原初の母性的没頭

それではウィニコットの主張についてもっと話していきましょう。最初に、ウィニコットの発達論についてです。ウィニコットに言わせると、赤ん坊は、クラインが主張したように、最初から母親と分離した存在ではありません。そうではなくて、最初は母親と赤ん坊は一体化しています。母子一体です。そして、赤ん坊は母親に依存しているのだけれども、それはある程度依存しているところがあるといったレベルの**相対的依存** *relative dependence* ではなく、**絶対的依存** *absolute dependence* だ、とウィニコットは言いました。それに呼応して、母親の赤ん坊への想いというのは特別なものがある、とウィニコットは論じました。それを**原初の母性的没頭** *primary maternal preoccupation* と言います。この概念を用いて、ウィニコットは、母親は赤ん坊にすっかり没頭していて、他のこと、たとえば父親のことなど、とても考えていられないような、そういうこころの状態にある、と論じたのです。赤ん坊の母親への絶対的依存とそれを可能にする原初の母性的没頭が赤ん坊の成長には必須だというのです。

母親というのは偉大です。それくらい赤ん坊に没頭して、赤ん坊のことで頭が一杯になっている。だからこそ赤ん坊は育つことができるのです。そういう状態が妊娠後期から出産後二、三カ月ほど続くことが重要です。

抱えること、抱える環境

赤ん坊にとって、もちろん、栄養とか排泄とか暖かさとか、身体的なニードというものが大切ですが、それだけでなく、母親が心的にも赤ん坊のことを一生懸命考えていることが重要だ、とウィニコットは論じました。母親が赤ん坊に授乳することはもちろん大切なのですが、そればかりではなく、あるいはそれ以上に、母親が赤ん坊のことを心理的に**抱えること** *holding* が重要だ、というのです。この抱えることは、カタカナで、**ホールディング**としてもしばしば出てくる言葉ですので、両方覚えておくとよいと思います。そういう母親がいる環境のことを、ウィニコットは**抱える環境** *holding environment* と呼びました。母親がそういう環境を提供する必要がある、と考えたのです。そしてそういう現実的な世話のことを**マネージメント** *management* と呼びました。そして、精神分析家も母親的な対象として機能することが重要だ、と言いました。

環境の提供という発想はそれまでの精神分析に欠けていたところです。「精神分析は厳しい」と言われることがあるのですが、その原因の一つは、環境の提供ということに関して精神分析が非常に慎重だったからだと思います。でも実は、フロイトはいろいろと患者に現実的な提供をすることもあったことが分かっています。フロイトの有名な患者に「ねずみ男」というニックネームで知られている男性患者がいます。この「ねずみ男」がお腹を空かせているのを知って、フロイトはニシンを台所から取ってきて食べさせたりしていたのです。フロイトは一方ではそういうことをするのは精神分析ではない、精神分析というのは何かをしてあげることではなく、理解に到達することだ、と言っているのですが、他方ではそういうことをしていました。言っていることと実際にしていることが一致していなかったのです。フロイトは結構患者煩悩というか、患者には親切な人だったのではないかと思います。それで、今からすると、食事を出したりするなど、これは分析家のすることではないだろう、という感じのことを、結構していたりしています。

フロイトは、支持や暗示によらずに洞察のみによって治癒をもたらすものとして精神分析を確立しようとしました。その一方で、実際の臨床では患者に対して親切に振る舞ったりしていますが、現実的に何かを提供することが、患者にとって単なる親切以上の意義を持ち得るものであることを治療論の中にうまく位置付けることができなかったのです。

ウィニコットは違います。ウィニコットは、母親が赤ん坊のニードに合わせて環境を提供することによって、赤ん坊は自分の存在の感覚というものを初めて保つことができるようになる、と論じました。そのような環境が母親によって与えられてこそ、赤ん坊は**存在し続けること** *going-on-being* の感覚を獲得できる、とウィニコットは考えました。母親と赤ん坊には、母子混然一体となった、対象関係の確立以前の状態というのがあって、赤ん坊はそこから分化していく、というのがウィニコットの赤ん坊観ですが、分化が可能になるのは、母親によって抱える環境が提供されてこそなのです。

誤解のないように付け加えると、ウィニコットは、完璧な母親であれ、と言ったのではありません。ウィニコットは、原初の母性的没頭の状態にあることができて、赤ん坊を抱えることができる母親であればそれで十分だ、と言いました。そのような母親を**ほど良い母親** *good enough mother* と言ったのですが、この言葉も非常に有名です。

ウィニコットは、「一人の赤ん坊というものはいない。その意味はもちろん、赤ん坊がいればそこには必ず母親のケアがあるのであって、母親のケアがなければ赤ん坊というものはいない、ということである」（Winnicott, 1960）と言いました。冒頭の「一人の赤ん坊というものはいない」というところが特に有名です。赤ん坊というのは、必ず誰かが一緒にいる、そういう存在だ、ということです。

皆さんは、生後間もない赤ん坊だけポツンと一人でいるのを見たことあるでしょうか。あるとしたら、それは極めて異様な、危ない状況です。そういう赤ん坊は、そのままにしておくと死に至ってしまいます。一人でいる大人はもちろん見たことはあるでしょう。大人は一人で何とかやっていけるわけです。一人でいることが全くできないというのは、大人の場合、問題です。けれども赤ん坊はそうではありません。必ず母親、あるいはそれに代わるような人がいないといけません。そしてそれは身体の面だけではなく、心理の面でもです。抱える環境というのは、赤ん坊のことを身体心理両方の面で気にかけている存在が必要だ、ということです。

こういう母親と赤ん坊の関係というのは、分析家と患者の関係のあり方のモデルとして大変有効です。分析家は患者のことを、母親が赤ん坊のことを想うように想っていないといけません。患者が辛い時に、「今日の前の患者は辛い思いをしているんだな」といった感じで、患者の気持ちに想いを馳せることができているというのが、分析家にとって大切です。深刻な精神病理を抱えた人は、分析家がそういう気持ちでそこにいるという感覚を持てないものです。そういう人にとって、自分のこころの状態に想いを馳せて真剣に心配してくれている人が世の中にいるということ自体が、大きな驚きなのです。

しばしば患者さんから実際にそういうことを聞くことがあります。「こんなにきちんと話を聞いてもらったことはこれまでの人生で一度もなかった」といったことを聞きます。それは言い換えれば、その患者さんには抱える環境というものがこれまで一度もなかったということを物語っているのでしょう。

対象関係論と精神病理

ウィニコットの精神分析の話を続ける前に、ここで対象関係論の臨床的意義について触れておきましょう。フロイトの精神分析モデルでは、精神病理は、欲動のあり方はどうか、そしてその欲動のあり方をこころがこれまでどのように扱ってきたか、現在どのように扱っているか、ということによって決まりました。欲動に関連する問題を身体領域で解決しようとするとヒステリーになります。観念領域で解決しようとすると強迫観念が生じます。あるいは欲動の制御がうまくいかずに爆発的に発散されるとパニック発作を起こします。構造論の言葉を用いれば、欲動のあり方の問題はエスの問題であり、欲動の扱いの問題は超自我の監督下における自我の問題です。そのような説明がフロイトの説明でした。

それとは違う説明が対象関係論の世界では可能です。対象関係論の考え方では、人はそういうことで精神病理を生じるのではなくて、人との関わり方に問題があるから精神病理を生じるのです。

先ほどのパニック発作の例でいうと、制御されない形の欲動の発散、すなわち攻撃性やとかリビドーの噴出というものがパニック発作の一つの説明なのですが、対象関係論の観点から言うと、次のような質問が有効です。すなわち、パニック発作を訴える人に、「あなたがパニック発作を起こしたとき、あなたは誰に会いに行こうとしていたのですか」という質問です。それはフロイトの精神分析とは全然違う発想です。どんな関係が問題になっているのか、という観点から精神病理を考えます。こころの中のエス、自我、超自我という構造がどうなっていて、それらがどのように機能しているのか、という発想とは異なる発想です。

人を知るということ

ここで、人を知るということはどういうことなのかについて、対象関係論の考えを念頭に考えてみましょう。人はしばしば、人と関わっているはずなのに、本当には関わってないものです。自分では気づいてないけれども、実はきちんと人と関わっていないことからしばしば問題が出てきます。他の言い方をすると、自分が関わっている相手を実は知らなかったり、あるいはひどく誤解していることから多くの悲劇が生じるものです。

人を本当に知ることというのは非常に難しいことです。私たちは、人をほとんど知らないと言ってもよいほどです。ある人のことを知っていると私たちが思っているとき、それは、自分のこころの中にある、人のあり方のプロトタイプあるいは典型的な決まったイメージのようなものにその人を当てはめて「この人はこういう人だ」と思っているだけかもしれないのです。それは対象関係論的な言い方をするなら、すでに自分のこころの中にある内的対象との類比で勝手にある人のことを「こういう人だ」と思っているだけであり、実際のその人というものを分かっているわけではない、ということです。

自分以外の人物、たとえば父親や母親、知り合いの人などがどのような人であるかを描写するようにお願いすると、ひどく単純で、カリカチュアのような描写しかできない人がいます。それはたとえば、「凄くて、優しい人」であるとか、「わがままで、冷たい人」などと言った分かりやすい、単純な描写です。けれども、人には必ず裏というか影というか、そういう部分があるものです。そういう裏あるいは影の部分も含めて知ることが、対象を真の意味で知るということには含まれます。ですから、人を知るには、思い込みの世界から、言い換えれば、自分のこころの中で主観的に作り上げたにすぎない世界から、より広く全体的に人を知るように移行していかなければなりません。それができると、人の描写がもっと複雑になってきます。それができていないと、さまざまな悲劇が起こるわけです。

たとえば、結婚してみたら自分が思ってもいなかったような人だと分かった、という話が時々あります。結婚してみたら途端にものすごいＤＶ的な人だと分かった、というような話です。話を聞いてみると、結婚前には全くそういう面はなかった、というのです。しかしそれは、結婚相手が結婚後に急に変わってしまったから、というよりも、結婚相手は元々ＤＶ的な人だったのだけれども、結婚相手の裏あるいは影の部分を見ずに、自分が思い込んでいる相手のイメージと結婚することにした、ということなのかもしれません。

解釈とＤポジションへの移行

それでは、精神分析プロセスにおいて人を知るということはどのようにして達成されるのでしょうか。クラインの考えによれば、Ｐ－ＳポジションからＤポジションへ移行するにつれて、対象との関係がより成熟していきます。自分が憎み攻撃していた相手と、自分が愛し理想化していた相手が、実は同じ人間だったということに気づくのです。そのことへの気づきが抑うつ的な気分につながります。そのようなプロセスを経て人は人を本当の意味で知るようになる、というのがクラインの考え方でした。そしてそのプロセスは、解釈によって促進されるとクラインは考えていました。分析家が与える解釈を通して対象との関係がそれまでよりも複雑なものであることが自覚されることによって、患者は対象との関係のそれまでとは異なる面への洞察を深めます。そしてＰ－ＳポジションからＤポジションに移行し、真の意味で対象を知るようになる、というプロセスです。

移行対象、移行現象

ウィニコットは、クラインと同じく、人を本当に知るということの難しさに関連して多くのことを述べています。しかし、ウィニコットとクラインの精神分析の進め方には違いがあります。ウィニコットは解釈だけでは精神分析は進まない、と考えました。人は、こころの中での対象との関係から現実の対象との関係に移行しなければならない、というのです。

こころの中の対象は、万能的に操作することが可能な対象です。一方、外的な現実の対象は万能的に操作することができません。前者との関係から後者との関係へ移行するのが難しい理由の一つはそこにあります。

ウィニコットによれば、人は全くの主観的な体験から、主観と現実の中間のような体験を経て、より現実的な体験に移って行きます。対象と関わることは、最初は自分のこころの中で主観的に自分自身で作り上げたように体験されている対象にこころの中で関わるというところから始まる、とウィニコットは考えました。ここまでは、クラインとそれほど意見は違いません。ただそこから、実際の現実の対象との関わりに移行していくプロセスについての考えがクラインの考えと違うところです。

ウィニコットは、その際、主観的な対象との関わりから客観的な現実の対象との関わりに一足飛びに移ることはできないのであって、その中間の体験を踏まないといけない、と論じました。そしてそのような体験の対象を**移行対象** *transitional object*、そしてそういう中間の体験を踏まえることを**移行現象** *transitional phenomenon* と呼びました。移行対象とか移行現象というのは、言い換えれば、内的現実と外的現実、あるいは主観性と客観性の橋渡しをするような対象あるいは現象です。

クラインの考え方では、解釈によってP－S的な世界から抑うつ的な世界に移ることができて、それで対象の全体像が体験されるはずなのですが、ウィニコットはクラインが考えたようにはうまく行かないと考えました。体験的な側面が大切なのです。その考え方は、精神分析プロセスにおいては解釈だけでは不十分で、患者と分析家が何らかの体験を共有することが大切だ、という現代的な精神分析の考え方につながるものです。

ウィニコットは、全くのこころの中の体験でもないし、全くの現実的な体験でもない、中間の世界があって、そこを経由することが大切だ、というのです。ウィニコットは、そういう中間の世界における**錯覚** *illusion* の体験が重要だ、と言いました。自分の思いと現実は違うんだけれども、まるで自分の思い通りに現実がなっていると錯覚している時期、そういう時期が実は大切だ、というのです。

この中間の世界を表す言葉が他にもいろいろあって、**移行空間** *transitional space* という言葉や**可能性の空間** *potential space* という言葉もウィニコットは導入していますが、意味されることはおおむね同じようなものです。そしてそういう空間は、「挑戦されることのない領域である」と述べています。とても興味深い考えです。同じような空間を指す言葉として、ウィニコットは、中間領域 intermediate area あるいは第三の領域 third area という言葉も使いました。そういう空間にいることが許されることによって、赤ん坊はこころの中の世界から現実の世界に橋渡しされる、とウィニコットは論じたのです。

移行対象というものがどのようなものか、もう少し説明しましょう。赤ん坊の最初の対象は母親の乳房です。当たり前のことですが、乳房は現実には母親のものです。けれども、赤ん坊は乳房を自分が創り出した、と万能的に体験する、とウィニコットは言いました。先ほど述べたように、こころの中の対象は万能的に操作できるかのように体験される傾向があります。ここでは、乳房に赤ん坊の万能感が託され、赤ん坊によって、まるで自分が創り出した対象であるかのように体験されています。

しかしやがて、本当は自分が乳房を創り出したわけではないことに赤ん坊は気づいていきます。そのプロセスにおいて大切になってくるのは、自分の一部ではないけれども、自分が所有していて好きにできる、と感じられるような対象を持つことだ、とウィニコットは論じました。それはたとえば、寝る前にいつも一緒にベッドの中で時間をすごすぬいぐるみやお気に入りの毛布のようなものです。すっかり汚くなったぬいぐるみや毛布を、捨てないでとても大事に取っておく子どもがいます。正確に言うと、移行対象というのは、ぬいぐるみとかその物自体を指すというよりも、そういう対象のもつ機能なのですが、まずは、そういうぬいぐるみや毛布を思い浮かべると移行対象というものがどういうものを指すのか、分かりやすいでしょう。

そういう移行対象との関わりがなかった人は、いつまでも実際の現実の関係というものを十全に持てず、本当は自分が思い込んでいるだけなのに、人を理解したと勘違いし続けてしまうわけです。ここでいう思い込みというのは、たとえば、この人は素晴らしいとか、この人は駄目だ、とか、そういう思い込みのことのです。そういう状態のとき、人は相手を自分がまるで創り出したかのようにすっかり思い込んでしまっています。自分の頭の中でそう思っているだけなのですが、それが現実の対象としての相手と一致していると勝手に思い込んでしまっているということですから、それは自分で創り出したと思い込んでいるのと同じだ、ということです。でもそれでは、現実の他者と自分の思い込みの区別がついていません。

そこで移行対象が大切になります。移行対象との関わりの中で、自分のこころの中と現実というのは、どうも違うということが次第に分かってくる。ここが面白いところです。現実というのは自分の手の届かないところにある、現実が自分の思い通りになるものだというのは錯覚だ、ということが、次第に分かってきます。母親の乳房を自分が創造したというのは錯覚だということが分かってくるのです。そしてとうとう、「実は、現実とは自分が創造したものではなくて、それ以外のものなんだ」と分かってくる。それが**脱錯覚** *disillusion* です。ウィニコットに言わせれば、人はこの脱錯覚の段階に至ってようやく現実に触れるようになるのですが、その段階に至るためには、錯覚の段階を体験していることが大切です。

ぬいぐるみというものは実際には生きてないわけです。だからこそ、ぬいぐるみは自分で勝手に好きなように遊ぶことができます。それではぬいぐるみはこころの中の対象かというとそうではありません。外的対象なのですが、好きにすることができる対象です。そういう対象との経験を経て、人はようやく自分の思い通りにはならない世界があるということを知るに至るのです。

この辺は、ウィニコットの書いたものを読んでも、どこか漠然としていて、はっきりと理解するのは難しいところです。ただ、ウィニコットに言わせれば、精神分析の世界では、はっきりと分かるということは不要なことだし、あり得ないことです。ウィニコットの考える精神分析は、現実なのか現実ではないのか、はっきりとしないことを可能にする空間で行われるものです。

本当の自己、偽りの自己

さらにウィニコットが言っていることを紹介していきましょう。とても有名なものに、**本当の自己** *true self* と**偽りの自己** *false self* という概念があります。ほど良い母親にしっかりとホールディングされる経験があれば、それは自分自身として存在し続けることが担保されるような安心感を赤ん坊にもたらします。ところが、母親がほど良くない場合、すなわち母親が赤ん坊のニードやこころの状態に想いを馳せることが全くできない場合、赤ん坊は外界からの**侵襲** *impingement* に対して防衛的にならざるを得なくなる、とウィニコットは言いました。

この侵襲、インピンジメントというのは、医学の世界では、インピンジメント症候群というのがあって、肩の骨と骨の間に腱などが挟まってしまって肩が痛くなったり動かなくなったりしてしまう状態があるのですが、要するに何か挟まってくるような感じのことを指します。ですから、心理的なインピンジメントとは、自分ではない存在、たとえば母親が自分のこころの中にぐいぐい入り込んでくるような状態です。そういうことが一定以上あると、人は偽りの自己というものを発展させて自分を母親からの侵襲から守ろうとします。

他の言い方をすれば、いわゆる「良い子」を演じるとか、そういうことです。ただ、偽りの自己というものが全くない、本当の自己だけでできている人でないとまずいのか、というとそういうものでもありません。偽りの自己というものは基本的に悪いものだと思うかもしれませんが、悪いものかどうかは程度の問題なのです。偽りの自己が全面に出てくると問題になります。しかし、「人間は素っ裸で生きるのがよいのだ」ということことにはならないわけです。皆、服というものを着ています。社会的にも同じです。「全部本当の自己になりましょう、素っ裸になって生きることこそがよいのです」ということではありません。偽りの自己というものはどこかにあるのだけれども、それが人間全体を乗っ取ってしまうことはない、というのが重要です。

「対象に関係すること」から「対象の使用」へ

さて、最後にもう一つ、非常に重要な概念について説明しましょう。ウィニコットは、対象への関わり方すなわち対象関係がまだ出来上がっていないところから人生が始まる、と考えました。母子一体の状態、ユニットとしての母子から始まるのです。そこから対象関係の世界に入っていくのですが、対象関係のあり方には二種類あると考えていました。それはこれまでの話でも分かるかと思います。自分が対象を作り出したと錯覚しているような対象との関わり方と、脱錯覚後の対象との関わり方です。

それと似たようなことなのですが、ウィニコットは、**対象に関係すること** *object relating* と**対象の使用** *object usage* という二つの対象関係のあり方があって、前者から後者へと発達が進む、と論じました。

クラインのポジションの概念とは本質的に違うものなのですが、あえて比較参照するならば、対象に関係することから対象の使用への移行は、P‐SポジションからDポジションへの移行に相当します。

良い対象あるいは悪い対象だと単純に思っていたのが、やがて対象というものがもっと複雑なものとして、すなわち良い側面と悪い側面の二重性を帯びたものとして立ち上がってくる、それがP‐SポジションからDポジションへの移行でした。Dポジションでは、対象が自分以外の何者かと関わっている可能性への気づきがあります。母親は自分と関係しているだけではなくて、父親も関係している、といったことへの気づきがあります。そのようにこころは発達する、というのがクラインの考えでした。

それに相当するのが、ウィニコットの精神分析では対象に関係することから対象の使用への移行だということなのですが、少し分かりにくいかもしれません。なぜなら、対象の使用という言葉は、何か、より原始的な関わり方を示唆しているように響くからです。ですから、対象に関係することの方が対象の使用よりも進んだ段階なのではないか、逆なのではないか、という感じがするかもしれません。対象を使用するというと、何となく、搾取的であるとか、そういうあまり良くないニュアンスが感じられるかもしれません。

しかし、ウィニコットは別にそういった意味で使ったわけではありませんでした。対象に関わることは、一方的な関わり方を示しています。対象に関わることという言葉でウィニコットが意味したかったのは、主観性の中で、この人はこういう人に違いない、とか、この人の役割は自分が必要としているこういうものを自分に提供することだ、とか、そのようにどこか一方的に決めつけるような関わり方でした。それは部分対象関係的なわけです。相手の人の存在というものが、いわば道具的に決まっていて、その人の他の側面というのは問われない状態です。そういう対象をウィニコットは**主観的対象** *subjective object* と言いました。

対象に関わることの段階では、主体が自分の作り上げた主観的対象に関わっているのですが、そもそも自分で対象を作り上げたのですから、その関わり方は一方的なものにすぎません。そういうところから関わりというのは始まるのですが、現実の対象と関わることができるようになるためには、主体が対象を幻想の中で破壊しないといけない、とウィニコットは言いました。このようなことが起こらなければならないと言っているところが非常に面白いところです。

たとえば分析家との関係で言えば、患者の心の中の世界で、分析家を破壊しなければならないということです。いわば、分析家殺しが行われなければならないのです。その上で、現実の分析家がそれを生き延びるということが大切です。もちろん、ここでいう分析家の破壊、分析家殺しというのはこころの中の世界でのことですから、実際に分析家を凶器で傷つけるというようなことを言っているのではありません。そうではないのですが、分析家をこころの中で酷く傷つけてしまう、ということです。具体的に言えば、分析家を徹底的に憎むとか、馬鹿にするとか、蔑むとか、無視するとか、そういうことがこころの中で起こるということですが、そうすると、患者は意識的には、「先生、大丈夫かな」と思ったりするわけです。それは、あたかも分析家を殺してしまったのではないか、という不安に駆られているということです。

ところが、分析家はいくら患者に馬鹿にされても、次のセッションでもまたこれまで同じように患者を待っていて、いつもと変わらず普通に話を聴きます。そうするとどのようなことが起きるかというと、自分の心の中では殺したつもりの分析家が、実は生き延びていることを患者は知ることになります。それで、対象としての分析家が自分の酷い攻撃性を生き延びることによって、そこから現実の感覚が立ち上がる、そのようにウィニコットは論じました。「あれ、自分は先生を破壊したはずなのに、だけど生き延びている。ということは、自分が思っていた先生というのは、一体誰だったんだろうか」という感じになります。すると、「あれは全部自分の頭の中のことだったんだ」ということになるわけです。自分が万能的に作り上げた対象と関わっていると思っていたけれども、それは主観的対象にすぎなかった、そういうことが分かってくると、対象との関わりが新しい段階に進むことができるようになります。それが、対象の使用の段階です。

自分の攻撃性を生き延びる対象は、クラインの言葉で言えば、抑うつポジション的な対象、あるいは全体対象です。でも、クラインの議論とは大分違う議論であることが分かるのではないかと思います。

ここには、クラインとは別の意味で、臨床場面における攻撃性の意義がすごく織り込まれています。だから精神分析の臨床にとって非常に重要です。別に精神分析家が攻撃性を好んでいるというわけではないのですが、実際多くの患者は、どこかに怒りを抱えているものです。それに全く触れない、扱わないような分析というのはほとんどありません。精神分析にとって決定的に大切なことの一つは、攻撃性をどう考えるか、ということです。ウィニコットの答えは、攻撃性というものは、患者によって表現される必要があって、それによって分析家をこころの中で破壊しなければならない、というものでした。ただし、分析家はそれを生き延びないといけません。

分析家への迎合の問題

さて、主観的対象という概念や攻撃性と関連することとして、分析家に迎合しようとする患者、分析家に合わせようとする患者について少し話しましょう。分析家に迎合するような態度がすっかり身についてしまっていて、いかに自分が良い患者であるか、忠実な患者であるかを分析家に見せようとする、そういう患者がいます。それはどういうことかというと、たとえば、分析家のどのような解釈にも賛成したり、分析家の資質や経歴を礼賛するといったようにあからさまに合わせようとする患者もいますが、もっと遠回しに、他の行動を通して迎合的な姿勢を表現する患者がいます。

いろいろな行動があるのですが、たとえば、絶対に遅刻しないことで迎合するような姿勢を示そうとする患者もいます。以前、キャンセル料の話をしたときに遅刻のことを少し話しました（第7講を参照のこと）。キャンセル料をしっかり取ることで、精神分析は安定化する、という話をしましたが、分析家への攻撃性との関連で、ここでもう少し考えてみましょう。

セッションに絶対遅刻しないようなあり方というのは、実はあまり生産的なあり方ではありません。一日の時間を有効に使おうと思っていたら、毎回一時間前には必ず着いているように行動するわけにいきません。毎回一時間前に着くように出れば、確かに遅刻はまずしないですが、他のスケジュールが圧迫されてしまいます。一方で、五分前とか十分前に着けばよいと思っていると、遅刻してしまうことがどうしてもあります。電車が遅れるといった偶発的な事態がたまには起こるからです。

ただ、それはそういうものなのです。別に、面接に遅れてもいいと言っているわけでありません。毎回遅れずに来ることが大切なのですが、それでもたまには遅れてしまうということも、どうしてもあったりします。

ですから、セッションに絶対に遅れないようにしたい、という患者の気持ちの背景を分析する必要があります。そうすると、そこに分析されていない攻撃性が隠れていることがあります。攻撃性が精神分析の中で展開されてしまうのを防ごうとして、患者が分析家に迎合的な態度を取ったりすることがあるのですが、その表現が絶対に遅れて来ないということであることがあります。

患者が分析家に合わせようとするのには確かにそれなりの理由があるものです。患者の中は、分析家の攻撃性を恐れていて、自分が分析家に合わせないと分析家を酷く怒らせてしまう、という空想を持っている人がいます。あるいは、逆に自分自身の攻撃性を恐れていて、自分が自由に自分を表現すると分析家を酷く傷つけてしまう、と恐れている人もいます。いずれにせよ、攻撃性が問題になって、分析家が自分に攻撃性を向けてくるか、あるいは自分が分析家を攻撃してしまってその結果分析家がすっかり弱ってしまう、そのような空想を患者が持っていることがしばしばあります。

たとえば、患者があるセッションで散々分析家の悪口を言うとします。そのあと、分析家が風邪をひくとします。そうすると、「自分が先生に酷いことを言ったから、先生は風邪をひいてしまったのではないか」と言う患者がいるものです。

そういう患者の中では、分析家というのは自分が作り出した対象です。ですから、ウィニコットの言葉を用いれば、主観的対象です。そういう患者は一見優しい人のように聞こえるかもしれないですけども、実は分析家をある意味で支配していると思っているのです。自分次第で分析家に風邪をひかせることもできるわけですから、そういうことになるでしょう。

それでは、そういう患者を前に分析家はどのように振舞えばよいのか、という問題があります。そのようなときに、分析家は、「いや、違います、風邪ではないです。お気遣いありがとうございます、私は元気です」などと言って否定するのではいけません。患者の攻撃性を全く否定するようではいけません。患者からの攻撃性のインパクトを引き受けなければならないのです。でも、「そうなんですよ、あなたのせいでこんなことなってしまって大変です」などと言うわけでももちろんありません。攻撃性の否定でも反撃でもない、そのどちらでもない他の方法が必要なのです。

それはどういうことなのでしょうか。難しいところですが、そういうときでも落ち着いて患者のこころの中のことを理解し、解釈できる存在として、変わりなく分析家が分析家としての機能を保ってその場にいるということを示すことです。解釈の内容自体も大切なのですが、それ以上に大切なのは、解釈をする機能を保持して分析家が患者の攻撃性を生き延びていることを示すことです。

次のようなことを言うかもしれません。「あなたが前回、私をひどく批判したことで、あなたは私が深く傷ついて、それで私が風邪をひいたと感じたのでしょう。あなたは、私があなたの攻撃性を生き延びることができていないのではないか、と感じたのでしょうね」という感じのことです。分析家がそういうことを言えるのは、確かに生き延びているからです。分析家は破壊されそうになって、でも生き延びているわけです。こういうことを経験することで、患者は分析家という対象が、自分が万能的に作り出して支配している対象ではなく、実は自分の及ばないところにいる、現実の他者である、と知るに至ります。

以上のような分析家との関係のあり方をウィニコットは対象の使用と呼んだのでした。ウィニコットの考えは、なかなか味わい深いと思いませんか。ウィニコットは、読んでもなかなか分かりにくいところがあるのですが、ただ、何かとても本質的なこと言っているように感じられる分析家です。以上でウィニコットの話は終わります。

第12講　ビオンの精神分析

今回はウィルフレッド・R・ビオン Wilfred R. Bion（一八九七―一九七九）の話をします。今、精神分析の世界ではビオンについての議論が盛んです。ビオンは、枠に収まりきらない、独創的な分析家です。

ビオンの経歴

ビオンの人生について簡単に触れておきましょう。ビオンはインドのパンジャブ地方のムットラというところに生まれ、８歳までインドで育ちました。当時、インドはイギリスの植民地でした。ビオンの父親はイギリス出身の土木技師でした。ビオンの母親はインド系の方だったようです。

イギリスのオックスフォード大学で近代史と哲学を学んだあと、一九一六年から一九一八年まで、第一次世界大戦で戦闘に参加しました。これがビオンの考え方に相当な影響を与えたようです。戦争はどれも悲惨ですが、第一次世界大戦は特に悲惨だったと言われています。兵器の性能が上がって、戦争の悲惨さが極端に増したのがこのあたりの時代だったと言われています。そこで散々な目に遭ったあと、ビオンはユニバーシティ・カレッジ病院というところで医学を学んで、医師になりました。一九三三年からは、有名なタヴィストック・クリニックというところに勤務しています。ビオンは分析家になったのは遅い方でした。一九三七年にジョン・リックマンという分析家の分析を受け始めました。しかし、第二次世界大戦で中断になってしまいました。ビオンは軍医として第二次大戦にも参加しています。一九四五年からはメラニー・クラインの分析を受けています。それで、精神分析家の資格を取得したのは五十一歳でした。

ビオンは一九六二年には英国精神分析協会の会長に就任しています。この会長職を三年ほど勤めるなど、ビオンはイギリスの精神分析界の頂点に立つ存在になったのですが、一九六八年にカリフォルニアに移住してしまいました。このことはイギリスの分析家たちにとってはものすごくショックだったそうです。

けれども、ビオンがカリフォルニアに移住したからこそ、アメリカにクライン派の影響が届いたということもあります。次回紹介するカーンバーグは、南米でクライン派の分析を学んだあとに自我心理学を学んだ分析家なのですが、カーンバーグは、自我心理学の中にクライン派の精神分析を取り込む仕事をしました。カーンバーグは最初カンザス州の有名な精神病院のメニンガー・クリニックというところにいたのですが、やがてニューヨークに移ってそこで活躍しています。ですから、ニューヨークにクライン派の精神分析が届いたのは自我心理学を経由する形でした。

しかし、カリフォルニアの場合、自我心理学経由ではなく、ビオン経由でクライン派の精神分析が直接届いたのです。カリフォルニアには、アメリカでは珍しい、クライン派の研究所があります。カリフォルニアのクライン派の有名な分析家に、ジェームズ・グロットスタイン James S. Grotstein という人がいます。この人はビオンの分析を受けています。

ビオンは一〇年ほどカリフォルニアに住んで、精神分析を実践したり、セミナーを開いたりしていたのですが、その後、またイギリスに戻りました。しかし、戻ってすぐ、白血病になって亡くなってしまいました。

ビオンと現代精神分析

ビオンの精神分析の研究が最近盛んなのですが、その理由の一つとして考えられるのは、ビオンが現代のさまざまな精神分析学派の精神分析家に広く訴えるような議論を展開したことです。そういう意味で、ビオンは現代精神分析の要のような人と言えるかもしれません。

ビオンはクラインの分析を受けており、クライン派の流れの中に位置づけられるのですが、クラインの精神分析には、他学派の精神分析家、たとえば自我心理学派の分析家にとって、なかなか受け入れがたいところがありました。自我心理学派は、フロイトがそうであったように、理論を非常に緻密に組み立てようとする傾向があります。一方、クラインの精神分析理論は、彼女の直観を頼りにしたものでした。その傾向は、クライン以降のクライン派の流れの中で薄まっていきましたが、それでもなお、彼女に続くクライン派の精神分析家たちの主張は、他学派の精神分析家たちの耳には突拍子もないことのように聞こえることもあったようです。

以前、スィーガルの症例を紹介しました（第9講を参照のこと）。わずかな情報や手がかりから、いきなり心の最深部を抉るような解釈をしたスィーガルが、自我心理学派の精神分析家たちから酷評された話をしました。よく言えば手際よく鮮やかですが、悪く言えば野心的で恣意的にすぎる、というのがクライン派に対する自我心理学派のイメージではないかと思います。

クライン派の精神分析は、自我心理学派から批判されるだけではなく、精神分析の主流から比較的離れている自己心理学派や対人関係学派の分析家たちからの批判にもさらされました。自己心理学派や対人関係学派の精神分析家たちから見ると、クライン派の精神分析は**ポジティヴィスティック** *positivistic* すぎるように映るのです。ポジティヴィスティックというのは**実証主義的**と訳される言葉なのですが、どういうことかというと、客観的な真実というものがあるということを素朴に受け入れて、真実を探究し、理解することが重要だ、という考え方のことです。フロイトはそのような考え方に近い考え方をしていました。精神分析の世界では、フロイト以降も基本的にはフロイトと同じような実証主義寄りの考え方が優勢だったのです。

ところが、一九七〇年代くらいから、実証主義に変わって、**解釈学** *hermeneutics* の影響が精神分析の世界で大きくなっていきました。解釈学というのは哲学の考え方の一つで、何が真実とされるのかは**文脈（コンテクスト）** *context* の中で決まってくるものだ、という考え方です。真実としてすでに決定済みのものが存在するというのではなくて、真実とは文脈の重なりから生まれてくるもので、文脈が変わればまた変わってくるものだ、というのが、解釈学な考え方です。真実とは客観的にこころの外に存在するものではなく、主体が自らの体験を通して**構築** *construct* するものだ、という考え方です。こちらは、正確には**解釈学的** *hermeneutical* という言葉もあります。**構築主義的** *constructivistic* という言葉とは異なる言葉ですが、それとかなり重なるものです。

ビオンの中にはまだまだ実証主義的なニュアンスも残っているのですが、それまでのクライン派の考え方と比べると、そういうニュアンスは大分減っています。そのためか、ビオンの考え方は、クライン派の考えを受け入れがたいと感じていた他の学派の人にとっても、より受け入れやすいものになっています。

実証主義なのか、あるいは構築主義なのか、という問題は、精神分析における**認識論** *epistemology* の問題として知られています。認識論的立場として、精神分析の中には二つあります。一つは実証主義を支持しているグループで、もう一つが構築主義を支持しているグループです。精神分析は、基本的には実証主義グループでずっとやってきました。

フロイトもそうですし、クラインもそうです。フェアバーンやカーンバーグも基本的にはそうです。

構築主義グループに近い分析家として、少し微妙なところではあるのですが、ウィニコットが挙げられると思います。自己心理学と対人関係学派の分析家たちは、明らかに構築主義グループに近いです。

ビオンは、あるところでは実証主義的なことを言っているにもかかわらず、一方では、真実は究極的には到達不能だとも言っており、その辺りがそれまでの実証主義グループの分析家たちとは違う印象です。そういうところが構築主義グループの精神分析家にも訴えるところがあります。ビオンは過激な保守主義者なのです。そのようなわけで、学派を超えて人気があるのかもしれません。

こころのモデル化

それでは、ビオンの独創性について実際に見ていきましょう。ビオンは、抽象的な精神分析概念をいろいろと導入しました。そういう概念を用いて、精神分析の場で分析家と患者が関わっているということがどういうことなのか、基本的にはフロイトの発想に沿いつつ、自分のやり方でモデル化したのでした。

β要素

ビオンは、こころに抱いていることができないような事象を**β要素** *beta element* と呼びました。具体的には、攻撃性とか、リビドーに由来するものとか、外界由来の感覚などがあげられますが、性質が決まっているわけではありません。なぜこのような名前にしたのか、気になると思います。なぜγ（ガンマ）要素とかδ（デルタ）要素では駄目だったのでしょうか。実は、別にγでもδでもよかったのだと思います。ポイントは、ブラック・ボックスにしておきたかった、ということです。β要素というところを「攻撃性」と限定して言ってしまうと、性質がすでに決定されている感じになってしまいます。ビオンはそういうことを言いたかったのではなくて、こころに置いておくことができなくなるような、排出したくなるような何かを限定せずに示したかったのです。

ビオンは、β要素は迫害的であることもあれば、抑うつ的であることもある、と言っています。β要素の由来について、ビオンは、それはこころと身体の区別がされていないようなこころの原始的な状態の内容だ、ということを言っています。そういうこころの原始的な状態のことを、ビオンは**前駆心的（プロト - メンタル）システム** *proto-mental system* と呼びました。

何やら難しい感じがします。でも、言っていることはそこまで難しいことではありません。フロイトが欲動について言っていたことを思い出してください。フロイトは、欲動というのはこころが身体と連結されているためにこころに課された課題だ、と論じました（第4講を参照のこと）。こころと身体はつながっています。だからこそ人は悩むのです。ビオンの前駆心的システムという概念も、同じように、こころと身体のつながりのことを指していると言えるでしょう。ですから、β要素は欲動と全く同じものではないものの、欲動と似たようなものを含んでいる概念だと考えておくとよいでしょう。

β要素は欲動のようなものを含んでいますが、それだけではありません。ビオンは、意味をもたない**感覚印象** *sense impressions* や**感覚データ** *sense data* などもβ要素として考えていました。原始的なこころの世界における原始的な感覚、そういうものを想像するとよいかもしれません。

もちろん、ビオンが欲動とか感覚印象という言葉を敢えて使わずにβ要素という言葉を使っているのですから、欲動とか感覚印象のような具体物を思い浮かべて満足してしまうことがあってはいけません。ビオンは、β要素とは明確に考えることができず、したがって言語化されず、意味も持たないものだ、と述べています。

α機能

β要素とは何かについて話しましたが、その本質は言葉にすることができないものだ、という不思議な結論になりました。β要素を定義しただけではあまりピンとこないかもしれません。

そこでビオンは、もう一つ重要な概念を導入します。それは**α機能** *alfa function* です。β要素は、母親のα機能によって**思考** *thought* に変換される、とビオンは言いました。ただ、まだしっかりした思考になっているとは言えない程度のもので、思考の萌芽のようなものです。そしてビオンはこれを**α要素** *alfa element* と呼びました。こうして、赤ん坊の内的世界に思考が芽生える、というのがビオンのこころの発達のモデルです。

フロイトのこころのモデルとの比較

排出したくなるようなものであるβ要素は、フロイトのシステムで言えば何だったかを思い出してみてください。β要素は、心的エネルギーのこころの中の濃淡を構成するもの、あるいは不快としてフロイトが考えたものに近いと言えるでしょう（第2講を参照）。こころの中に生じた濃淡は、心的エネルギーがこころの中に広がっていくことで安定化する傾向がある、という発想がフロイトにはありました。そのように心的エネルギーの不均衡のために心的エネルギーが広がっていくことを**通道** *facilitation*（英）*Bahnung*（独）と言うのでした。

ただしフロイトとビオンの考えの間には決定的な違いがあって、それは、ビオンが問題にしているのは二者システムだということです。こころの中の心的エネルギーの不均衡と通道というフロイトの発想は、一つのこころの中にプロセスのすべてを見ようという発想です。一方、ビオンはフロイトとは違って、こころに置いておくことができないものを二人で処理しようとする、という話をしているわけです。

ここで、**投影同一化**のメカニズムが決定的に重要になります。β要素は、投影同一化によって母親に伝えられます。赤ん坊のこころの中のことが母親と赤ん坊という二人のことになるのは、投影同一化によってである、とビオンは考えました。

投影同一化はもともとクラインが考えた防衛機制でした。しかしクラインは、ビオンが考えたように、赤ん坊から母親に何かが伝えられるプロセスまでは投影同一化の中に入れて考えていませんでした。クラインの投影同一化はあくまで赤ん坊の空想上のことだったのです。しかしビオンは投影同一化を対人関係の世界にまで拡張しました。ビオンによって、投影同一化によって母親は実際に赤ん坊から何かを受け取るとされました。赤ん坊の空想の中で母親に何かが投影されるだけではもはやありません。

二人で処理するということは、フロイトが考えたように防衛のシステムをこころの中で導入することで何とかするということではなくて、こころから外に排出してしまうことを含むプロセスです。

こころの中の安定を乱す何かを、フロイトは抑圧などの防衛によってこころの一部に放逐する方法を想定して、精神分析ではそのプロセスを解釈によって理解するのだ、としました。ところが、排出というプロセスが入ってくると、排出されたものを対象がどのように扱うのか、ということが問われることになります。そういう考え方が精神分析の中に入ってきたわけです。

考えることと思考

誤解のないように言っておくと、こういう考え方は別にビオンの専売特許であるわけではありません。ウィニコットも、母親が抱えることの重要性を説きました。抱えることが、一人のこころの中の問題を二人で解決する方法だ、というのがウィニコットの考えでした。ビオンは抱えることの代わりに、母親のα機能というものを言ったのでした。

それでは抱えることとα機能というのはどういうふうに違うのか、ということですが、抱えることという言葉は、母親が赤ん坊にかかわるときの態度を大雑把に表現している言葉であるのに対して、α機能という言葉は、かなり意味の絞られた、特異的な機能を指している言葉です。ビオンのα機能は、考えられないことが考えられるように発展していくプロセスに関するもので、**考えること** *thinking* がどのようにして可能になっていくか、すなわち**考えるための装置の発展** *development of an apparatus for thinking* についてのモデルです。

考えることとは何か、ということについてはフロイトも論じています。フロイトによれば、考えることとは、心的エネルギーが単に運動に変換されてそのルートで一気に発散されることとは違って、そこに何らかの妨げというか抵抗が生じて、徐々に処理されていくようなプロセスのことを指します。ですから、腹が立ったときにすぐ殴った、というのは運動的な発散による解決ですが、腹が立っているがこれはどういうことなのだろう、なぜなのだろう、というような形で処理するのが考えることです。そこには、心的エネルギーの発散に対するある種のせき止めのようなものがあるわけです。そういうことが考えるということだとフロイトは論じました。

ビオンはそれに対して、考えることとは母親が赤ん坊の代わりにすることだ、と論じたのです。そしてビオンは、そのような母親と赤ん坊の関係が、精神分析家と患者の関係のモデルになる、と論じました。分析家は患者の代わりに考えるのです。ここに、新しい精神分析のモデルが提示されています。分析家は患者の中の衝動を解釈するだけではなく、衝動を受け止めて、患者の代わりに考える、というモデルです。

面白いのは、このビオンの考えることのモデルにおいては、最初にβ要素があることです。それにα機能が関わって、**思考** *thought* を考えることが可能になります。すなわち、考えられていない思考というものがあるのです。それが先にあり、それが、考えるための装置と出会って、考えられた思考になります。それは母親と赤ん坊の関係であって、同じようなことが精神分析でも起こる、ということです。

考えられていない思考と行為

考えられていない思考という概念は抽象的で分かりにくいかもしれないので、もう少し具体的に考えてみましょう。考えられていない思考が、そのまま考えられるに至らず、行為として表現されてしまっていることがしばしばあります。リストカットはその一例です。リストカットをする人というのは、自分の中のこころの痛みについて考えるに至っていないのです。

たとえば、「自分は、お母さんにこれを伝えたかったのに、聞いてくれなかった。腹が立つなあ」とか、「パートナーが自分のことよりも他の人のことを大事に思っているようだ。寂しいなあ」などと、怒りや寂しさを考えて、その上でリストカットをしているわけではありません。多少はそういうことも考えているかもしれませんが、それでも表面的に考えているにすぎないことが多いものです。

怒りや寂しさは、すると、考えられていない思考になります。そのような思考は、代わりに考えてくれる人を外に求めます。代わりに考えてくれる人がいれば、行為として排出しなくても済むかもしれません。「話を聞いてくれなかったら、それは腹が立つだろうな」と考えてくれる人、そういう人はα機能を果たしていると言えるかもしれません。でも、そういう人がいない場合、リストカットなどの行為として排出されます。

より正確には、α要素というものは、「話を聞いてくれなかったら、それは腹が立つだろうな」などのようにしっかりとした思考にはまだまとまっていない、思考の断片的萌芽のようなものです。「話を聞いてくれなかったら、それは腹が立つだろうな」という表現は、物語性を含んでいます。「これこれがこうで、それでしかじか」という流れを含んでいるからです。α要素はその前の段階で、話を聞いてもらっていない場面や、怒っている様子そのものを指します。α要素が思考の断片的萌芽であるというのはそういう意味です。今、分かりやすいように具体的な内容をもつ例を挙げてみましたが、α要素にいつもそこまでの具体的な内容があるわけではありません。

接触障壁

次に、ビオンの**接触障壁** *contact-barriers* という概念を紹介しましょう。実はすでに第2講で、フロイトがこの言葉を使っていたことを説明しました。フロイトは、通道を妨げるものを接触障壁と呼びました。心的エネルギーの道筋ができるのを妨げるもののことでした。

同じ言葉を、ビオンはフロイトとは別の意味ですが、やはりこころを制御するために必要な障壁を指す言葉として使っています。ビオンは、正常なα機能によってα要素が生産され、それが集まって接触障壁を生成する、と述べています。

この接触障壁の機能ですが、ビオンは、それは思考することができるものと思考することができないものを分けることだ、と言っています（図7）。

α要素というのは、思考の萌芽でした。接触障壁がα機能から成り立っているというイメージを持って、接触の一方の側に、α要素から展開した思考が集まる領域を考えるとよいと思います。そして接触障壁のもう一方には、α機能によって考えることのできるものにはまだなっていないものが集まっている。そのようにイメージするとよいでしょう。

α機能の逆転

次にビオンは、**α機能の逆転** *reversal of alfa function* という概念を導入します。ビオンは、α機能の逆転においては、接触障壁は破壊され、非機能的な偽の接触障壁様の構造物を生成する、と言いました。そしてそのような偽の幕用構造物を**βスクリーン（β幕）**と呼びました。

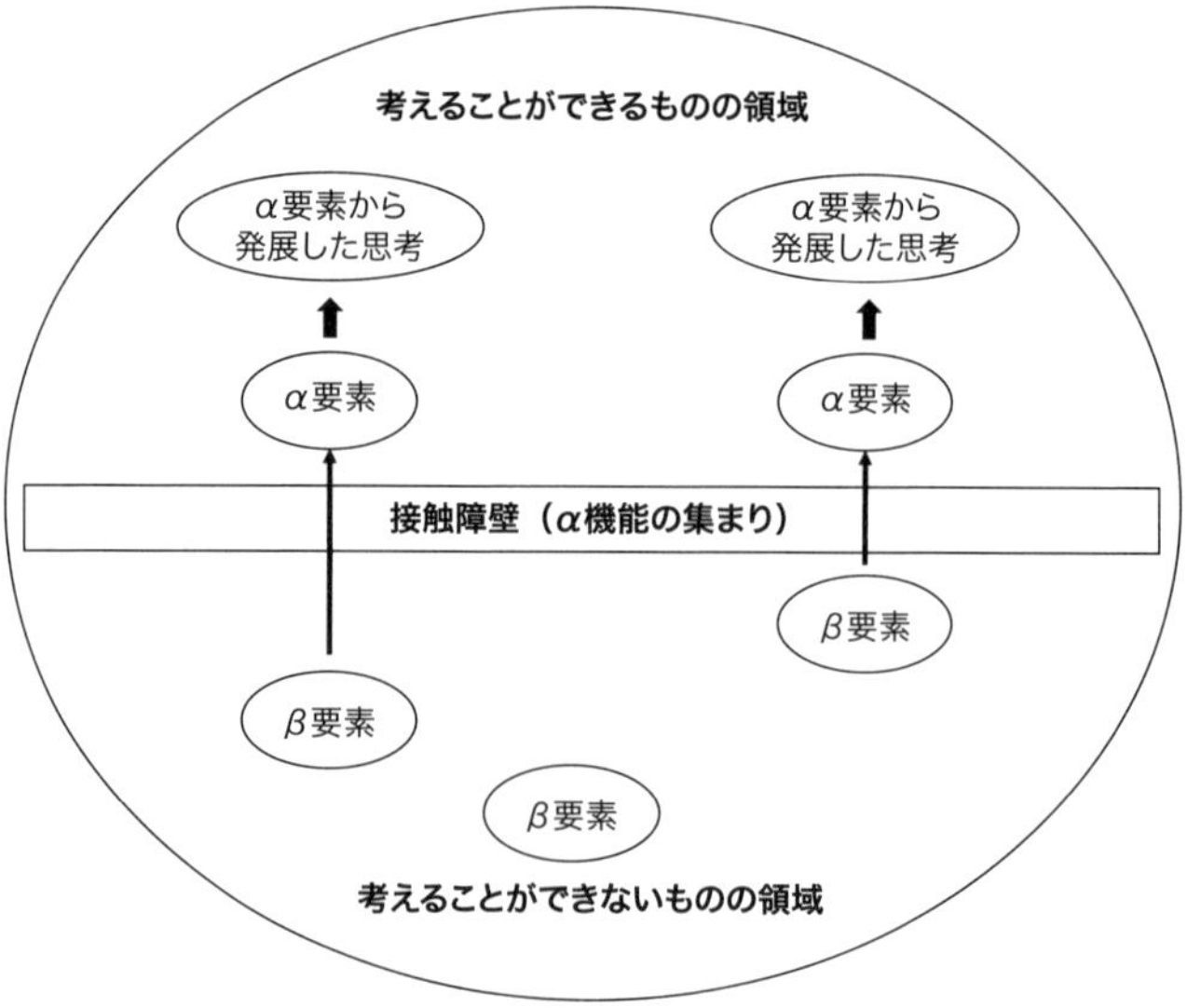

図7

何のことだか分かりにくいかもしれません。これは、一見きちんと考えていて、分かっているような、でも実は考えてもいないし分かってもいない、いわば**思考もどき**の集まりだと考えるとよいかもしれません。α要素が思考の萌芽であるのに対して、βスクリーンは**偽の思考**あるいはその萌芽であると言ってもよいでしょう。

「言葉の剣幕」という表現があります。あれはβスクリーンと言ってよいでしょう。意味があるのかないのか分からないようなことをひたすら口から吐き出すということです。いろいろ言っているのだけれども、別に何も意味がなかったり、さらには嘘だったりする言葉の羅列です。上っ面だけで、全然考えられた形跡のない言葉です。そういうものは、思考の結果の言葉ではなく、行為です。行為であるのに一見思考であるかのような体裁を装っているのでβスクリーンです。

βスクリーンは分析家にとっても大きな問題となり得ます。ビオンは、βスクリーンは分析家の思考を阻害し、分析家を行動化に仕向ける、と言っています。また、分析家は解釈を装ったβ要素を放出しそうになる、と言っています。分析家にとって危険なのは、本当はきちんと考えていないし分かってもいないのに、あたかもきちんと考えていて分かっているかのように思い込んでいる状態です。スーパーヴィジョンや事例検討会の際にしばしば問題になるのは、そういう偽の思考にもとづく解釈です。分かったかのように感じている分析家よりも、分からないことに留まっている分析家の方が、ずっと分析的です。

ビオンが独創的なのは、そういう分かったふりとか偽の思考というものを理解して表現するのに、α機能の逆転などという概念を持ってくるところです。何かをプロセスする機械に、逆側から通してしまう、そういうプロセスの結果、βスクリーンという厄介な偽の思考ができてしまうというのは、非常に面白い考え方だと思います。

奇怪な対象

β要素との関連で、もう一つ、**奇怪な対象** *bizarre object* という概念を紹介しましょう。奇怪な対象とは、逆転したα機能により産出されたβ要素に、自我の断片と超自我の断片が加わって、ある種の塊、凝集を形作っているものを指します。思考もどきだけではなく、そこに自我とか超自我といった、いわば人の要素が加わって出来上がった対象で、いわば**人もどき**というべき対象です。

分かりにくいかと思いますが、これがビオンによる**精神病的な対象**の説明です。それはたとえば、こっそりと仕掛けられたと患者が妄想的に思い描いている盗聴器や盗撮カメラ、自分を非難してくる言葉を話すクーラーの排気口、そういったものです。そういうものの生成を、逆転したα機能によって説明するのが何ともビオンの面白いところです。精神病的な患者というのは、α機能がきちんと機能していないどころか、その逆の機能が盛んな患者である、とも言えます。言い換えれば、正常な思考ができないどころか、異常な思考を盛んに行っている、ということです。

もの想い、コンテイン

ビオンの精神分析が大分見えてきたところで、**もの想い** *reverie* と**コンテイン** *contain* という概念について説明しましょう。

精神分析においては、患者のこころで起こっていることを理解し、それを言葉で伝えるということを繰り返すのですが、この状況を理解するのに、ビオンは母親と赤ん坊の間の関係をモデルにしました。ビオンは、赤ん坊が扱いきれない情緒を赤ん坊に代わって母親が受け止めているという状況は精神分析状況に似ている、と言いました。母親は、赤ん坊のこころの状態について想いを馳せるのですが、そういうこころの状態のことを**もの想い**と名付けました。そして、分析家もそういうこころの状態であることが望ましいと考えました。

もの想いの状態においては、赤ん坊の情緒が母親によって代わりに考えられ、そのことによって理解されます。赤ん坊はこころの中で何が起こっているのか全く見当がつかない状態ですが、母親によって、「イライラしている」とか「苦痛だ」などという理解を得ることになります。そのような母親の機能を、ビオンはコンテインという言葉を用いて表現しました。

精神分析家は、フロイトのように事細かに精神を分析して理解する作業に携わる存在から、分析室における母親のような存在に変わりました。分析家は、カウチに横たわる患者を前にして、赤ん坊を前にしている母親のように、患者のこころの中の世界に想いを馳せます。もの想いの状態です。「この人は今どう感じているのだろう」などと、半分、夢を見ているような感じの状態で、患者の語りを聴きます。そのうち、「この人は今酷く苛立っているようだ」とか、「この人は今、私に怯えているようだ」などと患者の情緒が体験されて、言葉が生まれます。それがコンテインすることです。

ウィニコットとの違い

ビオンの精神分析概念をいろいろと説明しました。フロイトの精神分析用語をかなり保ちつつも、言っていることはフロイトとは大分違うということが分かったかと思います。

その違いはいろいろ考えられると思いますが、その一つは、フロイトの精神分析が衝動とその変遷の理解を目標にしていたのに対して、ビオンは衝動そのものを扱うプロセスとして精神分析プロセスを考えようとしていた、ということのように私は思います。

この辺りはウィニコットも近い考え方を示しています。ウィニコットは、抱えることという概念を使って、母親が赤ん坊を抱っこしたりして身体的に世話をしたり、赤ん坊の心理状態を気にしたりすることが大切だと論じたのでした。

ウィニコットの抱えることとビオンのコンテインすることは一体何が違うのでしょうか。トーマス・オグデンThomas H. Ogdenという分析家は、ウィニコットの抱えることとは母親が赤ん坊の存在に関わることであり、いわば存在論的な概念だ、と述べています。オグデンは、ビオンのもの想いは、一方、考えることや思考に関わることで、認識論的な概念である、と述べています。存在論的、認識論的、と並べると、存在論的なものの方がより根源的に重要なのではないかという気がしてきますが、そのように明確に言い切ることは難しいと思います。ここでは、ビオンが考えることの発展に関する母親の役割に絞って論じているのに対して、ウィニコットは良く言えばもっと広く、悪く言えばもっと漠然と、母親の役割について論じた、と理解しておくのがよいかと思います。

ウィニコットの精神分析の特徴を示す言葉として**抱える環境**とか**マネージメント**という言葉があることからも想像される通り、実践的には、ウィニコットの精神分析を好む分析家のほうが、解釈を与えることにとどまらない、現実的な関わりを重視する傾向があります。一方で、ビオンはあくまで解釈中心の精神分析を考えているのですが、それはビオンの精神分析が認識論的なものであると考えると頷けることかと思います。

新しい精神分析モデルに向けて

ビオンが提示した精神分析概念をいろいろ紹介しましたが、独創的であることが分かってもらえたのではないかと思います。ビオンの考えは、新しい精神分析モデルに向かうものでした。

フロイトの精神分析モデルにおいては、解釈をする分析家というものは、あくまで患者と切り離されている存在でした。そういう存在として、患者の話を聞いて、「あなたのこころはこれこれのようになっているのですね」というように解釈をします。分析家は冷静に患者の世界を観察していて、全然巻き込まれていません。フロイトはあくまで、患者の外側で、患者のこころの中で起こっていることを客観的に理解して、それを解釈として患者に伝える人でした。

ところが、実際の精神分析の現場では、そのように分析家が冷静に患者の世界を観察することがスムーズに起こらないことが少なからずあります。たとえば、沈黙している患者に対して、冷静に状況を描写しようとして、「沈黙ですね」と分析家が言うとします。それに対して、患者が、「はい、そうですが、それではいけないのですか?」などと苛立ったような反応をすることがあります。あるいは、沈黙している患者を前に、分析家は酷く退屈するかもしれません。分析家が申し訳ないことをしているような気持ちになることもあるかもしれません。患者の沈黙という事態は、落ち着いて描写されるべきものであるだけではなく、患者と分析家の双方に強い情緒的反応を引き起こすものでもあり得るのです。

分析家のそういった情緒の動きをフロイトは逆転移という形で定式化しようとしたのですが、フロイトの精神分析理論やそれを継承した自我心理学派の精神分析理論に頼るだけでは、臨床の場で生起していることを十分に精神分析的なデータとして取り込むことができないことがあります。言葉にならないもの、言外のコミュニケーション、そういうものが十分に取り込めないのです。それよりも、母親のもの想いのモデルの方が向いています。この患者は今どんな気持ちになのだろうか、この患者のこころには何が去来しているのだろうか、などと、母親のようにもの想いにふける存在としての分析家のモデルの方が向いていると言えるでしょう。

世の中には、一緒にいるだけで落ち着く人、あるいは逆に、一緒にいるだけで落ち着かなくなる人というのがいます。皆さんも経験があるのではないでしょうか。「この人といるとなんか緊張するな」とか、「この人といるとなんか下に見られている感じがするな」とか、逆に「一緒にいると、なぜか、まるでこちらが優位に立っている感じがするな」とか、そういった経験をしたことが皆さんもあるのではないでしょうか。

そのような体験にまずは十分に浸り、味わうことが重要です。そして自分が今前にしている人のこころのあり方に想いを馳せること、可能ならばそれを言葉にしてみること。それが精神分析の作業である、というモデルをビオンは提示したと言えるでしょう。

コンテイナー／コンテインド・モデル

ビオンはさらに、こころの成長とその働きについて、より一般的な形でモデル化しようとしました。それが**コンテイナー／コンテインド・モデル** *container/contained model* です。

ビオンは、コンテインするものすなわちコンテイナーと、コンテイナーにコンテインされるものすなわちコンテインド、という**カップル** *couple* を考えました。カップルというと、付き合っている二人というニュアンスが日本語ではありますので、代わりに**対（二者）** *dyad* という言葉を思い浮かべるとよりイメージしやすいかもしれません。

カップルの関係性の性質を考えるときに、一方を容れ物として、他方を容れ物の中身として考える、という方法をビオンは提示しました。それらが具体的に何を意味するのかということですが、母子関係について考えると、コンテイナーに相当するものは、母親であり、母親の機能であるα機能です。一方、コンテインドに相当するものは、赤ん坊であり、赤ん坊のこころの中のβ要素になります。

ビオンの思考の発展のモデルによれば、β要素がα機能によってα要素に変換されることが重要なのでした。α機能は母親の機能とされていました。ただ、これをもっと一般的に言うことができそうです。すなわち、母親と赤ん坊ではなく、母親的なものと赤ん坊的なものとかかわりがこころの成長につながる、と言うことができそうです。ビオンは、それを、**♀と♂の交わり**と表現しました。♀および♂という記号を用いると、コンテイナー／コンテインドを、**♀／♂**と表記することができます。記号をそのまま受け止めると女性と男性の交わりということになりますが、ここで描かれているものはそれよりも広いもので、女性と男性の交わり以外の交わりでもよいのです。母親と赤ん坊の交わりでもよいし、父親と息子の交わりでもよいのです。ただ、交わりが創造的なものであることが大切です。

女性と男性の交わりは子どもの誕生につながる可能性を持っています。一つの命が、何もないところから生まれるのですから、これは創造性の最たるものと言ってよいでしょう。そして、母親と赤ん坊の交わりも、赤ん坊の成長という創造性を内包しています。

精神分析においても、分析家と患者がコンテイナー／コンテインドの関係になり、そこから新しいものが創造されることが期待されます。しかし、それに失敗するとどうなるのでしょう。精神分析がうまくいかない場合、サド - マゾヒズムの関係に陥って、両者に痛みだけが生じるかもしれません。

情緒的リンク

ビオンが人と人の関わりの性質に着目し、そこから精神分析のモデルを立ち上げようとしているのが分かると思います。フロイトとは大分違います。対象関係論の考え方によれば、人の情緒的な生活とは、そのときどきの関係のあり方と切っても切り離せない関係にあります。ビオンは、情緒的な場を生み出す**リンク** *link* というものがあり、それはいくつかの種類に分けられる、と論じました。

ビオンは、それらを**L**、**H**、**K**と呼びました。また新しい記号が出てきました。こういう記号のような用語を新たに導入することには、私は必然性はないと思うのですが、ビオンの個性でしょう。ビオンはここでも、β要素やα機能を用いたときと同じように、具体的な言葉にしてしまうことで生まれてしまう具象化の危険性に配慮しているのだろうと思いますが、そのビオンの実際の意図とは逆に、むしろ具象的なイメージが浮かびやすくなってしまい、それに引きずられそうになるかもしれません。そのことに気をつける必要があるでしょう。

Lリンクというのは、loveのLで、愛することによる結びつきのことです。同じように、Hリンクというのはhateのhで、憎むことによる結びつきのことです。Kリンクというのは、knowのKで、知ることによる結びつきを指します。ただ、先ほど注意したように、具象的なイメージを持ちすぎないようにしないといけません。Lリンクの愛することというのは、「愛しています」というようなものも含むのですが、他にも陽性のさまざまな気持ちを含みます。Hも同じです。Kも、「ああそういうことね、分かった」といったような軽い意味で言っているのではなく、知ることで衝撃を受けるようなレベルの知ることを広く指しています。

精神分析の中で自分のことを知っていくことは、言葉にしてしまえば単純なことなのですが、衝撃的なことがしばしばあります。たとえば、「母親は自分自身のことに夢中で、私のことにはあまり関心がなかった」ということを知ることは、患者にとって衝撃的であるような知ることの一つの例です。

精神分析は、LリンクやHリンクであったものをKリンクにもっていくことを目指すものだと考えると分かりやすいでしょう。精神分析においては、自分ではない存在を情緒的に知ることは大きな目標の一つです。そのような情緒的体験によって、情緒の面のみならず思考の面でも人は発達していきます。

Kリンクのマイナス・バージョンの−K（マイナスK）というのがあるのが面白いところです。精神分析プロセスの中でしばしば問題になるのは、この知るということを患者が執拗に避けようとする場合です。知るということに向かう代わりに、知るということの反対のものの方に患者が行ってしまう場合があります。α機能とβスクリーンの話をしましたが、Kとの関連で言えば、α機能とはKのもとになるもので、一方βスクリーンとは−Kの関連物だ、と考えてもよいでしょう。

精神分析に来ているということは、何か大切なものを知りたいからだと普通は思いますが、知ることによってこれまでのあり方が酷く揺さぶられそうな場合、知らないでおこう、という方向に患者が向かってしまうことがあります。あるいは、治療者もそのうち患者と同じように知ることが怖くなってしまって、知らないようにしてしまうかもしれません。

−Kは、微妙な現れ方をします。分析家の解釈への情緒を伴わない反応の中に−Kであるものがあります。あるいは、分析家の解釈が、Kを目指すのではなく、患者との共謀関係を維持しようとしてなされる場合、解釈自体が−Kになってしまっている場合があります。

さらには、身体部分を巻き込む−Kもあります。たとえば、解釈に対して排出行為で応じる場合です。分析セッションのあとに酒を飲んで、そして吐き気がして吐いてしまう、などといった場合です。解釈のあとのくしゃみなども同じように考えることができます。すでに述べたように、ビオンは前駆心的システムという概念を提示しました。こころの原始的な部分においては、こころと体とセットになっています。そのようなこころの原始的な世界では、こころと体のことが渾然一体としているので、トイレに行って吐くということがすなわち解釈をトイレに吐き捨てにいくということであったりするわけです。解釈を通して辛い心的現実への洞察を得たかに見えた直後の身体的反応には特に注意する必要があります。

L、H、−Kについて話しましたが、結局、これらはKすなわち知ることの妨げになるものです。Kに至る道に進む代わりに迷い込んでしまう精神分析の脇道、それがL、H、−Kという関係のあり方です。繰り返しになりますが、精神分析は、分析家と患者が互いに好きになったり、互いに憎しみ合うようになることを目標にしているのでもなければ、嘘くさい関係を持つことを目標にしているわけでもありません。精神分析は、分析家と患者が、真実を知ることを共に目指すような関係だということです。そのように、精神分析プロセスの中でKをしっかり目指そう、ということを、ビオンは、**Kにおける変形** *transformation in K*と呼びました。

Oにおける変形

脇道にそれずにしっかり自分を知っていこう、という目標は、十分に立派な精神分析の目標に聞こえます。これでビオンの話は終わってもいいようにも思いますが、ビオンはそこでは終わりませんでした。そこからさらに自分の精神分析を押し進めようとしました。ビオンは、知るということの限界も理解していたのです。

Kの話をしているときに、知るということ、すなわちKというものは当然良いものであるようなニュアンスで話していました。普通はそうでしょう。通常、知ることは良いことであるはずです。しかし、本当の真実とは一体何か、という疑問が残ります。本当の真実などというものがあるのでしょうか。仮にあるとして、それは人間に理解できるものなのでしょうか。そのような問いは、哲学の世界では昔からありました。カントの認識論は、そのような問いに対する一つの回答です。すなわち、人間の認識には限界がある、というのです。人間が認識できるのは、時間とか空間とか、そういうものを認識する感性が人間に備わっているからで、逆に言えば、そのような感性の範囲内でしか認識というものはできません。感性に引っかからないものは認識しようがないということです。感性に引っかかるかどうかとは別に、**物自体** *Ding an sich*（独）、*thing-in-itself*（英）というものを考えることができますが、そういうものを人間は認識することはできないのだ、ということです。これを**知識の限界** *die Grenzen des Wissens*（独）、*the limits of knowledge*（英）と言います。

ビオンの精神分析の話に戻ると、カントのいう物自体に近い概念として、ビオンは、重要な究極的な真実のようなものを表す**O**という概念を導入しました。Oとは、究極の現実、絶対的真実、神性なるもの、無限なるもの、などと言い変えられています。

ビオンは当初、Kすなわち知ることを追究していくことで、やがてはO自体に接近していく、という精神分析モデルを想定していたようです。ところがやがて、Oを知ることなどできない、ということに気づきます。ビオンは、Oは「良くも悪くもない。それを知ることも、愛することも、嫌うこともできない」と述べています。「究極の現実」であるとか「絶対的真実」と表現するしかない、と言うのです（Bion, 1965, 1970）。

ビオンによれば、O自体は知ることができないため、Oはその周辺から推し測るしかありません。ビオンは、精神分析はOの一つの表現であり、Oの領域への入り口であるとし、精神分析におけるOの重要性を説きます。しかし同時にビオンは、われわれがOを知ることはできない、と論じました。この辺りは、カントの議論と同じです。

それでは、精神分析プロセスにおいてこのことは何を意味しているのでしょうか。ビオンは、**Oにおける変形** *transformation in O* という考え方を提示しています。究極の現実であるOそのものになったり、Oそのものを知ったりすることはできないけれども、Oの周辺について知ること、言い換えればOについて知ることはできる、と論じました。

この辺りは、今一つ分かりにくいところです。実は、この辺りのビオンの議論は、ビオンの本国のイギリスではあまり受けが良くありません。イギリスの人には、ビオンのOをめぐる議論は神秘的に過ぎるように聞こえるようです。ビオンの言っていることは、単純化して言えば、その人らしいありのままの姿に肉薄する、という感じです。どこか仏教の悟りにも似た感じがします。ですから神秘的すぎる印象を与えたのでしょう。偽りのない真正さ、ありのままの自分であること、そういうことをOという言葉を用いてビオンは言おうとしていたのだと思います。

大切なのは、ビオンがここにおいて洞察至上主義ではない精神分析のモデルを提示しているということです。Oにおける変形においては、患者は何かを理解したりするのではなく、自分の真のあり方に体験的に近づいていきます。それが精神分析だというのです。

このような、精神分析の体験的側面を重視する考え方は、実は主流派の精神分析よりも、精神分析の主流から遠いところで長らく議論されてきたことです。それが、ビオンという精神分析の中枢に近い分析家によって、しかも主流派の理論的言葉を一部使って提示されているところが意義深いところだと思います。

第13講　米国対象関係論

アメリカにおける対象関係論の受容

この何回か対象関係論の話をしました。出てくる人はほとんどイギリスの人たちでした。アメリカの方が精神分析家の数は多いという話をしていたのに（第1講を参照のこと）、一体アメリカの精神分析はどうなったのだろう、と思っても不思議ではないと思います。イギリスで対象関係論が論じられているときにアメリカの分析家たちは別に精神分析を止めていたわけではありません。アメリカでは自我心理学が盛んで、アメリカの分析家たちは自我心理学の道を究めようとしていました。

それが一九四〇年代から一九七〇年代くらいまでのアメリカの精神分析の状況だったのですが、アメリカはとても大きな国で、また多様性を重んじる国ですから、全員が自我心理学に勤しんでいた、などということがあるわけはありません。自我心理学以外のアプローチに強い関心を持つ分析家も確実にいたのです。

今回は、アメリカ精神分析のその辺りの話をします。具体的には、カーンバーグを中心とする、クラインの影響を受けた分析家たちによる米国対象関係論の話をします。自我心理学以外のアメリカ精神分析のもう一つの重要な流れとして、対人関係精神分析の流れがあるのですが、この話は第15講ですることにします。

カーンバーグの米国対象関係論

前回ビオンがカリフォルニアに移住した話をしたときも話しましたが、アメリカにおける対象関係論の受容には二つのパターンがありました。一つは、いわばイギリス直輸入系のクライン派の分析家たちです。クラインの精神分析は、アメリカの自我心理学派の分析家には正直あまり好かれていなかったようです。自我心理学に親しんだ分析家には、クラインの議論は、あまりにも直感や憶測に頼っているように聞こえたからでした。そして、それは一つの妥当な反応だったと私は思います。

しかしやがて、クラインの発想を取り入れることで見えてくる心的世界への関心がアメリカの一部の精神分析家たちの間で高まっていきました。カリフォルニアに移住したビオンの周辺に集まってきたのは、そのような精神分析家たちでした。

それとは別のもう一つのパターンが、オットー・カーンバーグの場合です。カーンバーグは、もともとウィーンの生まれで、ナチスの迫害を受けてチリに移った人です。それでチリで医師になって、精神医学と精神分析の訓練をイグナチオ・マテ - ブランコ Ignacio Matte-Blanco という人のもとで受けました。マテ - ブランコはもともとイギリスで精神分析の訓練を受けた人で、クライン派の理論をはじめとする対象関係論に詳しかったのです。それでカーンバーグも対象関係論を知ることになりました。

カーンバーグは、その後アメリカ東部のボルチモアのジョンズ・ホプキンス大学に一年間留学したのですが、その間にボルチモア精神分析協会でクラインの話をしたそうです。そこの分析家たちのクラインの理論への反応は、主として反発だったそうです。自我心理学以外のことはほとんど教えられていなかったからです。カーンバーグは、学派間の葛藤の問題を感じ、その後、学派を超えて、広く異なった意見に関心を向けるようになったそうです。

その後、ビオンの経歴ところでも触れましたが、メニンガー・クリニックという当時精神分析のメッカとして知られていた病院がカンザス州にあり、そこにカーンバーグはチリから移りました。その後、さらにニューヨークに移って、コーネル大学精神科およびコロンビア大学精神分析センターで活躍しました。

私は、ニューヨークに住んでいたときにカーンバーグのセミナーにしばしば出席していました。カーンバーグが所属していたコーネル大学精神科は、私が勤めていた大学病院に近いところに位置していました。私がいた大学の精神科の主任教授がカーンバーグと親しかったそうで、それでカーンバーグに定期的にセミナーで教えにきてもらっていたそうです。その後、コロンビア大学精神分析センターでもカーンバーグに教わることがありました。

カーンバーグは、もの凄い量の精神分析の知識がありました。自我心理学や対象関係論に詳しかったのはもちろんなのですが、自分の考えに対して批判的な学派の議論にも通じていました。きっちりと正統的な精神分析の考え方を教えてくれましたが、決して上から教えるというような感じのない方でした。カーンバーグはＩＰＡの会長まで務めたのですが、権威主義が嫌いなようで、私たち精神科レジデントの初歩的な疑問にも丁寧に答えてくれました。

カーンバーグは、重症のパーソナリティ障害の治療論で非常に有名です。とくに**境界性パーソナリティ障害** *borderline personality disorder*（注17）の治療論で知られています。境界性パーソナリティ障害は、以前は境界例と呼ばれていました。

（注17）米国精神医学会の診断マニュアルであるＤＳＭ-５-ＴＲの日本語版では、新たに、「ボーダーラインパーソナリティ症」という訳語が採用されている。他のパーソナリティ障害も、「パーソナリティ症」と訳出されている。

境界性パーソナリティ障害の患者は、自分が誰なのかということに根本的な不安を抱えています。それは専門的な言葉を用いて言えば、**同一性（アイデンティティ）の拡散** *identity diffusion* があるということです。また、気分が不安定で、対人関係上の困難のために激しく憤ったり、リストカットや自殺行為に走ることがしばしばあります。一方で、こころの中にはいつも空虚な感じを抱えています。そのような患者たちです。

境界性パーソナリティ障害の病理の根本は、母親との関係の困難にあると言われています。より具体的には、マーガレット・マーラー Margaret Marler の分離 - 個体化期の再接近期における困難です（Mahler, Pine and Bergman, 1975）。フロイトの精神分析ではエディプス期における三者関係の葛藤を中心に扱うのでしたが、境界性パーソナリティ障害の治療はそれではうまくいきません。この障害の患者は、基本的に、私とあなたという二者関係の問題を抱えているからです。ですから、フロイトの精神分析とは違う理解と治療論が必要です。

なぜ「境界」なのかということが気になるかもしれません。境界例という概念は、もともとは、精神病と神経症の境界という意味で作られた概念でした。まだ薬物療法も他の精神療法も発展していなかったころ、精神分析は、特に外来の多くの患者にとっては唯一の治療法でした。そこでいろいろな患者に精神分析が行われていったのですが、やがて、患者の中には一見神経症のように見えるけれども、精神分析を始めると精神病のようになってしまう人がいることが分かってきました。そういう患者の場合、精神分析をすることは危険だから気を付けましょう、という文脈で広まった概念だったのです。そしてこの境界例の治療論を体系的に打ち出した人がカーンバーグでした。

カーンバーグは対象関係論と自我心理学を理論的に統合する仕事をしたことで知られています。自我心理学は、精神分析の中ではもっとも堅実な学風を備えていると言えるでしょう。自我心理学派の理論は、一歩一歩議論を進めていくという感じで、展開も追いやすいです。精神分析における基本的な概念の多くは、フロイトとそれ以降の自我心理学の発展に拠っています。

一方、メラニー・クラインやウィニコットらの対象関係論の分析家は、フロイトが論じ切れていなかった、こころの原始的な世界を描こうとしました。重症のパーソナリティ障害はしばしばこころの原始的な領域に病理がありますから、重症のパーソナリティ障害の治療論を考える上で、対象関係論の考え方が大変役に立つ可能性があります。

ただ、メラニー・クラインやウィニコットは、パーソナリティ障害の分類についてはあまり多くを述べていません。たとえば、クラインの精神分析の世界では、大まかに言えば、P－Sポジションにある人とDポジションにある人しかいません。クラインにとって、精神分析の目標は、極論するなら、いつも、P－SポジションからDポジションに持っていくことなのです。あるいは、ウィニコットは本当の自己true selfと偽りの自己false selfという概念を提唱しました。対象に関係することから対象の使用へと移行することの重要性をウィニコットが論じたことについても話しました。ウィニコットのこれらの概念も、パーソナリティ障害の分類について考える上で役に立つものですが、それでも、パーソナリティ障害の全体像を描くにはまだまだ他の考え方が必要です。

カーンバーグは、対象関係論と自我心理学をうまく引き合わせることで、重症のパーソナリティ障害を含むパーソナリティ障害の総体を精神分析的な観点から系統的に分類し、それぞれの特徴を描き出し、理解することに成功しました。

カーンバーグは膨大な量の本を書いているのですが、その一部は日本語にも翻訳されています。『対象関係論とその臨床』（Kernberg, 1976／前田、一九八三）、そして『重症パーソナリティ障害――精神療法的方略』（Kernberg, 1984／西園、一九九七）が有名です。前者は理論的なことがたくさん書いてある本です。後者はいろいろなパーソナリティ障害について書いてある本で、臨床にも非常に役に立つ本です。大分前の本で、邦訳は手に入りにくいのですが、図書館などで借りて読んでみるとよいでしょう。

カーンバーグは特にアメリカでは今でも非常に大きな影響力を持つ分析家です。元ＩＰＡ会長でもあって、世界的に尊敬されています。YouTube で検索すると、カーンバーグ自身が話している動画をたくさん見ることができます。多くは英語ですが、一部はドイツ語、そしてスペイン語です。

表象と対象関係

対象関係論について話をしてきましたが、対象というものは一体どこに存在するものなのでしょうか。外的対象については分かると思います。外的対象は、こころの外部に存在し、現実の対象です。一方、内的対象はどうでしょうか。こころのどこにあるのでしょうか。こころの内部に存在する、という答えが考えられます。それでは、こころの内部とは何であり、そのどこに内的対象は存在するのでしょうか。極めて重要な問いですが、実はそれに対する答えは明確ではありません。

第5講や第9講でも話したように、フロイトは対象という概念について、非常に緻密に議論を重ねていきました。フロイトの話をしているときは、私はやたら理屈っぽく話していたのではないでしょうか。

一方、クラインが描いたこころの世界は、物語としては非常に面白いですし、想像力を刺激することは間違いないのですが、心的装置と心的現象の関連があまり明確ではない印象です。「こういう物語が、こころの中で展開している」と唱えるだけではなく、そういった心的現象が一体どこでどのようにして生じるのか、もっと知りたいところなのですが、十分に納得のいく説明がなされているとは正直思えません。

心的装置と心的現象の関連について考えると、心的現象は心的装置によって作られるのだろう、と考えることができそうです。しかしクラインの理論の中では、内的対象や内的対象関係といったものが心的装置によって作られた心的現象なのか、あるいは心的装置そのものなのかがはっきりしないのです。クラインの精神分析理論のその点を問題視する精神分析家は少なくありません。

クラインの理論へのこの種の批判をどのように考えればよいのでしょうか。一つの考え方は、心的現象の臨床的観察こそが大切なのであって、心的現象がこころのどこでどのように生成されているのかを問うことはあまり重要ではない、とする考え方です。この種の議論は、正直、今一つ説得力がないと言わざるを得ません。なぜならば、ある特定の心的現象の存在を念頭に置きつつ臨床的観察を行うと、念頭に置いている通りの心的現象が観察されてしまう可能性があるからです。観察することそのものが理論に影響されている場合、観察されたものと見なされているものは、実際には観察されたものではなく、理論から導かれている仮説であった可能性が排除できない、ということです。

もう一つの考え方は、クラインの理論は原始的な心の世界を扱っているのだから、内的対象がどこにあるのか、などという問いを立てること自体がナンセンスだ、という考え方です。このように考えることで、内的対象が心的現象なのか心的装置なのか、という問いをうまく回避できるかのように思えてきます。クライン派のロバート・ケイパーRobert Caperというアメリカの分析家は、こころは対象関係からできていると論じました（Caper, 1997）。一見うまい言い方です。しかし、「それでは、こころという言葉を対象関係という言葉に置き換えただけではないか?」という疑問が浮かびます。「こころは何ですか?」という問いに対して「こころはこころです」と答えるのとあまり変わらない気がします。「こころは対象関係である」という主張に対しては、「それでは対象関係は何か」という問いが生じます。それに対して「対象関係とはこころです」と答えるわけにはいかないのと同じです。同語反復になってしまうからです。

カーンバーグは、そういう説明では全く不十分であって、対象というものは心的装置の構造の中に明確に位置づけられる必要がある、と主張しました。クラインのように、対象関係をこころの特定の構造にはっきりと位置づけず、ただこころの中に漂っているかのように論じるのでは不十分だ、と批判したのです。カーンバーグはクラインの業績に多くを負うているにもかかわらず、理想化することなく、冷静に検討しています。その態度は見習うべきだと思います。

代わりにカーンバーグは、対象は自我の中の**表象** *representation* として存在する、と論じました。それが、カーンバーグによる自我心理学と対象関係論の統合ということの中身です。こういう考え方にイギリスの対象関係論の人たちが反対なのは分からないでもないのですが、カーンバーグにとっては、そういう説明なしでは理論的な詰めが甘いと感じられてしまうようです。

それでは表象とは何かということですが、心の中のイメージのようなものだとひとまず思っておきましょう。心の中に自我というフィールドのようなものがあって、そこにイメージが浮かんでいるところを想像してみましょう。皆さんも、自分のイメージを思い浮かべてみてください。それが**自己表象** *self-representations* です。次に、誰か他の人、家族とか友人の一人を思い浮かべてみてください。それが**対象表象** *object-representations* です。英語は複数形で書きましたが、それは、自己のイメージでも他の人のイメージでも、複数あり得るものだからです。そしてその中の一つの自己表象と一つの対象表象が結びついて関係しているようなもの、それが**対象関係**です。このような意味での自己、対象、そして対象関係が自我というフィールドの中に浮かんでいるというのがカーンバーグによるこころのモデルでした。自己表象とか対象表象というのは自我心理学ではすでに議論されていた概念です。対象を表象として考えるというのが自我心理学的です。先ほど言ったように、たとえばクライン派の精神分析では対象を表象として扱うということはしません。それでは表象ではないならば一体何なのだ、という問いが生じることになるのですが、先ほど述べたように、そこはクライン派の精神分析ではうまく答えられていないようです。答える必要がないものとしている、と言った方がよいかもしれません。ただ、それでよいのかどうか、疑問ではあります。

さて、表象というのはこころの中のイメージだと言いましたが、もう少し補足が必要です。イメージというと、さっと生成して、さっと消え去ってしまうものも含む印象ですが、表象は、その中でも比較的恒常性のあるものです。イメージと言えばイメージなのですが、持続性のあるイメージだと言った方がよいでしょう。また、イメージという言葉の中には、意識できるものである、というニュアンスが多分に含まれています。しかし、表象を考えるときは、イメージのように明確に意識できるものに加えて、そのように明確には意識できないものも含むと考えるとよいでしょう。持続的にこころの中にあるイメージで、意識できたり意識できなかったりするもの、それが表象だと考えると分かりやすいでしょう。

図8を見てください。エスと超自我と書いてあります。そしてその二つに挟まれるようにして自我があります。この自我のフィールドの中に、この自己表象と対象表象があります。そして自己表象と対象表象の間の結びつき、それが対象関係です。これらはすべて自我の中に存在しています。

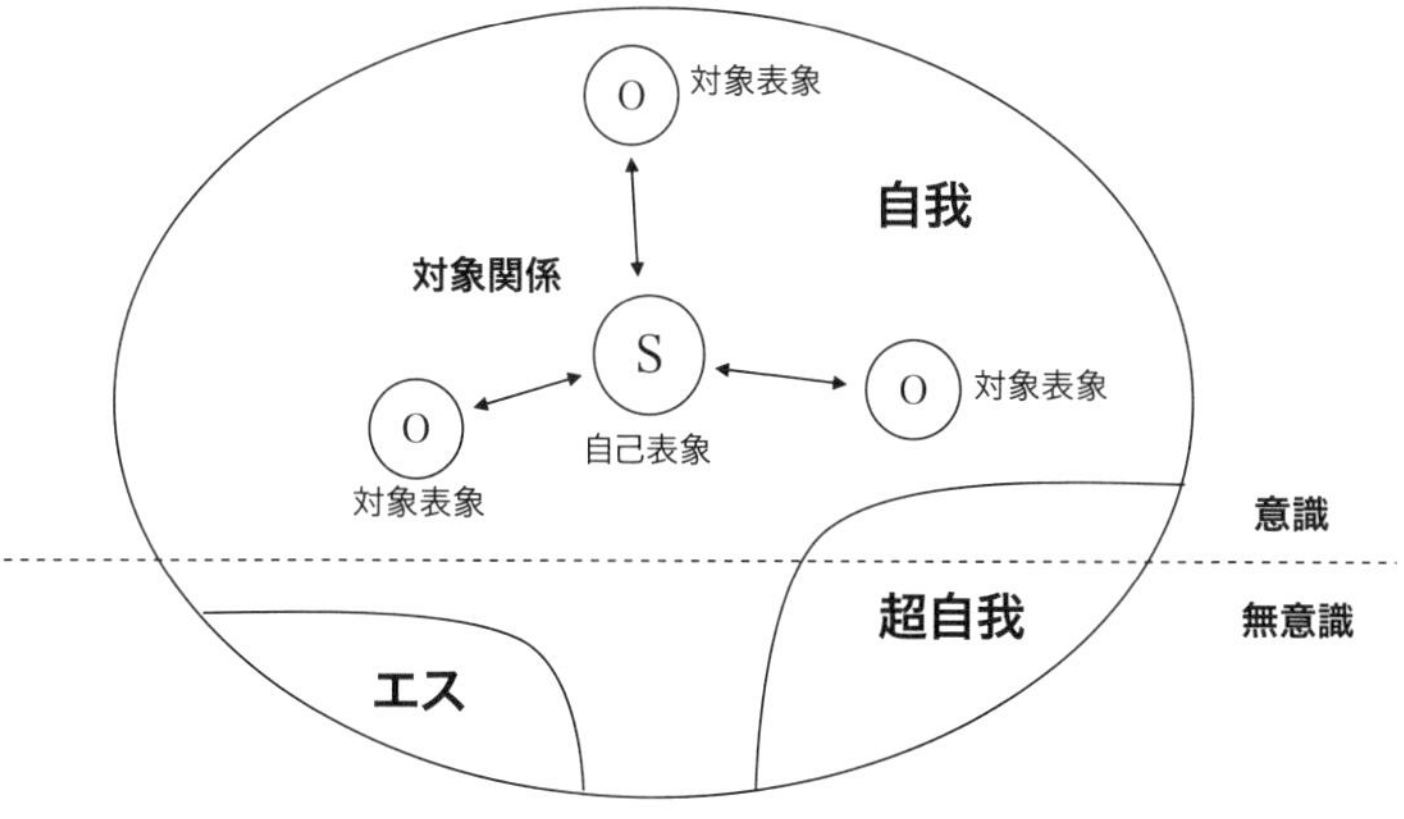

図8　自我，エス，超自我，対象関係

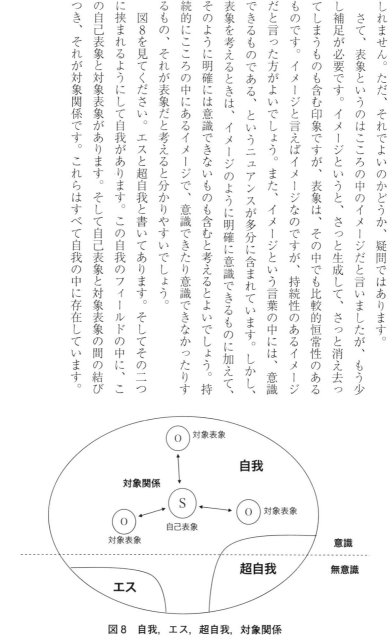

原始的な心

このカーンバーグのこころのモデルにおいて、境界性パーソナリティ障害などの原始的なこころの状態がどのように描かれるのかをさらに見ていきましょう。

自己と対象は、良いものだと思いますか、それとも悪いものだと思いますか。そう聞かれても、普通は困ると思います。なぜならば、自己でも対象でも、単純に、良いとか悪いとか、そのどちらかで答えられるよりも複雑だからです。「自分は良い人間だ」とか、「自分は悪い人間だ」などと単純に自分というものを表現することはできないものです。良い面があって、悪い面もある、人間はそういうグレーな存在です。対象も同じです。良いとも悪いとも言えないような存在、それが普通の対象です。

ところが、原始的なこころの状態では自己と対象が良い対象と悪い対象にすっかり分かれています。すなわち、**スプリット** *split* されています。良い対象と悪い対象という言葉にはすでにクラインのところで話しました（第10講を参照のこと）。スプリットされたこころの世界では、良い対象とつながっている自分は**良い自己** *good self* として、そして悪い対象とつながっている自己は**悪い自己** *bad self* として体験されます。

カーンバーグは、この考え方をさらに図式化して発展させています。図9を見てください。良い対象、良い自己を、それぞれ、O^+、S^+と書いています。悪い対象、悪い自己を、それぞれ、O^-、S^-と書いています。対象関係とはOとSの結びつきのことですからO↕Sのように書いています。

対象関係とは何かということが分かりにくいという話をこれまでもしてきましたが、対象関係とはこのO↕Sのことだ、と思っておくと分かりやすいでしょう。O↕Sは複数存在します。こころの中にはいろいろな人の表象があります。いろいろな他者がいて、その人と一緒にいる自分の表象があります。そのようにいろいろあるO↕Sを**対象関係ユニット** *object relations units* と呼びます。

O^+、S^+、O^-、S^-が何を意味しているのかをもう少し説明しなければなりません。たとえば、何でもいくらでもしてくれる理想的な対象をO^+と書いておきましょう。人生で最初に出会う対象は母親あるいは母親的な対象です。発達最早期のこころの中の世界は部分対象関係の世界です。ですから、ここが精神分析らしいところですが、O^+の典型は**良い乳房** *good breast* です。そして、O^-の典型は**悪い乳房** *bad breast* です。良い乳房というのは、美味しくて栄養のある母乳を際限なく与えてくれるような乳房のことです。そういう乳房と良い関係を持っていて、この上なく満たされている自分、それがS^+、すなわち**良い自己** *good self* です。全く何も与えてくれない枯渇した乳房、あるいは毒の入った母乳を出す乳房、それが悪い乳房です。そしてそういう乳房と関係している自分は、S^-、すなわち**悪い自己** *bad self* です。

原始的な心には、O^+とS^+の結びつきすなわちO^+↕S^+と、O^-とS^-の結びつきすなわちO^-↕S^-、このどちらかしかないのです。そして、この二つの世界がすっかり分かれているのが境界性パーソナリティ障害の本質です。ですから、境界性パーソナリティ障害の人は気分が不安定です。満たされているようで機嫌よく振る舞っていたと思ったら、急に不満が高まって怒り出したりします。そのような人は、こういう対象関係をこころの中に持っているとカーンバーグは考えました。そ

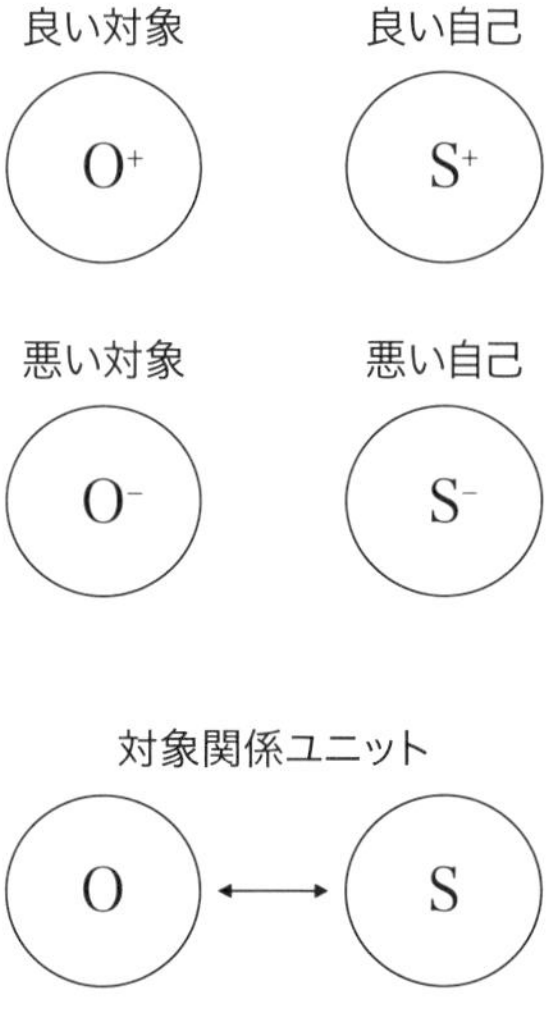

図9

のような人は、良い対象と一緒にいて機嫌の良いときと、悪い対象と一緒にいて機嫌の悪いときのどちらかになってしまう傾向があります。

　Oが複数存在するのはすぐに理解できると思います。いろいろな対象がいますから、複数あるのは当然です。しかし、Sは一つであるべきだと思うかもしれません。自分は一人であるわけだからです。しかし、境界性パーソナリティの患者は、S^+であるときとS^-であるときの両方があります。そしてそのような二つの正反対のあり方が交互に現れます。ですから、時と場合によって、あたかも別人のように感じられることになります。自己に関して、同一性が拡散しているのです。

　境界性パーソナリティ障害と双極性障害の鑑別の重要視がしばしば指摘されますが、その理由がここまでの話から分かると思います。「あなたは、やたらと元気になったりすることがありますか?」と境界性パーソナリティ障害の患者に聞くと、「はい」と答えることがしばしばあります。でもそこで質問を止めては不十分です。「それはどのくらいの間続くのですか?」と聞かなければなりません。境界性パーソナリティ障害の患者は、「はい」とは言うものの、どれぐらい続きますかという問いに対して、たとえば、「三時間くらいです」などと答えるものです。患者自身はそれでも結構長いと思っていたりしますが、双極性障害の患者の場合、躁的な高揚感は一週間くらい続いたりするものなので、三時間では短すぎるのです。一日の中で何回も気分が変わる場合、それは双極性障害の症状というよりも、$O^+ \updownarrow S^+$という対象関係と$O^- \updownarrow S^-$という対象関係の間の移り変わりの表れとして理解した方がよいでしょう。

対象関係と情緒

対象表象が自我の中に存在していて、自己表象と結びついていて、それらがスプリットされているというところまで話しました。自我心理学的には、自我の**構造**の話をしてきたということになります。

ただ、自我心理学ではエネルギー的な、言い換えれば**経済論的な観点**も重要でした。ですから次に問うべきは、それではこのカーンバーグのモデルでは心的エネルギーはどうなっているのか、ということです。

精神分析の世界では、経済とは情緒のことだという話を以前しましたが、それはカーンバーグのモデルにおいても変わりません。ただカーンバーグのモデルでは、情緒はこれまでとは違った形で登場します。それは、対象と自己の間をつなぐ役割を果たしています。これまでO^+↕S^+そしてO^-↕S^-と書いてきましたが、この〝↕〟の部分がつなぎの部分であって、そこが情緒です。情緒は対象と自己をつなぐ、いわば接着剤です。

そして、この接着剤は欲動に由来する、とカーンバーグは考えます。ですから、リビドーと攻撃性です。O^+とS^+をつないでいる接着剤はポジティヴな情緒、すなわち**リビディナル** *libidinal* なものです。リビドーの形容詞がリビディナルです。O^-とS^-をつないでいる接着剤はネガティヴな情緒、すなわち**攻撃的** *aggressive* なものです。

対象関係論的自我心理学

カーンバーグが対象関係論を自我心理学に取り込んだというのがどういうことか大分分かってきたと思います。図10

を見てください。O^+はS^+と結びついていて、O^-はS^-と結びついています。そして、O^+↕S^+の世界があって、O^-↕S^-の世界がある。こういうふうに、二つの別な世界がこころの中にできてしまっています。これが**スプリット・パーソナリティ構造** *sprit personality organization* と呼ばれるものです。(注18) 一方で、**正常パーソナリティ構造** *normal personality organization* という概念があります。図11を見てください。そちらはどうなっているかというと、こころの中に良いものと悪いものを併せ持った存在の表象が存在しているようなパーソナリティ構造です。だから+-なのです。そういう対象表象がO^{+-}で、そして、そういう人たちに囲まれている自分という表象がS^{+-}として存在しています。皆、+と－の両方を持っている。これが全体対象関係を生きている人のこころの世界です。「正常」パーソナリティ構造という名前を持ちますが、神経症性パーソナリティ障害の人もこの構造です。神経症性というのは正常にかなり近いのです。

カーンバーグは、自我は出生早期から存在していて、自我内には自己表象と対象表象が最初は融合した形で存在する、と考えました（Kernberg, 1966）。そこから、自己表象と対象表象が分化した段階に進む、と論じました。最初は、OはO$^+$とO$^-$に、SはS$^+$とS$^-$にスプリットされた状態です。これをクラインは部分対象関係と呼びましたが、カーンバーグもクラインのこの概念を保持しています。そしてO$^+$はS$^+$と、O$^-$はS$^-$と結びついています。

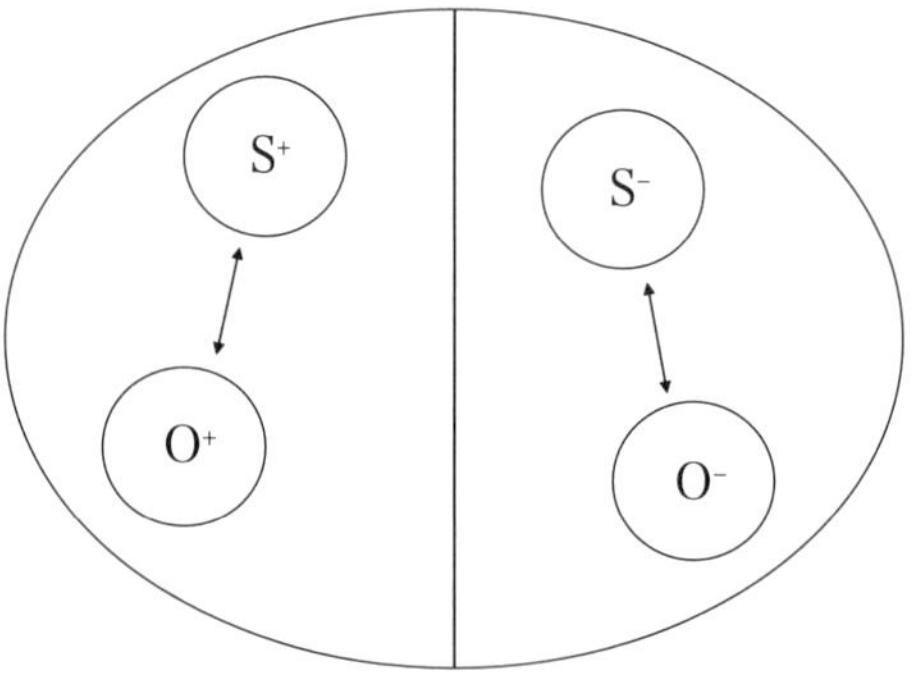

図10　スプリット・パーソナリティ構造
Yeomans, Clarkin, and Kernberg（2002）を参考に作成

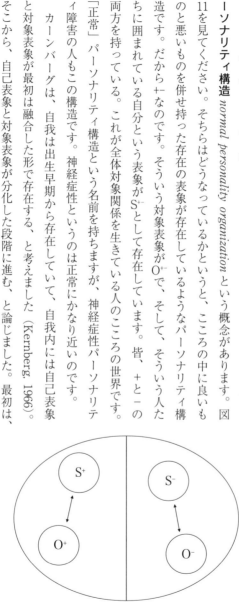

なぜO^+がS^-と結びついたり、O^-がS^+と結びついたりしないのか、と疑問に思うかもしれませんが、それはOとSの間をつないでいる接着剤が情緒であったことを思い出すと分かりやすいでしょう。優しい人と一緒にいると自分も優しい気持ちになり、嫌な人と一緒にいると自分も嫌な気持になることを考えれば分かるでしょう。すなわち、ポジティヴな接着剤としての陽性の情緒はO^+とS^+を、ネガティヴな接着剤としての陰性の情緒はO^-とS^-を結びつけるということです。優しい人と嫌な気持ちの自分、あるいは嫌な人と優しい気持ちの自分は結びつきにくいのです。どちらか一方だけが好きで、もう一方は嫌っている、という二人はあまり長続きしません。互いに好きになるか、互いに嫌いになるか、そのどちらかが多いものです。O^+とS^+あるいはO^-とS^-が結びつきやすいというのはそういうことです。二人が親子でも、カップルでもそうでしょう。対象と自己のあり方、およびそれらの間の情緒的結びつきのあり方は、表裏一体なのです。

それでは互いに好き合っている二人がずっと$O^+ \updownarrow S^+$のままかというとそうでもありません。長く付き合っていると、相手にはポジティヴな面以外の面もあ

（注18）organizationという言葉は、組織化と訳すこともある。たとえば、自己愛的なこころのあり方を表すpathological organizationという言葉に対しては、病理的組織化という訳がしばしば使われる。しかしpersonality organizationという言葉に対しては、パーソナリティ構造という訳が、カーンバーグの意図するところをうまく表現していると思われる。

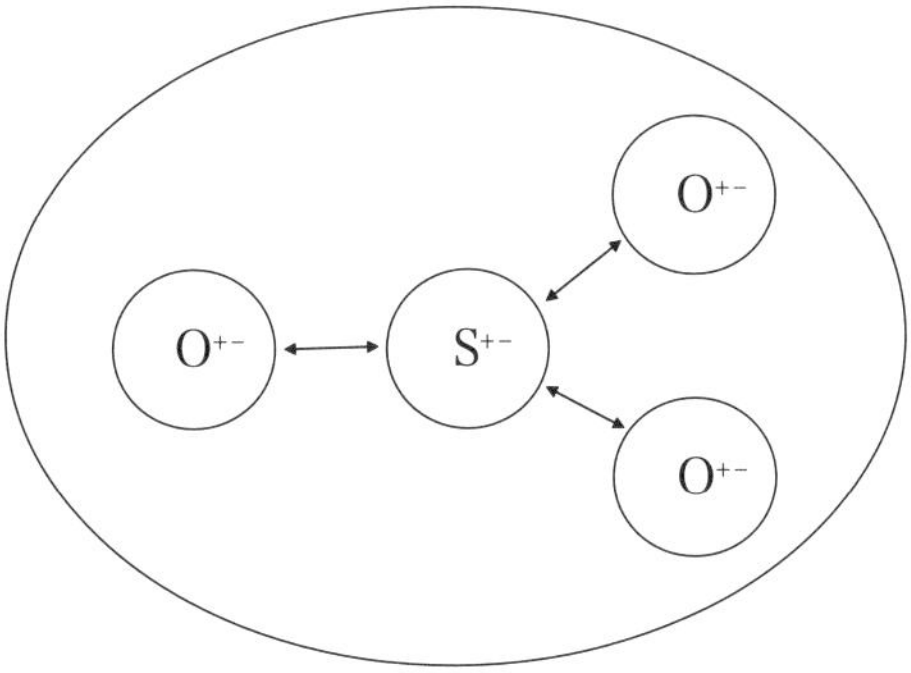

図11　正常パーソナリティ構造
Yeomans, Clarkin, and Kernberg（2002）を参考に作成

ることが分かってくるものです。相手が実はO^{+}だけはないことに気づくのです。そのときに、相手をO^{-}ではなくてO^{+-}であると感じられるかどうかが重要です。すなわち、相手がいつもO^{+}であるとは限らない不完全な存在だと分かっても、だからといってネガティヴであるだけのO^{-}であるわけではなく、なおもある程度ポジティヴな面を保っていると感じられるかどうかです。ポジティヴな面とネガティヴな面を共に持っているような相手はO^{+-}です。そして自分にも問題があって、決して相手に完璧を求められるような存在ではない、と感じられると、$O^{+}\updownarrow S^{+}$から$O^{-}\updownarrow S^{-}$に変化するかわりに、$O^{+}\updownarrow S^{+}$から$O^{+-}\updownarrow S^{+-}$に変化していきます。それが二人の関係の成熟です。長年連れ添った仲の良い夫婦のような関係は、$O^{+}\updownarrow S^{+}$であるわけではなくて、実は$O^{+-}\updownarrow S^{+-}$です。不完全な自分が不完全な相手を受け入れるのです。それが成熟した人間関係というものです。

スプリット・パーソナリティ構造をこころの中に持っている人は、良い人とかかわっている良い自分であるか、悪い人とかかわっている悪い自分でしかないのです。でも、正常パーソナリティ構造をこころの中に持っている人は、良さも悪さも両方抱えた人とかかわっていて、かつ自分自身良さも悪さも両方抱えている人です。すなわち、$O^{+-}\updownarrow S^{+-}$です。

スプリット・パーソナリティ構造の人は、対人関係が不安定です。なぜならば、相手が良い人だと思って付き合っていたら、ある日悪い人だと分かった、などということが起こるからです。そういう時、関係を急に断ち切るというようなことが起こります。一方、正常パーソナリティ構造の人は、最初から、相手には良い点も悪い点もあると分かっているので、関係を急に切ったりしなくてよいものです。ですから、対人関係が安定化するのです。

対象関係とエス（イド）

自我の話を大分しました。それでは、カーンバーグの対象関係論的自我心理学においてエス（イド）はどうなっているのかということを話しましょう。カーンバーグは、こころの発達を図式化して説明しています。カーンバーグによれば、自我は出生最早期から存在しています。自我は外的世界に、そしてリビドーや攻撃性の影響に晒されています。カーンバーグは、自我内には自己表象と対象表象が当初融合した形で存在している、と論じます。そしてのちに分化してゆく、と考えます。自己表象と対象表象がごちゃ混ぜになっている状態から始まるけれども、やがて自己表象と対象表象が分かれていく、ということです。そして、自己表象と対象表象の間の情緒的絆は、リビドーおよび攻撃性の性質によって深く影響を受けている、と考えます。

自己表象と対象表象、そしてそれらの間の情緒的絆は、まとめて、対象関係ユニットを形成するのでした。カーンバーグによれば、その一部は自我によって受け入れられないために、一体化したある種の構造の形で抑圧されてエスの中に中へと取り込まれる、と論じました。そのようにして取り込まれたものを、カーンバーグは**自我イド（自我エス）***egoid*として考えました。これは、衝動すなわちリビドーおよび攻撃性そのものとは異なるエス部分です。リビドーおよび攻撃性はエスの主要な構成要素なのですが、それ以外に、対象関係ユニットが二次的に加わってエスの新たな構成要素になる、というのです。無意識の深いところはリビドーおよび攻撃性だけで成り立っているのではありません。加えて、性愛的な関係のあり方および攻撃的な関係のあり方が無意識化されたものによっても成り立っているということです。

大分理屈っぽくなりましたが、受け入れがたい対象関係ユニットが自我からエスの中に取り込まれる、というところが面白いと思いませんか。フロイトの考えでは、エスの中には衝動とか、対象や自己の表象の断片とか、そういうものが入っています。でも、カーンバーグの考えによれば、エスの中には、関係のあり方のプロトタイプも入っている、ということです。しかも、エスに最初から含まれているのではなくて、受け入れがたいので二次的にエスの中に取り込まれる、というところがオリジナルだと思います。

簡単に言えば、人は、受け入れがたい関係のあり方、たとえば互いに憎み合うような関係のあり方に耐えられなくなると、それをこころの奥底にしまい込んでしまうことがある、ということです。しまい込んでしまっても、それは心からなくなったわけではなく、エスという無意識の深みに存在し続けます。そういう関係のあり方をこころのどこかに抱いているためにさまざまな精神病理がもたらされる、というのがカーンバーグの考え方です。

パーソナリティ障害とその治療

カーンバーグはもちろん精神分析家なので週四—五回の頻度で行う精神分析を専門としているのですが、精神分析よりも頻度の低い、週二回程度の頻度で行う精神分析的心理療法の治療論でも世界的に有名です。パーソナリティ障害の治療論、特に、境界性パーソナリティ構造というものを持つパーソナリティ障害の治療論の体系を作った人です。カーンバーグは、現実検討、同一性、防衛機制の三つをパーソナリティの構造を特徴づける柱として考えました。そして、この三つがどうなっているのかによって、パーソナリティ構造が三つに分類されると論じました。

あとで詳しく説明しますが、ここで手短に説明しておきましょう。その三つは、①神経症性のパーソナリティのあり方、すなわち**神経症性パーソナリティ構造** *neurotic personality organization*、②神経症性パーソナリティ構造と、次に挙げる精神病性パーソナリティ構造の中間のようなパーソナリティ構造である**境界性パーソナリティ構造** *borderline personality organization*、そして、③精神病性のパーソナリティのあり方、すなわち**精神病性パーソナリティ構造** *psychotic personality organization* です。

これまでもスプリット・パーソナリティ構造とか、正常パーソナリティ構造という言葉を使いましたが、スプリット・パーソナリティ構造は境界性パーソナリティ構造と精神病性パーソナリティ構造の両方を含むような概念です。境界性パーソナリティ構造を持つパーソナリティ障害の代表は**境界性パーソナリティ障害** *borderline personality disorder* です。他に、自己愛性パーソナリティ障害や反社会性パーソナリティ障害も境界性パーソナリティ構造を持つパーソナリティ障害です。

境界性パーソナリティ障害に対しては、実は精神分析は勧められません。ある治療法が勧められるということを、医学的な言い方では、**適応** *indication* がある、と表現します。逆に、ある治療法が勧められないということを、適応がない、と表現します。境界性パーソナリティ障害に対しては精神分析の適応はありません。その理由はいろいろあるのですが、その一つは、境界性パーソナリティ障害の患者に精神分析をすると、かえって悪化してしまって、精神病のようになってしまう可能性があるからです。精神分析は、これまでも話したように、患者にカウチに横になってもらって、自由に思い浮かぶことを話してもらう、というセッションを週四—五回も行う治療です。自由にリラックスできている状態になることで、こころの奥にしまい込んでいたことが出てくるようになるのですが、そういったものがこころの奥にしまい込まれていたのは理由があってのことで、思い出したくないことだったり、考えたくないことだからです。

精神分析をすると、そういったものがいろいろと出てきます。ですから、精神分析を行うと、その人の中で一番調子の悪いところが出てきて、極端な場合、人生で一番調子が悪いところまで落ちていくことがあります。たとえば、もともと自殺衝動や自傷衝動がある患者の場合、それが悪化したりします。かつて学校に行けなくなったことのある人は、精神分析の経過中に仕事に行けなくなったりします。そういうことが起こることがあります。もちろん、最終的には良い結果になると思うからこそ精神分析を行うのです。一番病んだところを表現してもらって、そこを扱うことでこそ根本的な変化が得られると考えるからこそ精神分析を行うのですが、そのためには一番病んでいるところまで分け入る必要があるので、一時的に調子が悪くなる可能性があります。

境界性パーソナリティ障害に対しては精神分析の適応はないのですが、代わりに、精神分析的心理療法が良い適応になります。境界性パーソナリティ障害に対する精神分析的心理療法で何をするのかについて少し話しましょう。実際の精神分析的心理療法のプロセスは複雑なのですが、重要なことの一つは、対象表象と自己表象を一つひとつ同定して理解し、その上でそれらの間の関係を理解して記述していく作業です。患者の話の中に、患者自身も含めて誰がどういう人物として登場しているかを一つひとつ同定していき、その上でそれらの登場人物たちと患者の関係のあり方が患者のこころの中でどのように体験されているのかを理解していきます。温かく受容的な人物が登場しているのか、冷たく拒絶的な人物が登場しているのか、あるいはその両面を持った複雑な人物が登場しているのか。患者自身は愛されている人物として登場しているのか、あるいは被害者として登場しているのか。登場人物たちと患者の関係は愛情や愛着といった陽性の感情で結ばれた関係なのか、それとも憎しみとか嫌悪といった陰性の感情で結ばれた関係なのか。そういったことを理解していきます。

大切なのは、境界性パーソナリティ障害の患者の場合、関係の質が不安定であるということです。すなわち、ある時は、ある登場人物が理想的な人物として描かれて、その人物に関わっている自分も良いイメージで語られるのですが、それが突如として、どうしようもない相手とそれに愛想をつかして腹を立てている自分、といった関係に転じてしまうということがおきます。

ある女性患者は、最近、趣味のサークルで非常に物知りの男性と知り合いになったことを興奮気味に話し出しました。彼女は、「こんなにすごい人に会ったのは初めてだ」と嬉しそうに語り続けました。男性がいかに特別な人物かを熱心に語っている彼女は、同時に、そういう男性と一緒にいる自分もまた特別な女性であるように感じているようでした。理想的な相手と良い関係を持っている良い自分、という対象関係をこころの中で生きているようでした。ところがしばらくすると、男性はどうやら自分にはあまり関心をもっておらず、自分をあまり評価していない様子であることを、男性のちょっとした発言や仕草から感じたようでした。すると今度は、その男性が表面的には愛想がよいけれどもいかに不誠実か、そしてあれだけ物知りだと思っていた男性の知識が実は全く浅薄なものであることを患者は滔々と語りました。患者と男性の関係は、男性の冷たい無関心と、それに対する患者のこき下ろしで特徴づけられるようなものに成り下がってしまいました。それに対応する陰性の対象関係を患者はこころの中で生きているのだろう、と私は思いました。

このような話を聞いたときに、人物像とそれらの間の関係を一つひとつ言葉にしていく作業が大切です。そしてやがて、治療者との間で同じようなことが起こってきます。すなわち**転移**です。精神分析における場合と同様に、精神分析的心理療法においても、転移を扱うことが重要です。転移解釈だけが重要であるというわけではないのですが、最終的には転移解釈にたどり着くことが重要です。すると、今の女性患者に対してならば、いずれは次のような解釈を伝えることが重要になります。

あなたは、最初にここに来たときは、私を素晴らしい治療者だと思って、自分は私からとても良い治療を受けていると、満たされた気持ちだったように思います。けれども今やあなたは、私は冷たく無関心で無能な治療者だと感じているようです。そんな私をあなたは見下したい気持ちになっているのではないでしょうか。

このような解釈の後に、さらに、そのような対象関係の反転がなぜ起こったのかを解釈することで、患者の心的世界における辛さにさらに迫ることができます。今仮に、そういう対象関係の反転が治療者の都合によるキャンセルの後に起こったとします。そうすると、たとえば次のような解釈をすることができるかもしれません。

前回私は私の都合であなたとのセッションをキャンセルしたのでしたが、あなたは、私があなたを冷たく無視し、あなたを価値のない人間として扱ったのだと感じて、こころが痛んだのではないでしょうか。そこで今やはあなたは、あなたではなく私こそが無能で価値のない人間だとすることで、そのこころの痛みを私に味わわせて、ご自身のこころの痛みを何とかしようとしているのかもしれません。

このように、こころの中の世界のあり方、心的苦痛の由来、そしてそれを処理するためのこころのメカニズム、そういったものを解釈していくということを続けていきます。

そのような作業を地道に続けていくことで、スプリット・パーソナリティ構造は正常パーソナリティ構造に近づいていきます。それまで、$O^{+}\updownarrow S^{+}$や$O^{-}\updownarrow S^{-}$であった転移関係が、$O^{+-}\updownarrow S^{+-}$に変化していきます。境界性パーソナリティ障害の患者は、とくに治療初期においては治療者を理想化したり、脱価値化しているものです。それが、対象関係を転移の文脈において繰り返し解釈していくことで、不完全だけれどもそれでも十分に良い治療者と、同様に不完全だけれどもそれでも十分に良い自分という二人の関係に変化していきます。すなわち$O^{+-}\updownarrow S^{+-}$になります。そこまで来ると、治療は大きく前進したことになり、終結の可能性が見えてきます。

パーソナリティ構造論

ここまで、境界性パーソナリティ障害について、そのパーソナリティ構造について言及しながら話してきました。ここから、表1を見ながら、パーソナリティ構造についてさらに詳しく見ていきましょう。今まで話してきた神経症性パーソナリティ構造、境界性パーソナリティ構造、そして精神病性パーソナリティ構造の特徴をまとめたものです。それぞれ、簡単に、神経症水準、境界水準、精神病水準と呼ばれることもあります。

現実検討

精神病という言葉の意味は細かく言うといろいろあるのですが、現実検討の障害を伴う状態、すなわち幻覚や妄想を呈しているような状態を指すと理解しておくとよいでしょう。すると、疾患としては統合失調症がその代表になります。しかしここでは、パーソナリティ構造として精神病的であるということが一体どういうことなのかを考えなければなりません。それは、こころの基本的な構造が、こころに負荷がかかったときに現実を現実ではないとみなす方向に行きが

表1　パーソナリティ構造論

	現実検討能力	同一性（アイデンティティ）	防衛機制の種類
神経症性パーソナリティ構造（NPO）	正常	正常	神経症的（抑圧など）
境界性パーソナリティ構造（BPO）	ほぼ正常（ときに障害される）	障害されている（拡散している）	原始的（スプリッティングなど）
精神病性パーソナリティ構造（PPO）	障害されている	障害されている（拡散している）	原始的（原始的否認など）

ちな構造になっている、ということを指します。ですから、精神病性パーソナリティ構造の人でも幻覚や妄想がないことはよくあります。けれども、こころに負荷がかかると現実の中で何とかしようとするのではなく、現実の捉え方や現実との関わり方を改変する方法で、たとえば幻覚や妄想によって、それを何とかしようとする傾向があり、実際に幻覚や妄想が出現することがある、ということです。

精神病性パーソナリティ構造の人とは違って、神経症性パーソナリティ構造の人の場合、現実検討の障害はありません。だから妄想や幻覚はないし、そういったものを持つに至ることも基本的にありません。

現実検討が基本的に保たれていることは、治療上非常に重要です。たとえば、「先生は私に害を与えようとしている」と不安がったり、憤ったりする患者がいます。そういうときに、現実検討がしっかりしている患者だったら、「専門家である私が患者であるあなたを故意に傷つけて、そこから私が得るものは何かあるのでしょうか？」と問いかけると、何も得るものはない、ということを理解します。治療に当たっている専門家が患者を故意に傷つけても、結局は専門家自身の問題が生じるだけだからです。そもそも人の助けになりたいからこの道の専門家になっているものです。稀に、患者を傷つけたいという願望を持っている治療者がいるかもしれませんが、それは治療者自身が極めて深刻な病理を抱えている場合です。

現実検討がしっかりしている患者は、「先生が自分を故意に傷つけるようと思っているを考える理由は本当はないようだな。すると、先生に傷つけられるような気がするという今の自分の気持ちは何だろう。本当に先生が自分を傷つけようとしているわけではないのにそう感じてしまうのだとしたら、そう感じる自分自身に何か問題があるのかもしれない」と理解することができることでしょう。そして患者がそのように理解できてこそ、患者のこころの中の対象関係を治療関係の中で話し合っていくことができるようになるのです。万が一治療者が本当に精神的に病んでいると思ったら、その患者はその治療者のもとを去ることでしょう。

境界性パーソナリティ構造の患者は、現実検討は基本的には障害されていません。ですから「ほぼ正常」と書きました。一時的に、精神病的な状態に近づくことはあります。たとえば、「先生は自分を傷つけようとしている」という思いが、かなり強くなったりすることがあるのです。そういうときは、一時的に現実検討能力が若干障害されているのですが、それでも境界性パーソナリティ構造の患者は最終的には現実に戻ることが可能です。ですから、根気強く話していけば、自分のこころの中の空想の世界と現実の世界を分別することができます。

精神分析のようにこころの中を開けて探索していくような洞察的な心理療法は、ほとんどの場合、現実検討が保たれていることを前提にしています。現実とそうではないことの区別がつかないと、扱えないことがあまりにも多いのです。「先生は自分を嫌っている」とか「先生は自分を性的に誘惑しようとしている」ということが現実と空想のどちらなのか区別がつかない患者の場合、なぜそのように思うのかということを探究できなくなってしまいます。現実にそうであって、自分のこころの中のことだと思えなくなっているからです。探究しようとしても、「だって本当に先生は私を酷く嫌っているじゃないですか」「だって本当に先生は私を誘惑しようとしているじゃないですか」で終わりになってしまいます。

同一性

次に同一性について話しましょう。同一性というのは、相手そして自分が何者か、ということについての一貫したイメージのことだと考えると分かりやすいでしょう。そういうイメージが保持できている場合、同一性は正常だと言えます。そうではなくて、たとえば、あるときは自分はすごく良い人のような気がして、別のときにはどうしようもない人間であるような気がする、という場合は、**同一性の拡散** *identity diffusion* がある、と言えます。そういう人は、表1を見て分かるように、境界性パーソナリティ構造あるいは精神病性パーソナリティ構造になります。

なぜ同一性が拡散するのか、ということですが、境界性パーソナリティ構造あるいは精神病性パーソナリティ構造は共にスプリット・パーソナリティ構造であることを思い出すとよいでしょう。スプリット・パーソナリティ構造では、OはO^+とO^-に、SはS^+とS^-にスプリットされた状態でした。そしてO^+はS^+と、O^-はS^-と結びついているのでした。すなわち、OはあるときはO^+だったり、別のときはO^-だったりして、同様に、SはS^+のときとS^-のときがあるのでした。OについてもSについても一貫したイメージが持てていないのです。すなわち同一性が拡散していることが分かると思います。

防衛機制

パーソナリティの構造を特徴づける三番目の柱は防衛機制です。**原始的防衛機制** *primitive defense mechanisms* は、境界性パーソナリティ構造あるいは精神病性パーソナリティ構造を特徴づける防衛機制です。原始的という言葉の意味ですが、発達的により早期の、あるいは未熟な、という意味です。原始的防衛機制全般の特徴ですが、この種の防衛機制は、自分のこころの中の問題を自分の中で処理する代わりに、他の人やものなど、こころの外の領域に転じて処理しようとするような防衛機制です。たとえば、自分のこころの中の問題を外的に行動することで紛らわしてしまおうとするような防衛を**行動化** *acting out* と言うのでした。あるいは、こころの中の問題の存在を認めずにないものにしてしまうことを**否認** *denial* と言いますが、これはこころの中の問題をこころの中から消し去ってしまうような防衛です。そういう形で問題をこころの中で処理することを避けるもので、これもまた原始的防衛機制です。また、自分のこころの中の問題を、自分と誰かの関係の問題に置き換えて処理しようとする防衛機制の多くは原始的防衛機制に分類されます。たとえば、自分が治療者のことが羨ましいと思っているのに、「先生は私を羨ましいと思っているのだろう」とするのは、自分のこころの中の羨望という問題を**対人関係化** *interpersonalization* した上で、自分の中の気持ちを治療者に投影しているわけです。あるいは、「先生は最高の治療者です」と讃えたり、そこまで露骨に言葉にしなくてもどこか治療者を理想的に扱おうとするような患者の動きは、**理想化** *idealization* と呼ばれます。理想化は、自分自身のこころの中に、自分を過度に讃えたい気持ちと、逆に卑下するような気持が不安定に同居しているときにしばしば用いられる防衛機制です。自己愛的な人にしばしば見られます。理想化は不安定な防衛機制で、やがては、反転して、相手をこき下ろす方に向かいます。これを**脱価値化** *devaluzation* と呼びますが、これも原始的防衛機制です。他には、**スプリッティング** *splitting*、**投影同一化** *projective identification*、**万能感** *omnipotency*、**身体化** *somatization* などがあります。

原始的防衛機制よりも病理の程度が低いと考えられている**神経症性防衛機制** *neurotic defense mechanisms* は、自分のこころの中の問題を何とか自分の中で処理することには成功しているけれども、あまりうまい処理の仕方ではないので苦しみが残ってしまう、そういう防衛機制です。ただ、苦しみといっても、原始的防衛機制の場合は周りの人が苦しめられることがしばしばあるのに対して、神経症性防衛機制の場合はたいてい自分自身の苦しみに留まっています。**打ち消し** *undoing*、**知性化** *intellectualization*、**合理化** *rationalization*、**隔離** *isolation*、**抑圧** *repression*、**反動形成**

reaction formation、**置換** *displacement* などが神経症性防衛機制として知られています。

表には記していませんが、**成熟した防衛機制** *mature defense mechanisms* というのがあって、こちらは病理的なものではなく、正常なものだと考えられています。**昇華** *sublimation*、**利他主義** *altruism*、**ユーモア** *humor*、**抑制** *suppression* などが成熟した防衛機制として知られています。最後の抑制というのは、無意識的に情緒や考えを抑えてしまっている抑圧とは違って、意識的にそれらを抑えることです。怒りを無意識的に抑えるのと、意識的に抑えるのは違うことです。意識的に抑えていると、思わぬところに抑えていた怒りの影響が出る場合があります。たとえば、酷い不安に襲われたり、身体的不調を感じたりです。一方、「自分は怒っているんだ」と自覚しながらそれを抑えるのは、それよりも適応的です。自覚していれば、それを他の方法で意識的に扱うこともできるかもしれません。

NPO、BPO、PPO

現実検討、同一性、防衛機制について概観したところで、初めてパーソナリティ構造を分類することが可能になります。これらの三つの特徴から、**神経症性パーソナリティ構造** *neurotic personality organization* 略して**NPO**、**境界性パーソナリティ構造** *borderline personality organization* 略して**BPO**、そして**精神病性パーソナリティ構造** *neurotic personality organization* 略して**PPO**と分類することができます。**BPO**というのは、現実検討は大丈夫だけれども、同一性が障害されていて、防衛機制が原始的であるようなパーソナリティ構造です。

図12を見てください。この図はカーンバーグによるもので（Kernberg, 2004）、実際にNPO、BPO、PPOのパーソナリティ障害にはどのようなものがあるのか、そしてそれらの相互関係はどのようになっているのかが示されてい

ます。この表には、ＤＳＭには書いていないようなパーソナリティ障害も記載されていて、初学者には難しいかもしれませんが、それでも非常に良い表だと思うので参考にしてください。

BORDERLINEと真ん中の少し右下のあたりに書いてあります。境界性パーソナリティ障害です。これがＢＰＯのパーソナリティ障害の代表になります。その左にはSCHIZOIDと書いてあります。シゾイドパーソナリティ障害です。これもＢＰＯですが、こちらは境界性パーソナリティ障害ほど頻度は多くありません。

興味深いのは、下の方を見ると、Introversion↕Extroversionと書いてあることです。Introversionというのは内向的、extroversionというのは外向的という意味です。境界性パーソナリティ障害は外に向きやすいので、行動化が激しい傾向がありま す。一方で、シゾイドパーソナリティ障害は内に向きやすいので、人を遠ざけることが多く、単独行動が多い傾向があります。同じ水準のパーソナリティの病理を抱えていても、内向きか外向きかで表現型が違います。それを決めるのは何かということは複雑なのですが、大雑把に言うと、生まれつきの気質と環境の違いです。

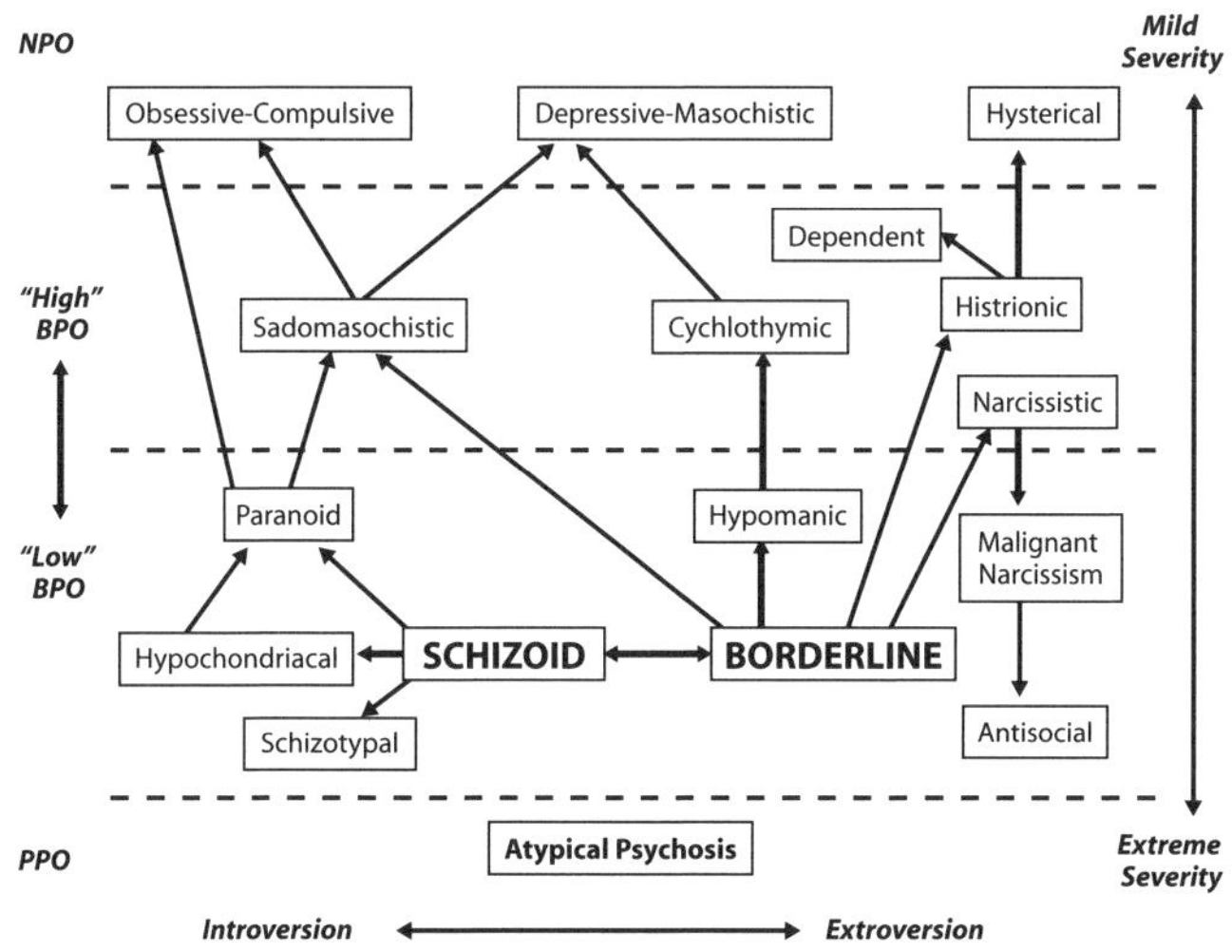

図12

自己愛

他に大切なのは、真ん中の右のあたりにNarcissisticと書いてあるものです。その下に矢印が書いてあって、Malignant Narcissismというものがあり、その下にAntisocialと書いてあります。Narcissisticというのは**自己愛性パーソナリティ障害** *Narcissistic Personality Disorder*のことです。Antisocialというのは**反社会性パーソナリティ障害** *Antisocial Personality Disorder*のことです。

主にカーンバーグの議論を参考にしながら、これから自己愛と反社会性について詳しく話します。この二つは実はセットで考えることができますし、そうする方が理解が深まります。

最初に自己愛についてです。自己愛に関する何らかの問題を抱えた患者、典型的には自己愛性パーソナリティ障害の患者に特徴的なのは、誇大感、特別感、特権意識です。自分は凄い、特別だ、人よりも価値があるから特別に扱われるべきだ、という感覚です。そして過度な賛美を求める傾向があります。また、共感の能力に欠如があり、相手を不当に利用することがあります。

そういうことで特徴づけられるのですが、それでは、自己愛性パーソナリティのこういう特徴が、どこから出てくるかということを考えなければなりません。ナルシシズムとは基本的に、**自己と対象の区別の喪失**の病理と考えることができます。自分のことと人のことの区別が付いてない人は基本的に自己愛的な傾向があると言えるのです。

第5講でも話しましたが、フロイトは、自己愛を論じる中で、人は最初は**自体愛**の状態から始まる、と言いました。自体愛の段階とは対象がまだ存在していない状態で、自分だけなのだけれども、それでなぜか満たされている、という状態です。そこから**一次ナルシシズム**というものに移行するのですが、一次ナルシシズムとは自分自身が対象になっているということでした。その次に対象愛が生じて、他の人を愛する、となるのでした。ただ、一次ナルシシズムから対象愛への移行がうまくいかないと、自分自身を愛するという状態に再び戻ってしまいます。自分自身が再び対象になってしまうのです。それが**二次ナルシシズム**です。対象愛がうまくいかないので二次的に心的エネルギーを自分に向けている、すなわち自分自身を備給しているような状態です。そのような状態では、関心は全部自分に向けられていて、他者というのは、まるで自分の一部であるかのように扱われます。それが、自分のことと人のことの区別が付いてない状態である、ということの意味です。自己愛者は共感の能力に欠如があるということがしばしば言われていますが、それは、自己愛者にとって、他の人は言わば全部自分の延長であって、自分の一部として体験されているからです。

自己愛者にとって、他の人が自分と違う存在であって、自分のコントロールが及ぶことがなく、自分とは違う考えを持っているということは、認めがたいことなのです。ですから、そういう人と接すると、冷たい感じがするわけです。

自己愛者の抱えるいろいろな問題は、自他の区別がついていないことから生じてきます。たとえば、自己愛者が他者を不当に利用する傾向があるということも、自己愛者の立場からすれば、別に不当ではないように感じられるものなのかもしれません。そもそも他者は自分の一部なわけですから、他の人の物は自分の物、ということになるからです。

臨床の場面で、ある患者が自己愛者だということがどの辺から分かるかというと、たとえばそれは、特権意識や特別感、あるいは過剰な賛美を求める傾向から分かります。「自分は特別だ」と思っている人にとっては、人の気持ちは大切ではなく、自分の気持ちがそれに優先します。ですから、他の人の気持ちになかなか共感することができなくなります。共感の能力の欠如というものが実際の臨床場面ではどのような現れ方をするのかというと、皆さんは、そういう人は偉そうにすごく自慢して、「自分は凄いでしょ！　こんなに凄いんですよ、凄いものを持っているんですよ！」といった感じなのではないかと想像するかもしれません。でも、そういう人は実はそれほどいません。「私はこんなに金持ちです。こんなにモテます。こんなに素晴らしい人です。こんなに頭がよいです」と訴えて来談する人はあまりいないのです。なぜなら、そういう人は、まだ悩みを持つに至る前の段階にいるからです。

それでは自己愛者は一体なぜ相談来るのでしょうか。自己愛者が相談に来るのは、第一に、治療を受けることで何か具体的な利益を得ようとしているときです。たとえば、自分が治療を受けることを配偶者が強く求めていて、治療に来れば配偶者との関係を改善することができるのではないか、と考えて来談したりする場合です。そういう人は、自分に問題があると思ってその解決を求めて治療に来るのではなく、具体的な利得を求めて治療に来るのです。そういう動機で来談した人のセラピーは、あまり実りあるものにならないものです。

自己愛者が相談に来る第二の場合は、何かがうまくいかなくなったと感じられる場合です。すべてがうまくいっていると感じられていると、傲慢な人として周囲からは思われてしまうかもしれませんが、それを気にして相談に来ることはそれほど多くありません。一生を通して自己愛的なあり方を続ける人も、いないわけではありません。自己愛者の中には、周りと比べて実際に恵まれている人がいます。たとえば、経済的に恵まれているとか、家柄に恵まれているとか、頭の良さとか才能に恵まれている人とか、容姿に恵まれているとか、そういう人がいます。そういう人たちは、実際に周りからまるで特別であるかのように扱われたりします。もちろん、特別扱いされることと、他の人を自分の一部であるように考えるということは全く別のことです。自分が特別に恵まれているということを自覚しつつ、他の人の気持ちを尊重する、ということは両立し得ることです。でも、自己愛的な傾向が元々強い人がたまたま実際に特別に恵まれていたりすると、「自分は特別で他の人は自分の一部であって、自分の気持ちだけが大切だ」という思いが強化されてしまい、そういうあり方に問題を全く感じないままに一生を終える可能性があります。

ただ、どんなに特別に恵まれている人でも、途中で挫折することがあります。たとえば、財産を失う、名誉を失う、病気になる、などの場合です。また、最終的にどうにもならないことがあって、それは死です。死からは誰も逃れられないので、死が近づくとそのときに初めて本当の意味で落ち込む人もいます。ですから、自己愛者がセラピーに来るのは、何らかの喪失がきっかけになることが多いです。具体的には、仕事やプライベートでの失敗、病気、老い、などをきっかけに、誇大感を維持できなくなったときです。自己愛的なまま急に亡くなったり、あるいは亡くなる直前までごく健康で、怖いもの知らずだったりすることももちろんあるわけですが、そういう場合はわれわれの所には来ません。何かがうまく行かなくなって来るわけです。そしてそうやって来談した人の訴えの中核に、自己愛的な病理が潜んでいるのを発見するということはしばしばあります。

特権意識や特別感は、「自分は特別なので特別扱いしてください」というような、むき出しのものとして表現されることもありますが、それよりも、うまく隠された形になっている場合が多いものです。たとえば、自分の思うようにならなかったときにもの凄く怒る人がいます。

ある男性患者は、私に心理療法を受けたい、と希望し、私にコンタクトしてきました。彼が何で困っているのかを一通り聞いたあと、料金の話になりました。すると彼は、セラピーの料金が自分が思っていた以上に高いことに酷く腹を立てました。彼は、「自分が申し出た料金では治療できないとはなにごとだ、あなたはなんて酷い人間なんだ。専門家なのだから、もう少しまともな人間になったらどうだ」と私を酷く罵りました。男性の希望通りにはできないことを再度説明しましたが、男性の怒りは収まりませんでした。結局その人は私のセラピーを受けることはありませんでした。

患者が想定していた料金とこちらの希望する料金に食い違いがあることは珍しいことではありません。料金が患者の想定とは異なる場合、患者の反応はさまざまです。比較的多いのは、料金が自分が払える以上のものであることを知って、落胆する、というものです。しかし、この男性の反応は異なっていました。その男性にとって、治療の料金は安いに越したことはないでしょう。それは十分理解できることです。しかし、こちらにはこちらの事情があり、その料金で治療を提供していたのです。ですから、私はそのように伝えるしかありません。無理ならば、諦めていただくしかないのです。その男性だけ特別に扱うことはできないのです。しかしその男性は、特別な扱いをしてもらえないと分かると酷く怒り、さらには私の人格を否定するようなことを言って去っていったのでした。

こういうことは、自分は特別な権利を持っている、という前提を持っている人にしばしば起こります。自分が欲しいものを何でもその通りにこちらが提供しないとそれに酷く怒るというのは、特権意識の一つの現れ方です。これは、「自分はすごい」というような、露骨な誇大性とか特権意識とは違います。自分は特別に扱われるのが当然だ、と考えて行動していることが表れているという意味で特権的なのです。

反社会性

臨床家の間ではよく知られていることですが、自己愛的な人は、自己愛的ではない人と比べて、反社会的な行動をとることが多いものです。これは、その人の表面だけを見ていては、説明がしにくいところです。

精神分析家は、すごい人のように振る舞っている人というのは、こころの中で自分をすごいと心底思えていないからこそ、それどころか、逆にこころの中では自分を低く評価しているからこそ、それを上書きして周りの人を騙そうとして、そして何よりも自分自身を騙そうとして、自分はすごいんだ、万能なんだ、というように振る舞う、と考えるものです。

自己評価が低い人は、こころの中で、非常に過酷な相手といつも一緒にいて、常に批判されている自己を生きているものです。だからそういう人は、こころの奥底では非常に辛いはずです。「そんなんじゃ全然駄目だよ」というようなことを常に言われながら生きているようなものだからです。それがそういう人のこころの中の世界です。

そういう人は、相手との間に信頼関係をどれぐらい築けるでしょうか。「あなたはそのままでいい。そのままのあなたが好きだ」と言ってくれる相手といつも一緒にいる人と、「そんなの駄目。いくらやっても駄目。あなたはまだまだ足りないよ」といつも言っている人と一緒にいる人を比べたら、どちらの方が人と信頼関係を築けるでしょうか。

前者の人の方が信頼関係を築けそうです。後者の人の場合、あまりにも「駄目だ、駄目だ」と言われているので、他者を信じることは非常に危険なことになるからです。少し気を許してこころの内を開けたら、あっという間に徹底的に批判されてしまうわけですから、それも当然でしょう。そこで、自己愛的な人の一部は、他者との間に、信頼を介した関係を持つよりも搾取的な関係を持つ方に行きがちです。普段から相手に搾取される不安を感じながら生きているのですから、逆に搾取し返してやろう、となっても不思議はありません。

自己愛的な人の特徴の一つは、自己評価が低いことです。そして、今述べた理由で、自己評価の低さが**搾取的** *exploitive* な対人関係の持ち方につながることがあります。自己愛的な人は、搾取的である可能性があるのです。

そしてその成れの果てというのが、犯罪者的な心理です。すなわち、**反社会的** *antisocial, sociopathic* というのは、傲慢で万能的な、自己愛的な性格の行きつく先として理解することができます。他に psychopathic という言葉がありますが、これはsociopathicとほぼ同じ意味です。**サイコパス** *psychopath* という言葉は名詞で、反社会的な人を指します。

サイコパスは、信頼にもとづく人間関係というものに根本的な不信感を持っていて、もはや人間関係に何も期待しないようになってしまった人です。すなわち、自分を含めて、誰も信じない状態ということです。そうすると、こころの冷たい犯罪者のようになります。自惚れた自己愛者は、まだ人間関係に少しは期待を持っているものです。すごい人、崇め奉ることができる人とであれば、そういう人と一緒にいて自分自身もすごい人になったような気がするので、関係を持ちたいと思うのです。でも、そういうすごい人ですら信じなくなると、サイコパスになるわけです。サイコパスにとって、人というのは自分の搾取の対象でしかありません。そして、それをマイルドにしたバージョンとして自己愛的な性格というものを考えることができるということです。

図12の真ん中あたりに**マリグナント・ナルシシズム** *malignant narcissism* というのがあります。日本語にすると悪性自己愛です。マリグナントの反対の言葉はベナイン（benign）という言葉です。良性という意味です。良性の腫瘍のことをベナイン・トゥーモア（benign tumor）と言います。悪性の腫瘍はマリグナント・トゥーモア（malignant tumor）です。悪性の腫瘍とは、分かりやすく言うと、癌です。癌のようにやっかいな自己愛、それが悪性自己愛です。

悪性自己愛の特徴は、反社会的な行動に加えて**自我親和的サディズム** *ego-syntonic sadism* があることです。そういう意味でいうと、反社会的な人に非常に似ています。自己愛がこの悪性自己愛かどうかという辺りで、分析的に治療できるかどうかが実は決まってきます。

精神分析的な治療者は、自我親和的サディズムの存在に気をつけなければなりません。なぜならば、自我親和的であるということは、egoすなわち自我にとって、syntonicであること、すなわち調子（tone）を同じくすること（syn）

ということですから、自分はそれでよいと思う、ということです。反対の概念を自我違和的（ego-dystonic）といいますが、サディズムが自我親和的であるというのが厄介なのです。

皆さんは、もし財布を盗まれたら、辛いし、悲しいと思います。ですから、多くの人は人の財布を盗んだりはしません。人のお金を盗ったら、確かに自分の手元のお金は増えます。でも、財布を盗られて悲しむ人ができてしまうわけで、大部分の人は、そういうことを耐え難いと感じるものです。お金が欲しくても、人に辛い思いをさせてまで欲しいとまでは思わないわけです。人を苦しませて、それで得をしたとしても全然嬉しくも何ともないと思うのが普通です。

でも、今ここに、人の辛さを、全くではないとしても、あまり感じない人がいたらどうでしょう。「人が辛い思いをするのは別に嬉しいことではないけれども、自分の利益が大きいのだったら、人が辛い思いをしてもまあいいか」という感覚の人がいたらどうでしょう。こういう人は、自分が捕まりさえしなければいい、という感覚ですから、罪を犯してしまいかねません。このように、人の気持ちをあまり考えないこと、人の痛みへの関心の薄さは自己愛者の特徴です。

この傾向がもっとエスカレートしていくと、自我親和的サディズムになります。どういうことかというと、人が辛い思いをしているのを見て、快を感じる、ということです。「ふん、ざまあみろ、いい気味だ」という感じです。そこには嬉しさ、高揚感、快があります。財布が無くなって困っている人を見たら、大部分の人は気の毒に思うでしょう。でもその代わりに、「あの人困っている、ハハハ」という感覚です。先ほどの、人の辛さをあまり感じない人の場合は、気の毒だけれども自分の得が大きいから、見て見ぬふりをしよう、という感じでしたが、それだけではなくて、自我親和的なサディズムの傾向がある人は、人が困っているのを見ること自体が、自分が得をするとかしないとかにかかわらず、快です。それがサディズムというものです。

リビドーは、二人の人間が交わることによって、快が生じることを目標としています。しかし、そうではなくて、二人の交わりによって快の代わりに痛みが生じる場合、それを倒錯という、ということを以前説明しました。サディズムはその倒錯の一種です。そしてそれが自我親和的である、すなわちそれでいいと思える、というところがあるのが悪性自己愛です。

悪性自己愛の患者の治療はうまく行きにくいものです。悪性自己愛の患者は、治療者が苦しむのを見て、そこに喜びを感じる可能性があります。ですから、治療がうまくいかずに治療者が困っているのを見て、悲しいとか、残念だとか、腹が立つ、などと感じる代わりに、悪性自己愛の患者は「いい気味だ、俺のこと、治せるわけないんだよ、ハハハ」という感じで、むしろ喜ぶのです。そうすると、セラピーにならなくなってしまいます。治療者を挫折させてそれを喜ぶような患者とでは、セラピーが成り立たないのです。そういう問題があります。

今話したようなことは、人の性格をいくつかの特性から成り立つものとして考える**特性モデル** *trait model* では、なかなか分からないものです。だからこそ、性格の**精神力動的モデル** *psychodynamic model* が大切です。

「嘘くささ」について

自己愛と反社会性についてお話ししましたが、最後に「嘘くささ」について少し述べたいと思います。嘘だとは言え言い切れないけれども、「この人の言っていること、この人の書いていること、本当かな、なんか嘘くさいなあ」と感じたことがあるかと思います。ここまでの話を踏まえれば、これは自己愛的な傾向にもとづくある種の反社会的傾向を示唆するものだと考えることができます。

世の中には、人の目をごまかしてでも成功したいと思い、実際それでしっかり成功してしまっている人もいます。そのような人はどの業界にもいます。私たちは、どこか嘘くさいところがあるものの成功している人を見てどのように感じるでしょうか。嫌悪感を感じるかもしれません。一方、羨ましいと思うかもしれません。治療者としては、特に、患者を羨ましいという気持ちに気をつけなければなりません。嘘くさいと思いつつ、患者のことが羨ましくなってしまい、かつそれに気づいていない状態では治療者として十分に機能することはできません。

ある男性患者は、自分の専門とする業界の内部では成功した人と見なされていました。患者は私生活上の対人トラブルが引き金となり、突然強烈な不安に襲われたことがきっかけで私とのセラピーを希望しました。彼は自己愛的に振る舞うところがありました。社交的で行動的な彼は、その仕事の能力に関しては高い評価を受けていました。さまざまな人との出会いを聞くのは当初私にとってもどこか爽快な感じのするものでしたが、やがて彼の付き合いの広さを羨む気持ちが私の中にあることに私は気づきました。そこで私は、私が感じている爽快な感じと羨ましさは、彼の自己愛的な病理と関連しているのではないか、と考え出しました。

話を聞いていくと、彼が、仕事においてときどきごまかしをしていたことが分かりました。たとえばそれは、自分が行ったインタビューの内容を都合のよいように書き換えるとか、インタビューの回数を勝手に増やして記載する、といったものでした。彼は、自分の経歴についても、実際以上によく見えるように誇張して宣伝していました。

彼は、自分が偽物であるという感覚に薄々気づいていたようでした。しかし、その感覚を無視することにすっかり慣れてしまっていました。「それくらい誰でもするものだ、自分は嘘をついていない」と自分自身を言いくるめていたのです。彼は外的には派手な人間関係を持っていましたが、自宅の中での日々の生活は荒んだものでした。自宅の荒み方は、彼の内的世界の貧困を反映していると思われました。

私とのセラピーは、彼の内的世界の貧困を扱う機会となる可能性がありました。しかしそうなる前に、彼は不安症状が軽減したことをもって、終結を希望しました。

彼が全くの嘘つきだったというわけでは決してありません。彼は、自分の嘘くさい行動を私に話すほどには正直だったのです。しかし、彼の正直な部分は、彼の嘘くさい部分に今の当座の成功を諦めさせるほどに強くはありませんでした。彼は貧困な内的世界を抱えたまま、私のオフィスを去っていきました。

ごまかし、誇張、嘘などによって外的な成功を得ることは、可能です。嘘を巧妙に隠すことは実際かなりの程度可能だからです。周りの人は、嘘くさいと思いつつも、決定的な証拠もないので黙って、本当のことなのだろうと思い込もうとするしかありません。周囲の目は、嘘くささの決定的な抑止にはならないのです。

本質的な困難は別のところからやってきます。そのような嘘くささは、やがて本人に何らかの形で跳ね返ってくるものです。なぜなら、無意識は嘘をつかないからです。周りの人は騙せても、自分自身を騙すことはできないのです。

皆さんも、もしかするとこれから、そういった偽りによって何かを得たいという誘惑に駆られることがあるかもしれません。しかし、成功したい、何かを成し遂げたいと思うならば、誇張や嘘に頼らず、正攻法で向かった方がよいのです。結局辛い思いをするのは自分自身だからです。

第14講　自己心理学

ここまで、フロイトの精神分析理論とその後の自我心理学、そして対象関係論について主に話してきました。ここから、別の話題に大きく舵を切っていきたいと思います。ここから取り上げていく話は、ここまで見てきた精神分析とは異なる特徴を持った精神分析です。具体的には、今回は自己心理学を紹介します。そして次回以降は関係精神分析というものについて話します。

次回詳しく話しますが、自我心理学と対象関係論のように、比較的昔からある学派の考え方は、しばしばまとめて**古典的精神分析** *classical psychoanalysis* と呼ばれています。そのような昔からの精神分析に対する疑問が蓄積していき、やがて精神分析の新しい流れが始まるのですが、その一つが自己心理学で、もう一つが関係精神分析になります。このように考えると、精神分析の全体像が見えやすくなるでしょう。

自己心理学

それでは、自己心理学の話から始めましょう。自己心理学はハインツ・コフート Heinz Kohut というアメリカの精神分析家が始めたものです。コフートは、フロイトの精神分析の基本概念に根本的な見直しを迫りました。コフートはもともと自我心理学派の精神分析家だったので、最初の頃は自我心理学の概念と理解を保持したままそこに新しいものを付け加えるというように理論を展開させていったのですが、やがては自我心理学的な精神分析概念を根本的に見直し、従来の精神分析とはほとんど別の精神分析のように見える自己心理学という精神分析体系を作るに至りました。

コフートが根本的に見直した精神分析概念はいくつかあるのですが、一つは、超自我、自我、エスからなる心的構造論でした。もう一つは、精神分析における自己の概念でした。それに伴って自己愛概念の見直しも行いました。以上は理論的なことですが、臨床的にも、精神分析の共感の意味の見直し、さらには治療作用の見直しもしました。コフートは精神分析を一度解体してしまうかのように考え直したのです。

私は、一時期自己心理学を結構よく勉強していたことがあります。今言ったようなさまざまな見直しの必要性を論じている文献がたくさんあるのですが、そういう文献を読んでみると分かりますが、なかなか説得力のあるものです。私は自己心理学派の精神分析を受けたこともスーパーヴィジョンを受けたこともないのですが、自己心理学関連の文献をかなり読んだこともあって、自己心理学の影響を多少は受けていると思っています。アメリカで主流中の主流だった自我心理学派の精神分析家の中でそれまで十分に扱われていなかった問題に光を当てた自己心理学について、ある程度知っておくことは重要だと思います。

コフートの経歴

コフートは二〇世紀の初頭、一九一三年に生まれて、残念ながら比較的早くに、七〇歳になる前に亡くなりました。

もともとウィーン生まれでした。ウィーン大学医学部卒ですから、フロイトの後輩になります。コフートは、アウグスト・アイヒホルン August Aichhorn という人に分析を受けました。アイヒホルンは、非常に情に厚いと言いますか、そういう感じの人だったようです。コフートは、ナチスの迫害を逃れるためにイギリスを経てアメリカに亡命したのですが、興味深い逸話があります。若いコフートはアイヒホルンに分析を受けていたのですが、迫害の手が迫ってきてこれでいよいよ分析も終わりだというときに、アイヒホルンはコフートに、「今まで自分は、君がカウチに横になっているところをずっと見ていた。だけどこれで終わりだから、今度は君が、私がカウチに横になっているところを見る番だ」と言って、自分がカウチに寝そべっている写真をコフートにあげて、持っていかせたそうです。その精神分析的意味についていろいろと考えることはできるのですが、私は何よりも、こころが暖まる感じがする話だなと思います。精神分析はもちろん知的なところの多い作業ではあるのですけが、ある種の対人交流というか、そういうものもとても大切だと思います。アイヒホルンは、そういうことを大切にしていた人のようで、コフートはやはりそこから影響を大きな受けたのでしょう。

その後コフートはシカゴに向かい、シカゴ精神分析インスティテュートを卒業しました。実は、コフートは最初、シカゴ精神分析インスティテュートに入学を拒まれています。理由は定かではないのですが、コフートが自己愛的すぎたからではないか、とか、コフートの同性愛傾向の噂などがあったからではないか、と言われています。

コフートは、最初から訓練分析を受けるのではなく、自分自身の治療のために精神分析を受けることをシカゴ精神分析インスティテュートから勧められました。それでコフートが精神分析を受け始めたのが、ルース・アイスラー Ruth Eissler という分析家でした。この分析家の夫はクルト・アイスラー Kurt Eissler という分析家だったのですが、このクルト・アイスラーはアイヒホルンの分析を受けています。そのような事情もあって、アイヒホルンの分析家としてのあり方は、コフートのこころの中に繰り返し刻み込まれたのかもしれません。

コフートという人は、とても精力的で才気に富んだ人だったそうですが、一方人を辟易させる自己愛的な面を持った人だったといわれています。非常に頭が良くて、快活で面白いのですが、しかし自己顕示欲が非常に強く、結局周りの人は疲れてうんざりしてしまったりする、そういう人だったそうです。面白いことに、コフートは自己愛病理の治療論で知られている人です。きっと、自分が自己愛的であることには気づいていて、その研究に向かったのでしょう。

コフートは最初、自我心理学を学び、自我心理学派の中で頭角を現しました。「ミスター精神分析」と呼ばれるほどに伝統的自我心理学に忠実な分析家として知られていました。そして、当時自我心理学派の牙城であったアメリカ精神分析学会の会長にまで上り詰めました。

しかし、一九六〇年代後半から独自の思索を展開するようになります。内省と共感という概念をキーワードに、独自の論考を発表していったのです。コフートは、特に**共感** *empathy* を大切にしました。それまでは共感という言葉は、精神分析の内部ではあまり大切にされていませんでした。フロイトもこの言葉を使ってはいましたが、その意義をそれほど強調していませんでした。しかしコフートは、精神分析は内省と共感によって理解される主観的世界を扱うものだ、と述べています（Kohut, 1982）。

コフートは悪性リンパ腫という病気に罹ってしまい、一九八一年に、比較的若くして亡くなってしまいました。コフートは前回紹介したオットー・カーンバーグの論敵だった人で、自己愛パーソナリティの病理と治療に関してカーンバーグと激しい論争を繰り広げました。コフートが一九一〇年代生まれ、カーンバーグが一九二〇年代生まれと、年はコフートの方が一回りほど上ではあるのですが、意見を闘わせた同時代人でした。コフートが四〇年ほど前に亡くなったのに対して、カーンバーグは九〇歳代でまだ存命ですから（二〇二四年現在）、まるで世代がいくつも違うかのように感じられますが、実は年は一回りほどしか違わないのは驚きです。

自己とは何か

さて、コフートの「三部作」と呼ばれているものがあります。『自己の分析』(Kohut, 1971)、『自己の修復』(Kohut, 1977)、『精神分析はどのようにして治癒をもたらすか?』(Kohut, 1984) という三つの著作です。その中で、コフートは、自我心理学とは異なる自己心理学を打ち立てます。

最初に、自己とは一体何かについて話さなければなりません。コフートは、分かりやすく言えば、自己という概念を中心に精神分析を進めなさい、と言ったのですが、それではこの自己とは何なのか、という問いが当然ながら残ります。

実は、コフートも自己が一体何なのか、あまり明確には述べていないのです。自己心理学と銘打っているのですから、自己とは何かということが決定的に重要であるはずなのですが、コフートの中でも、自己の意味が変遷しています。ただ、コフートが自己という概念を中心に考え続け、それを説明しようとしていることはよく伝わってきます。

自我心理学における自己

コフートにとって自己とは何かを理解するためには、伝統的な自我心理学の構造論の中で自己というものがどのように位置づけられているかを理解するのが役に立ちます。構造論は、こころをエス、自我、超自我の三つから成り立つものとして考えるというものでした。構造論においては、自己とは、自我の中の自己表象のことを指します。自己表象としての自己という考え方は、アメリカで活躍した自我心理学者ハインツ・ハルトマン Heinz Hartmann によるものです。

表象がどういうものかについては、第13講でも説明しました。こころの中に自分自身を思い浮かべてみると浮かんでくるのが自己イメージで、それよりも持続性があって、意識できたり意識できなかったりするものが自己表象である、と説明しました。

しかし、コフートは、そのような自己表象としての自己という考え方には満足しませんでした。自己はそういうものを超えた何かだ、と考えたのです。自己と自我を対比させながら考えていくと分かりやすいでしょう。自己はわれわれの体験に近い概念だ、とコフートは言いました。一方、自我はわれわれの体験から遠い概念だ、と言いました。私たちは普段、自分のこころがエスと自我と超自我から成り立っている、などとは考えません。それらは、私のこころというものの背景にあるようなシステムです。自我はわれわれの体験から遠い概念だ、というのはそういうことです。

精神分析は体験から遠い心的構造である自我にフォーカスしすぎた、とコフートは考えました。従来の精神分析では、「あなたのエスがこういうふうで、それに対して超自我はこうなっているので、その結果あなたの自我はあなたを今日この講義に向かわせたのです。だからあなたは今ここにいるのです」というように、体験から遠く、こころをまるで機械のように見なすような理解をする傾向がありました。しかし、皆さんの体験はそのように説明されるものではないでしょう。そのように説明されるところがあるとしても、それぱかりではないでしょう。

皆さんは、今日はこの講義を受けに来ようと思って、それを選択して、そして実際来て、今ここにいる。それが多くの皆さんの体験ではないでしょうか。そのようにして、人は自分の意思としてある考えや行動を選んでいるのであって、そういう体験をしている自己というものに精神分析はもっとフォーカスすべきだ、とコフートは考えました。

何か当たり前のことを言っているような気もするかもしれませんが、それがフロイト的な精神分析の考え方への反省だったのです。コフートはそのようにして伝統的な自我心理学に反論していきました。

コフートは、自己とは、自己表象として考えるのでは不十分で、一つの構造である、と言いました。自己が一つの**構造である**ということは、二つのことを意味します。一つは、それが**安定している**ということです。そしてもう一つは、それは他の構造の機能によって作られた心的内容ではなく、**それ自体として存在している**、ということです。むしろ自己は、心的内容を作る側のものだということです。

コフートは、自己は、エス、自我、超自我といった審級の枠に当てはまらない、と論じました。それは他の言い方をすると、自己は**超構造的である**、ということです。コフートに言わせれば、自我の中の表象として自己を考えるハルトマン的な考えは、高次元の抽象です。コフートは、自己をそういった高次元の抽象として考えるのではなく、体験に近い、低次元の抽象として考えるべきだ、と論じました。

コフートは加えて、**自己 - 対象** *self-object* という新しい概念を提示しました。自己と対象がハイフンでつながってて分かりにくいですが、これは、自己の重要な部分として体験される対象のことを指します。自己 - 対象は対象ではあるのですが、自己とあまりにも深くかかわっているので、もはや自己の一部のように感じられている対象です。そういう存在として対象をみなし、そして扱う傾向は、自己愛的な病理を抱えた人にしばしば見られるものです。

対象リビドー、自己愛リビドー

コフートは、このように、エス、自我、超自我という構造を超えたものとして自己というものを考えたのですが、実は、そのように考えると、そもそも自我心理学的な構造論というものを維持する必要があるのだろうか、という話になってきます。伝統的な精神分析を勉強した人からすると、この辺りは非常に違和感をおぼえる考え方だと思います。

フロイトが考えた精神分析は、意識することのできない何かによって動かされている存在として人間を考えようという営みでした。ところがコフートは、より主観的経験に近いところで探索を進めましょう、と言っています。想像がつくと思いますが、せっかくフロイトが主観的経験を超えたところで探索をしようとわざわざ言い出して、自分というものを一度解体してその裏にある無意識な世界を描き出したのに、わざわざ自己という概念を新しい形で取り上げて、体験に近いところで探索を進めましょう、とコフートは言ったのでした。すると、フロイトおよびそれ以降の精神分析は何だったのか、ということになってしまいかねません。

ただ、コフートがこういうことを言い出したのには背景があります。コフートは、自己愛の病理を考える上で、自己というものを根本から考え直すことが必要だと考えたのです。コフートは、従来の精神分析の重大な間違いは、**対象リビドー** *object libido* と**自己愛リビドー** *narcissistic libido* というものをしっかり区別しなかった点にある、と言いました。そのため、自己愛の病理を精神分析的に理解し、治療することが難しくなった、というのです。コフートが自己の概念の新しい捉え方を論じ、さらに通常の対象という概念に自己‐対象という概念を加えたのは、これらの概念を用いることで、自己愛の病理を新しいやり方で理解できると考えたからです。

自己愛についての従来の精神分析の考え方を振り返っておきましょう。フロイトは、心的エネルギーの源があって、それが対象に備給されて、対象関係ができる、と考えました。しかし最初は、対象が存在しない、自体愛から始まります。対象が存在していないのだけれども、自分だけで満足して快を得ている、という状態が自体愛の状態です。そこに、対象というものが登場するのですが、最初は自分自身にリビドーが向けられる、という状態です。これをフロイトは一次自己愛と名付けたのでした。次に、それが他の人に向いて、対象愛になります。ところが、それが何かの拍子に自分自身に再度向けられることになると、再び自己愛になります。今度は、それは二次自己愛と呼ばれます。

しかし、コフートが言ったのは、自己愛とはそういうものではない、ということでした。そうではなくて、そもそも自己愛というものは、対象愛の系列とは別に考える必要がある、と論じたのです。対象リビドーと自己愛リビドーという別種のリビドーの流れがあるのであって、自己愛リビドーというものを対象リビドーが転じたものと考えてはいけない、と言うのです。

コフートによれば、対象リビドーは通常の意味での対象を備給します。一方、自己愛リビドーは自己‐対象を備給します。コフートによれば、自己愛が対象愛に変わるわけではありません。自己愛は自己愛としてあって、対象愛として ある、というのです。フロイトが考えたような、自体愛から自己愛へ、自己愛から対象愛へ、という一つの流れがあるのではなくて、対象リビドーと自己愛リビドーのそれぞれの流れがある、というのです。

通常の意味での対象関係は、自己愛リビドーの流れの問題がない状態で達成された安定した自己があってこそもたらされ得る、とコフートは考えました。そういう安定した自己のことをコフートは**融和した自己** *cohesive self* と呼びました。

この融和した自己というものは何のことなのか、今一つ分かりにくいところです。もう少し具体的に知りたいところです。コフートによれば、融和した自己を獲得するためには、自己の誇大性を対象に対して十分に顕示できているような体験と、対象を理想化することができているような体験が必要です。前者のような体験における自己を**蒼古的自己** *archaic self* と言い、後者のような体験における対象を**蒼古的対象** *archaic object* と呼びます。「蒼古的」というのは、「発達的により早期の」とか「原始的な」という意味です。日常の言葉で言えば、「幼い」という言葉に近いものだと思ってよいでしょう。

蒼古的自己の誇大性への欲求、そして蒼古的対象を理想化したい欲求がともに満たされると、融和した自己が達成される、ということです。コフートが言おうとしていることを平易な言葉で表現するならば、人は、「自分はすごい」という幼い誇大性を表現することを許され、かつ「この人はすごい」という幼い理想化を許されることが必要であって、そうして初めてこころが安定する、ということになるでしょう。

自己愛の自己心理学的理解

いろいろな概念が出てきました。今度はそれらを使っていろいろな精神病理についてコフートがどのように考えたのかを見てみましょう。

フロイトの精神分析はヒステリーの治療から始まりました。ヒステリーは、いわば対象への愛の問題から生じる病です。ヒステリー症状の背景には、禁じられた愛の願望とその抑圧がある、というのがフロイトの発見でした。

しかしコフートは、平たく言えば、人を愛する前に、自分自身がしっかりまとまっていないといけない、と考えたのです。自分自身がしっかりまとまっているということはどういうことかというと、先ほど述べた融和した自己というものが達成されているということです。そして、これが達成されるかどうかということは、ヒステリーの場合のように対象リビドーの変遷が問題になるのではなく、自己愛リビドーの変遷にかかっている、とコフートは論じました。

コフートは、さまざまな精神病理が、蒼古的自己や蒼古的対象の崩壊およびそれに引き続く自己の融和性の低下によってもたらされると言いました。自己の融和性の低下の極端な例は、自己の**断片化** *fragmentation* です。自己のまとまりがすっかり失われてしまう事態です。コフートに言わせれば、自尊心の低下、空虚感、抑うつ気分は自己の融和性が危機に曝されることによって生じるものです。さらには、軽い不安からパニック、死の不安に至るまでの各種の不安、あるいは、自己愛的な憤怒など、実にさまざまな問題の背景に自己の融和性の低下がある、とコフートは論じました。

結局、コフートに言わせれば、多くの精神病理は自己の融和性の問題だ、ということになるようです。確かにそうなのかもしれません。しかしそうは言っても、自己の融和性の問題にもいろいろあるでしょう。コフートもそのことを言っています。

精神病においては、蒼古的自己や蒼古的対象は十分に確立されておらず、自己の融和性はほとんど達成されていません。一方、境界性パーソナリティ障害においては、蒼古的自己や蒼古的対象はある程度確立され、自己の融和性も少し達成されていますが、安定性のある状態にはなっていない状態です。ですから、何かをきっかけとして断片化してしまう危険性があります。精神病においては自己はいつもかなりの程度断片化している状態です。境界性パーソナリティ障害の患者は、精神病よりは安定しているのですが、蒼古的自己や蒼古的対象の崩壊と自己の断片化の可能性にいつも曝されている状態です。

一方、自己愛性パーソナリティ患者は、さらに安定したこころを持っています。自己愛性パーソナリティ患者もまた、蒼古的自己と蒼古的対象の領域において病んでいるのですが、精神病患者や境界性パーソナリティ患者と違って、蒼古的自己と蒼古的対象をある程度安定して持つことに成功しており、融和した自己を獲得しているのです。ただそれでも、融和した自己が断片化の危機に瀕することはあり、そのようなときに患者は治療を必要とする状態に陥ることがあります。

リビドー、攻撃性

従来の精神分析の考え方を根本からひっくり返すような議論をコフートがしていることが分かると思います。コフートは、精神分析の基本概念であるリビドーおよび攻撃性について独自の見解を示しました。

リビドーに関しては、対象リビドーとは別の自己愛リビドーというものの流れを考えなければならない、とコフートが論じたという話をしました。コフートは、リビドー欲求は自己愛的な欲求が満たされなかったために二次的に生じてしまうものであって、最初から存在するものではない、と論じました。性的な衝動は、人間の基本を構成するものではなく、自己愛的な欲求の挫折の結果にすぎない、というのです。

コフートは攻撃性についても同じような見解を述べています。コフートによれば、攻撃性も、自己愛的な欲求の挫折の結果です。フロイトやクラインは、人間は生まれつき性的な衝動をもち、攻撃的だ、と考えました。ですから、分析家に対して患者が性的な欲求を表現したり、怒りを示したりしているとき、それは患者のこころの中の性的および攻撃的衝動が外側に漏れ出てきているものと理解されます。

ところが、コフートは全く反対の話をしているのです。それは、分析家の失敗によって生成したものだ、とコフートは論じました。外傷論の復活がここにあります。外傷論と言えば、フェレンツィの業績が有名でした。フロイトは当初ヒステリーの病因を外傷に求めていたのですが、のちにそれを引っ込めて、欲動とそれ由来の空想にこそヒステリーの病因があると考えたのでした。

しかし、その後の主流派の分析家の多くは、外傷よりも欲動の問題を論じています。たとえばクラインがそうでした。クラインに言わせれば、現実に何が起こっているかよりも、空想の世界で何が起こっていると体験されているのかが大切です。そういう考え方にもとづけば、外傷だと思われているものの本質は自分自身の欲動にあります。

しかしここで、コフートによって外傷論が再び持ち出されているのです。やはり環境が悪かったのではないか、という話になっています。突き詰めて言えば、親がきちんとしていなかったから子どもの問題が起きたのだ、という考え方です。

エディプス・コンプレックス

コフートはさらに、精神分析概念の中で最高度の重要性を持つエディプス・コンプレックスについても、独自の見解を提示しました。

コフートは、去勢不安が生じるのは、父親が小さな男の子の達成をきちんと褒めてやらなかったからだ、と論じました。エディプス・コンプレックスの問題が生じるのは、親の反応に問題があったからだ、と言うのです。エディプス・コンプレックスは親の反応が不十分であることから二次的に生じるもので、いわば環境の問題だ、というわけです。父親が息子の誇大性を、そして、息子の自分への理想化を、きちんと受け入れなかったから生じてしまった、と論じたのです。

コフートが書いた有名な論文の一つに、「Z氏の分析」(Kohut, 1979)というものがあります。

二〇代の男性患者Z氏は、手が汗ばんだり、胃が膨らんだ感じがする、といった漠然とした症状に悩まされていました。社会的に孤立しており、とくに女性と親密な関係を持てないことにも悩んでいました。彼は一人っ子でした。彼の父親は約四年前に病死していました。彼が三歳半のころ、父親は病気で入院しました。その間に病院の女性看護師と恋仲になった父親は、家を出てその看護師のもとに行ってしまいました。Z氏が五歳のころにようやく父親が戻りました。ほかの重要な事実としては、十一歳から二年ほどの間、年上の男性と同性愛的な関係をもったことがありました。

Z氏の最初の精神分析では、エディプス的な問題、すなわち父親との葛藤的関係に関する問題が中心に扱われました。父親が不在であった時期に母親を独占していたこと、そしてそれが父親の帰宅とともに脅かされることになったこと、そこに無意識的な葛藤があると考えられたのです。Z氏の一時期の同性愛傾向は、父親と受け身で服従的な関係をもとうとするという防衛的な意味があると理解されました。Z氏の最初の精神分析は無事終結しました。

しかし終結の四年半後、症状が再燃して、彼はコフートのもとに戻ってきたとのことでした。二番目の治療では、母親との関係の問題が中心に扱われました。母親は、過剰にZ氏の世界に食い込んでくるところのある病理的な性格の持ち主で、そのことがそもそもの問題だったということが理解されていきました。Z氏にとって、父親はライバルであるというよりも、そういう母親との関係から救ってくれるような存在だったのです。Z氏の同性愛エピソードも、母親との難しい関係からの逃避として理解されました。

このように、Z氏の症例では、一見エディプス葛藤に問題があるように見える症例の背景に、プレ・エディパルな問題が隠れており、そちらの方が問題の本体であることが示されています。

なお、コフートの人生の伝記的研究の結果、このZ氏は実はコフート自身だったのではないかと言われています。

自己愛病理と転移

自己愛病理と転移の話をしましょう。フロイトは、自己愛病理は転移が起こらないので精神分析の対象にならない、と考えました。自己愛病理というのは、ここでは広い意味で使っています。すなわち、リビドーが対象から**撤収** *withdrawal* されている状態です。フロイトは、自己愛パーソナリティ障害などの典型的な自己愛病理では、リビドーが対象から自己に向けて撤収されている、と言いました。さらに、現実検討能力が障害されている精神病では、外的世界からリビドーが全般的に撤収されているため、これもまた自己愛病理の一種だとフロイトは考えました。現実検討能力の障害においては、外的現実の意義が内的現実に比べて低下しているのですが、それを外的世界からのリビドーの撤収として理解するというのが独創的なところです。

フロイトによれば、転移は精神分析プロセスの中でリビドーが治療者に向けられる事態を指します。したがって、自己愛パーソナリティ障害におけるように自己にのみ関心が向けられていたり、あるいは精神病におけるように外界に関心がなかったりする状態では、転移の起きようがありません。自己愛パーソナリティ障害や精神病においては、対象からのリビドーの撤収のために転移が起こらず、精神分析の適応はない、とフロイトは考えたのです。

コフートは、精神病についてはフロイトと同じく精神分析で治療することは難しいと考えたものの、自己愛パーソナリティ障害については、精神分析の適応になり得る、と考えました。それがどうやって可能なのかと言えば、やはり転移によってである、とコフートは主張したのです。自己愛パーソナリティ障害が精神分析の対象になり得るというのはどういうことなのでしょうか。

コフートは、次のように説明しました。リビドーとして対象リビドーのことだけを考えると、自己愛パーソナリティでは転移は起きないと考えられます。しかし、リビドーとして対象リビドーだけを考えずに、自己-対象を備給する自己愛リビドーについても考えるのだったら話は違います。コフートによれば、対象リビドーと自己愛リビドーは異なる軸にそって発達していきます。ですから、対象リビドーをめぐる転移が起きていないとしても、自己愛リビドーをめぐる転移は起きている、とコフートは論じました。

それは一体どういう転移か、ということですが、**鏡映転移（鏡転移）** *mirror transference* と**理想化転移** *idealizing transference* という概念をコフートは提唱しました。従来の転移とは異なる、二つの新しい「転移」の導入です。コフートは、これら二つの転移は、一次自己愛の段階のあとに成立する自己愛リビドーの二つのポジションが治療的に活性化されたものだ、と述べました。

米国対象関係論のカーンバーグは自己愛的な対象関係は病理的なものだと考えました。ですからカーンバーグに言わせれば、自己愛パーソナリティ患者は自己愛的対象関係を持つことはあっても、正常の対象関係を築くことはできません。

しかしコフートによれば、自己愛と正常の対象関係というものは相互排他的なものではありません。コフートは、自己愛的な対象関係は自己愛リビドーの備給を受けている対象関係であり、病的ではない、と考えたのです。ですから、一次自己愛の段階の後には、一方では対象リビドーにもとづく対象関係が、他方では自己愛リビドーにもとづく自己愛的な対象関係が成立し、そして共に正常である、と考えました。

そして、一次自己愛の段階のあとに成立する自己愛的な対象関係には、誇大性の極と理想化の極がある、と言ったのです。これらの二つの極が、先ほどの「自己愛リビドーの二つのポジション」であり、誇大性をむき出しにしている極と、理想化欲求を全面に出している極のことを指します。この両極が治療の中で活性化される事態のことを、それぞれ、鏡映転移と理想化転移とコフートは名付けたのでした。

想像できるかと思いますが、コフートによれば、これら二つの転移は健康な成熟のために必要なステップであって、病的だとか悪いとかいうものではありません。「先生、私ってすごいでしょう」というのが鏡映転移であり、「先生ってすごいですね」というのが理想化転移であって、両方とも重要なステップだ、というのです。

転移に際して分析家が実際に何をするかというと、コフートは、この鏡映転移を引き受けたり、理想化を引き受けたりすることが重要だ、と論じます。古典的な分析家だったら、きっと、分析家は患者に迎合しすぎている、と言うことでしょう。コフートが勧めているような分析家の態度は、古典的な分析家からは、**共謀的** *collusive* な関係だと批判されてしまいそうです。

しかし、コフートは、自己 - 対象との自己愛的な対象関係というものは正常であって、誇大性の承認と理想化の欲求が共に満たされてこそ融和した自己というものを達成できる、と考え、古典的な分析家とは異なる態度を主張したのでした。

子どもが、親のもとに自分で作ったものを持ってきたりして、「こんなの作ったんだよ、すごいでしょ」と言うときに、一見したところたいしたものではなさそうでも、その蒼古的な誇大性を受け止めて、「ほんとだ、すごいねえ！」などと、親は子どもを認めてやらないといけない、と言うことです。逆に、「お父さんってすごいね！」と言う子どもの蒼古的な理想化欲求も、「うん、ほら、すごいだろう！」などと、そのまま受け止めてやることが大切だ、と言うのです。そういう親がいなかったので、自己愛リビドーの発達が阻害されてしまい、だからこそ大人になっても自己愛的な振る舞いをひたすら続け、自己愛的な人として映るようになってしまった、とコフートは考えました。

理想化転移のワーキングスルー

理想化転移についてもう少し話しましょう。精神分析においては、転移は一度扱うだけでは不十分です。以前話したように、転移のワーキングスルー（徹底操作）の過程が重要です（第7章参照）。すなわち、患者のこころの中にその理解がしっかりと根付くまで、転移を繰り返し徹底的に扱い続けることが重要です。

コフートは、理想化転移のワーキングスルーは、次のような段階を経て行われると論じました。最初に、理想化していた自己‐対象としての分析家との自己愛的合一の喪失の経験があります。すると、それまでの自己愛のバランスが壊れてしまいます。患者は、なんとかバランスを取り戻そうと、理想化された自己‐対象あるいは誇大自己という蒼古的なイメージを過剰備給します。そういったイメージに、いわば、入れ込むのです。その際、一時的に、自己の断片化が起こり、自体愛的な段階にまで逆戻りしてしまう場合すらあります。そのような場合、一時的に心気的傾向が強まることがあります。なぜなら、自体愛的な状態では、身体と精神と自己は混然一体となっており、それらがひとまとまりとなって身体‐精神‐自己を形成し、まとめて過剰備給される状態になるからです。

鏡映転移の三形態

鏡映転移についてもう少し詳しく話しましょう。理想化転移は、子どもが自己愛を保存するために、それを自己愛的に体験される全能で完全な自己‐対象に託そうとする局面が治療の局面で復活してきたものです。コフートは、この時に同時に、鏡映転移、すなわち、誇大自己の再活性化が起こる、と論じました。コフートによれば、誇大自己と自己‐対象の理想化は、ほぼ同時に通る通過点です。

コフートは、鏡映転移には実は三つの形態があると言いました。一つ目は、誇大自己の延長による蒼古的融合としての鏡映転移です。次に、双子転移という鏡映転移があります。こちらは、さほど蒼古的でない形の鏡映転移です。最後に、狭義の鏡映転移です。これが、先ほどから話している鏡映転移です。このタイプの鏡映転移は、さらに蒼古性が少ないものです。

鏡映転移という用語は、最後の、狭義の鏡映転移にもっともよくあてはまるものです。コフートは、鏡映転移は、誇大自己の発達の正常なある時期が治療の中で復活してきたものだ、と言いました。鏡映転移が維持できないと、自己愛的合一性が消滅の危機にさらされていると患者は感じてしまう、とコフートは考えました。

葛藤と欠損

結局のところ、コフートの理論は、**欠損モデル** *deficit model* だと言われています。フロイトのモデルというのはそれに対して、**葛藤モデル** *conflict model* です。たとえば、エスからの突き上げがあって、そのまま行動してしまうと人間社会は維持できなくなります。性的な欲望や攻撃的な衝動をそのまま行動に移すだけでは、社会はうまくいきません。だから、エスを抑える力が同時に必要になります。そこで葛藤が生じます。人間は必然的に葛藤に満ちた存在である、というのがフロイトの人間観です。

ところが、コフートはフロイトとは違う人間観を唱えました。コフートによれば、自己愛リビドーが満たされないと、こころにぽっかり穴が開いたような状態になってしまいます。欲求とそれを抑える力がぶつかり合っているために、すなわち**葛藤している**ために悩みが生じるのではなくて、そもそも何かが決定的に欠けているために、すなわち**欠損しているため**に悩みが生じるというのです。ですから、コフートによれば、そのような状態を治療するためには、欠けているものを満たしてやる必要があるのです。穴が開いているのならば、そこを埋めることが治療になるというわけです。

このように、フロイトとコフートの理論を対比させて考えてみると、コフートの理論がフロイトの理論とは決定的に異なることが分かります。フロイトが考えていた精神分析は、言葉を通して、すなわち解釈によって、無意識的な世界を理解することを目標にしていました。そして、そのためには葛藤を解釈すること、特にそれ自体が無意識的な葛藤を解釈することが重要でした。

ところが、コフートが考えた精神分析では、葛藤を理解することではなく、欠損を補うことが目標になったのです。こういう考えは、古典的な精神分析家たちにとっては受け入れ難いことでした。彼らに言わせれば、精神分析というのは、環境論であってはいけないのです。精神病理の背景に、母親の愛情が少なかったなどの環境の問題があるということはもちろんあるのですが、それを主たる説明原理とはせずに、内的な葛藤を扱ってこそ精神分析だ、という考え方が根強かったのです。

関連することですが、コフートの少し前、コフートと同じシカゴで活躍した精神分析家に、フランツ・アレクサンダー Franz Alexander という人がいました。この人が提唱した概念に**修正感情体験** *corrective emotional experience* というものがあります。これは、患者の過去の体験とは異なる体験を治療者が提供することで、患者に影響を及ぼそう、というものです。たとえば、厳しい母親に育てられた患者に優しく接することで患者を癒そうとするようなものです。

この概念は、当時のアメリカの分析家たちからひどく批判されました。そういうもので本当の心的変化が起きるはずはない、とされたのです。患者にあえて優しく接する治療者は、意識的には過去の修正を意図していても、結局逆転移に巻き込まれているだけではないか、という批判もありました。

そういうことがあったので、コフートの理論を聞くとどうしてもフランツ・アレクサンダーの修正感情体験のことが頭にちらついて、自分には受け入れられないという分析家も多かったのです。

ただ、ここで学び取ってほしいのは、そういう欠損モデル的な発想というものがある、ということです。そういう発想があると、臨床の場におけるいろいろな出来事が全く違って見えることがあります。たとえば、カーンバーグによれば、自己愛は、理想対象、理想自己、現実自己の三つの病的融合で、基本的に防衛的なものです。自己の惨めさを覆い隠すために防衛的に使われるのが自己愛的なあり方だ、なのでそれは基本的に不健康なものだ、とカーンバーグは考えました。

ところが、同じ自己愛にコフートは欠損を読み取ります。すると、当然のことながら、コフートのアプローチは古典的なアプローチと全く異なるものになります。それがどういうことかを示す概念に、**代償構造** *compensatory structure* というものがあります。これは、**防衛構造** *defensive structure* と対比されるものです。防衛構造が病理を覆うものだとするならば、代償構造は病理を補うものです。カーンバーグは自己愛的な病理というのは防衛的な構造だと考えたのですが、コフートは、それは代償的な構造であって、分析されて取り去られるものではなく、むしろ受け入れられて、十分に展開されるべきものだ、と考えました。

共感の意義

続いて共感の話をもう少し詳しくしましょう。**共感** *empathy*（英）*Einfühlung*（独）は、英語では、共に（em）感じること（pathy）であり、ドイツ語では、中で（ein）感じる（fühlen）ことです。すなわち、人のこころの中にあたかも入り込んでいる状態で、その人の情動的体験を想像して、共に感じること、それが共感です。英語の empathy よりもドイツ語の Einfühlung の方が、精神分析で用いられる共感の意味に若干近いように思います。

コフートが共感について本格的に論じ始めたのは、一九五九年の「内省、共感、そして精神分析：観察の様式と理論の関係の考察」（Kohut, 1959）という論文の中においてでした。この中でコフートは、相手になり代わって内省することを共感と呼びました。

相手になり代わって内省することとしての共感の例として、コフートは非常に背の高い男性の例を挙げています。その背の高い男性になり代わって、まるで自分自身のこととして背の高さを内的に体験することができてこそ、そのことがその男性にとってどのような意味があるのかについて考えることができるようになり、心理学的事実として観察したということができる、とコフートは言いました。

英語に、in someone's shoes という表現があります。これは文字通り訳せば「誰々の靴を履いて」という意味ですが、転じて、「誰々の気持ちになって」という意味で使われる表現です。「あなたの気持ちになって（in your shoes）」というふうに使います。今の例で言えば、「その男性の気持ちになって」ということは、その男性の靴を履いているところを想像して、ということです。そうしたら、その背の高い男性の体験がより分かりやすくなることでしょう。それが共感だ、とコフートは言ったのでした。

コフートは、外部からの観察が重要ではないと言いたかったわけではありません。外部からの観察も重要なのですが、それは出発点であって、最終的に大切になるのは内部からの理解である共感だ、とコフートは考えたのです。コフートのこの段階での共感の理解は、観察手段である、というものでした。

ところが、コフートは次第に共感にそれ以外の意義を持たせるようになっていきます。たとえば、共感は「心理的な栄養」（Kohut, 1977）だと述べていますし、先ほど挙げたZ氏の治療（Kohut, 1979）では、「他の人間との共感的な響き合い empathic consonance with another human being」こそが大切だったと述べています。さらには、共感が心理的治癒をもたらす、とまで言っています（Kohut, 1984）。最初は観察手段として重要だった共感のステータスが、それ自体が治療作用を持つようなものにいわば格上げされるに至ったのです。

共感というと、カール・ロジャース Carl Rogers というアメリカの心理学者の名前を思い出す方も少なくないかもしれません。ロジャースは、無条件の肯定的関心 unconditional positive regard、自己一致 self-congruence とならんで、共感的理解 empathic understanding をセラピーの三つの原則として提唱しました。このロジャースの考え方に賛同するセラピストたちは、人間性心理学 humanistic psychology という学派として知られています。

ロジャースのこの考え方は、コフートの考えと酷似しているように聞こえるのではないでしょうか。両者とも、こころの仕組みを知的に理解することよりも、患者のあり方を受け入れ、そして共感を通して心理的な治癒をもたらすと考えている点で意見が一致しているように思われます。

しかし、ロジャースとコフートの考えには実は大きな違いがあります。コフートの共感は、最終的に失敗してしまうものとして位置づけられているのです。鏡映転移や理想化転移の話をしました。誇大性や理想化の必要性を受け入れ、そういった転移的感情を必要としている情緒状態に患者がいるということへの共感が心理的治癒をもたらす、というのがコフートの考えでした。しかし、そのような治療者の共感的なあり方はいつか必ず維持しきれなくなるのです。

どこかで共感不全が起こってしまうということなのですが、興味深いのは、コフートはこれを織り込み済みだったということです。誇大性の表現や理想化の欲求というものは満たされなければならないのですが、それが挫折させられるということがコフートの理論には織り込まれていました。そういう経験を経て、徐々に極端に自己愛的なあり方が減っていく、とコフートは考えました。コフートは、そのようにして不完全な親のイメージが内在化されていく、と論じました。そしてそういうメカニズムのことを**変容性内在化** *transmuting internalization* と呼びました。

自己心理学的な精神分析プロセス

いろいろ話してきましたが、それでは自己心理学的な精神分析プロセスというものがどうなっているのか、コフートの考えをまとめてみましょう。コフートによれば、自己心理学は、自我心理学のように、自我の拡大そのものを治療的であるとはみなしていません。

古典的精神分析のプロセスは、一般に、防衛分析から始まります。自分自身のこころを見つめることを回避し、今までのやり方を保持しようとする動きが最初はたくさん出てくるのです。防衛分析によって防衛が和らぐと、転移分析が中心になります。転移分析は転移解釈によって行われ、何度も何度も、繰り返し行われます。すなわち、解釈による転移のワーキングスルーが行われます。これが古典的精神分析の最後の段階です。以上のプロセスは、特に自我心理学において明確に意識されています。

対象関係論の考え方では、転移解釈が分析の最初から活発に行われる傾向があります。防衛分析もある程度行いますが、自我心理学と比べると重視されていません。しかし、分析プロセスの中期以降から後期にかけて解釈による転移分析が続くのは同じです。

一方コフートは、最後の段階において自己心理学は、自我心理学や対象関係論をはじめとする古典的精神分析とは異なり、自己と自己‐対象の間の共感を通したつながりの形成が中心になると考えました。

コフートの精神分析は、最後の段階まではそれほど古典的精神分析とは違わなかったようですが、最後が共感で終わる、というところが特徴的です。そしてここに、共感の失敗も織り込まれているという点が面白いところだと思います。

自己心理学への批判

自己心理学が斬新な切り口を持っていたという話をしましたが、それに対する批判が当然ありました。それをいくつか見てみましょう（Aron, 1996; Bromberg, 1986, 1989; Greenberg, 1991; Hoffman, 1983）。彼らは皆、ニューヨークを拠点とする対人関係・関係学派の精神分析家たちです。

フィリップ・ブロンバーグ Philip M. Bromberg という分析家がいます。ブロンバーグは対人関係・関係学派の中でも対人関係学派よりの精神分析家でした。ブロンバーグは、「患者が分析家から得るもの what the patient gets *from* the analyst」ではなく、「患者が分析家とすること what the patient does *with* the analyst」が大切だ、と自己心理学を批判しました（Bromberg, 1986）。コフートは分析家の共感が大切だ、と言ったのですが、ブロンバーグは、精神分析とはそのように分析家が何かを差し出すものではない、と主張しました。そうではなくて、患者と分析家の間で起こっていることを共に見つめていくことが精神分析だ、というのです。

分析家が今、目の前の患者に嫌悪感を抱いたり、逆に好ましいと感じたり、一緒にいると退屈だな、と思ったりするとします。古典的精神分析においては、そのような情緒的反応が分析家の側に起こったときには、それが分析家の側の分析されていない逆転移を表わしている可能性を考えたり、患者の何らかの病理の投影同一化である可能性を考えたりすることが重要とされます。対人関係精神分析では、患者に分析家がそういった情緒的反応を起こしているということが、患者と分析家の関係の未だ意識されていない側面を表わしている可能性を考えることが重要とされます。

一方コフートの自己心理学では、同じことが分析家の共感不全を示すものと理解される傾向があります。すなわち、

「この患者は共感を求めているのだろうけど、それを私が満たしていないために、今、分析家である私にこのような情緒的な反応が引き起こされているのかもしれない」というように、患者が分析家からもらっていないことに焦点づけられる傾向があるのです。

もう一つの批判は、フロイトの欲動論は主体が対象をどのように経験するのかを決定してしまうけれども、一方、自己心理学の自己対象論は主体に対する対象の責任を決定してしまう、というものです。フロイトの欲動論においては、欲動の発達段階に応じて、対象をどのように経験するのかが決まってきます。たとえば口唇期の葛藤が主である人は、対象を、乳房のように吸い付いて、栄養を与えてもらうものとして体験する傾向があります。また肛門期の葛藤が主である人だったら、コントロールしたり、攻撃したりするものとして対象として見るかもしれません。エディプス的な葛藤が主である人においては、対象との競争というテーマが強調されるかもしれません。そういう意味で、フロイトの欲動論においては、対象の経験というものを主体の欲動のあり方が決定しています。

一方、コフートの自己-対象論ではどうかというと、対象は主体に対して責任を負うようなものとして描かれている、という批判がありました。共感をしたとかしなかったとか、そういう対象の責任が描かれている、というのです。

自己心理学は一元論である、という批判もあります（Greenberg, 1991）。フロイトの精神分析は、人間を、先験的な内的葛藤を抱えたものとして描きました。しかし、自己心理学では、共感不全に重きが置かれています。共感不全というのは、環境の問題です。したがって、先験的な内的葛藤と外的フラストレーションを区別できず、過激な環境論へと陥ってしまう可能性がある、というのです。すなわち、母親あるいは分析家は共感的なのか、あるいは非共感的なのか、という問題に精神分析の焦点が絞られてしまうのですが、それは行き過ぎだ、という批判です。

フロイトは、対象を求める欲動と、対象を破壊したい欲動の狭間で苦しむ存在として人間を描きました。このような人間観はフロイト以降も引き継がれていきました。先験的に、すなわち、経験せずとも、葛藤を抱えた存在としての人間です。それが、コフートのような理論構成を取ってしまうと、内的な葛藤で苦しんでいるのか、共感が足りないなど外的なフラストレーションで苦しんでいるのか分からなくなってしまうことになります。

他にも、分析家の機能が患者の欠損した自己部分を提供することに限定される傾向があるという批判、分析家が自己の延長としては見いだせない存在すなわち**他者** *other* であることの認識の意義を十分に取り上げていないという批判、共感を重んじるあまり意識の心理学になってしまっているという批判、共感的であろうとすることが時に分析家の信念や価値体系を裏切ることになってしまうという批判などがありました。

自己心理学から間主観性理論へ

以上のような批判に対しては、当然自己心理学派の方から反論がありました。批判とそれに対する応答のやり取りを経て、自己心理学はその後コフートの時代のものとはだいぶ異なるものになってきています。

コフートが提唱したさまざまな概念が、その後あまり使われなくなりました。たとえば変容性内在化という概念は、もはや現代の自己心理学的な治療者には使われていません。自己心理学は、精神分析から出発して、無意識からかなり意識性の心理学の方向にシフトして、独自の心理学になりつつあるような印象です。

最後に、自己心理学をベースに生まれた新しい展開として、**間主観性理論** *intersubjectivity theory* というものがあることを紹介しておきます。間主観性理論は、ロバート・ストロロウ Robert D. Stolorow というアメリカの精神分析家が中心になって発展させた精神分析体系です。ストロロウは、こころというものは、独立して一人の人間の中に存在しているものとして考えることができないものだ、と論じました。そうではなくて、こころは**間主観的フィールド** *intersubjective field* の相関物として考えることしかできない、というのです。

たとえば、今患者が怒っているとします。古典的精神分析では、患者のこころに怒りが生まれて、その結果患者が怒っていると考えます。怒りの源は、主に、内的なものだと古典的理論では考えます。具体的には、生得的な攻撃性あるいは死の欲動です。

しかし、間主観性理論では違います。患者の怒りは、患者のこころの中にあるのではなく、間主観的フィールドにあるのです。正確には、患者が怒っているのではなくて、患者と治療者という二人の織り成す間主観的フィールドがあって、そこにおいて、患者が怒っていると治療者が感じるという出来事が起こっている、と理解されます。そのように考えると、精神分析の対象は患者のこころそのものではなくて、間主観的フィールドとそこに埋め込まれたものとしての患者と治療者ということになります。

コフートの革新的な考え方を出発点として、精神分析が根本的に新たな方向に広がったことが分かるかと思います。間主観性理論については第16講でもう少し詳しく説明します。

第15講　対人関係精神分析から関係精神分析へ

対人関係精神分析、関係精神分析

前回は自己心理学の話をしました。今回は、関係精神分析の話をします。自己心理学と同じように、関係精神分析も精神分析の中では比較的新しい考え方です。ただ、自己心理学が自我心理学派のコフートが考案したもので、いわば自我心理学の中から出てきたものであるのに対して、関係精神分析は、対人関係学派という、自己心理学が生まれるよりもずっと前から自我心理学に対して批判的な議論を展開していた学派を前身としているところが違います。

前回、古典的精神分析というものがあることを話しましたが、今回は最初にその話をもう少し詳しくして、その後で対人関係精神分析について話して、その上で関係精神分析の話につなげたいと思います。

古典的精神分析

古典的精神分析とは、主に自我心理学と対象関係論のことを指すということを前回話しました。古典的精神分析の理論と実践を重視する人たちは、自分たちのことを**メインストリーム** *mainstream* と呼ぶことあります。**主流**という意味です。特に、第13講で詳しく話したカーンバーグはこの言葉をしばしば使っています。

こういうネーミングはどうかと私は思います。「メインストリーム」という言葉を出されると、では他の人たちは、主流ではないのだから亜流なのか、ということになってしまいます。亜流と呼ばれてよい気分になる人はいないでしょう。また、実際にメインストリームなのかどうかも分からないところです。

ということで、こういうネーミングには限界があるのですが、ここでは、とにかくそういう名前が付けられることのあるグループがあることを抑えておきましょう。そのメインストリームの人たちは、主にＩＰＡに属する分析家で構成されています。そしてＩＰＡに属している分析家には、自我心理学派、クライン派、独立学派の分析家が比較的多い印象です。もちろん全員ではないですが、ＩＰＡ分析家には確かに古典的精神分析を実践している精神分析家が多いと言えるでしょう。

私自身もＩＰＡ会員であり、現在はＩＰＡのボード（代議員会）のメンバーを務めています。ボード・メンバーの一人として、ＩＰＡの重要な方針を決定する場に参加しているのですが、それでも私は、自分は「メインストリーム」からはやや遠い方だと思っています。

自我心理学は他の学派と比べると論理的で、より説得力のある議論を展開しているように思います。比較的すっきりした見通しを与えてくれるのです。言語が確立したエディプス期の分析を中心に自我心理学が発展したためかもしれません。しかし、臨床では、エディプス期以前の問題だと考えた方がよい問題に遭遇することが多々あります。そうなると、クライン派や独立学派の理論が役に立ちます。

私は自我心理学、クライン派、独立学派の勉強はかなりした方だと自分では思っているのですが、それでも、一つの学派の理論や実践のやり方だけでは納得できずに、いろいろな観点を取り込んで精神分析を実践しています。

古典的理論の残した問題

古典的精神分析で何も問題がないのであれば、わざわざ新しい精神分析を考える必要はなかったことでしょう。しかし、実際にはいろいろあって、それらの問題について考えているうちに、古典的精神分析の考え方だけではうまくいかない、と考える分析家が出てきたのです。それらの問題はいろいろあるのですが、代表として、ここでは、認識論の問題、動機付け理論の問題、現実の治療者の問題、治療作用の問題を取り上げてみます。

認識論の問題

古典的精神分析は、何か絶対的な真実というものがこころの中にあって、それを言葉でもって解釈することを重視する傾向があります。そこには、何か絶対的な真実と関係しているものを探究しているという感覚、そして解釈の中心性というものがあります。

ここで、真実という言葉が、精神分析の世界ではどういう意味で使われるのかということに少し触れておきます。

精神分析の世界で真実という言葉が使われるとき、主に二つの意味で使われます。一つには、実際にそうであった、という真実の意味です。**物質的な真実** *material truth* と呼ばれたり、**歴史的な真実** *historical truth* と呼ばれたりします。たとえば、二〇一九年に元号が平成から令和に変わったということ、太陽が東から昇るということ、私たちは母親から生まれてきたということなどは、こころの中でそう思っているというだけではなく、実際そうであったというもので、そのような意味での真実です。こういう考え方を、真実に関する**実証主義** *positivism* と言います。実証主義を**ポジティヴィズム**と片仮名で書くこともあります。

しかし、こころのことに関していうと、そのような真実というものはだんだん怪しくなってきます。たとえば、「あれは誘惑だったのだろうか」とか、「あのときの体験は人を傷つける行為だったのだろうか」とか、そのようなことは、光の速度や円周率が決まっているようには決まっていないことです。「母親は自分に情愛を注いでくれたのだろうか」という問いに対する答えと、「太陽は東から昇るのだろうか」という問いに対する答えでは、問われているものが本質的に違います。

そこで、もう一つの意味での真実というものが登場する必要が出てきます。それが**物語的真実** *narrative truth* と呼ばれるものです。あれは誘惑だったのだろうか、母親は情愛を注いでくれたのだろうかとか、そういう問いに対する答えは、作り上げられていくもの、少し硬い言い方をすれば、構成されていくものと考えます。こういう考え方を、真実に関する**構築主義** *constructivism* と言います。**構成主義**という訳も使われます。

古典的な分析家は、誘惑とか情愛とか、そういった心的な話に関しても、物質的あるいは歴史的真実という考え方がかなり当てはまると考えています。たとえば、あの時去勢不安があった、と主流派の分析家が言うときは、元号が変わるということが実際にあったのと同じ意味で、それはあった、と言っているのです。実際に起こったと判断されることを解釈するのが基本的な分析の進め方になります。

ただ、古典的精神分析の中でも、実証主義よりなのか、構築主義よりなのかは学派によって少し違いますし、個々の分析家によっても違います。それでもやはり、客観的な真実というものがあって、実際に存在するこころの中の何かを扱おうとするという考え方は古典的精神分析の特徴であると言えるでしょう。

動機付け理論の問題

もう一つ、古典的理論の残した問題に動機付け理論の問題があります。精神分析は基本的に動機付けの問題、それも無意識的な動機付けを探究するディシプリンです。

人は何によって行動するのか、ということです。精神分析で大切なのは、何かに動機付けられて、何かに駆動されて行動する、という考え方です。「あの人と一緒にいたい」と感じて誰かと関わるとき、あるいは「あの人が嫌だ」と感じて誰かと関わるとき、なぜそう思うのか分からないときがあるでしょう。ここでいう「関わる」とは、実際に関わることも、頭の中で関わることも、さらには関わらないことも含みます。それくらい広い意味で「関わる」という言葉をここでは使っています。なぜ人は関わるのか。それは、何かによってこころが駆動されているからだ、と精神分析では考えます。人間の基本的な行動あるいは最も原始的な行動、たとえば性行動というのは、動機付けられた行動だと考えます。理由があるから性的対象を求めるのではないと考えるのです。理由があるとかないとかではなくて、もっと根源的に求めているのでしょう。説明を要さない何かに駆り立てられているのです。精神分析は基本的に駆動理論なのです。

他に、理由があるから行動する、という考え方もあります。動機付けと理由というのは区別が難しいところでもあります。「あの人と関わると楽しいだろう」と感じて誰かと関わるとき、あるいは「あの人と関わると腹が立ちそう」と想像して誰かと関わるとき、それは理由によって行動しているということかもしれません。このように理由によって行動するという考え方は確かに妥当な考え方の一つだと思います。しかし、無意識的な世界を重んじる精神分析では、行動の背景に理由よりも動機付けを見る考え方が優勢です。

ということで精神分析は動機付けシステムを探究するものなのですが、ここにいくつか問題が浮かんできます。第一に、動機付けの種類はなぜか二つということになっています。三つ目はありません。そして、その二つは性的な動機付けと攻撃的な動機付けということになっています。すべての行動が、それら二つの動機付けによって駆動されている、というのが古典的精神分析の考え方です。

ですから、たとえば、自尊心を保つことは動機付けにはならないのです。安全性や自己効力感を求めるというのも動機付けにはならないことになります。

しかし、よく考えてみると動機付けの種類が二つに限られる必然性もなければ、それらが性と攻撃性である必然性もないかもしれません。人は安全性や自己効力感によって動機付けられると考えても、人の行動を理解することができるかもしれないのです。このように、古典的精神分析は、動機付けシステムについて未解決の問題を残しました。

現実の治療者の問題

古典的理論が残したもう一つの問題は、現実の治療者の問題です。たとえば今、患者さんが分析家に「先生は怖いですね」というようなことを言うとします。古典的な理論にしたがって考えると、それはその患者さんが自分の攻撃性を投影している、ということになります。この人は攻撃性が強い人だ、というふうに思うわけです。実際には、分析家の中には普段から優しい人もいれば、なんとなく怖い感じの人はもちろんいます。ですから、患者さんの「先生は怖いですね」という言葉は実際に分析家の何かを表しているかもしれないわけです。

患者さんが私のことについていろいろ言うのを聞くことがあります。面白いことに、言うことは結構バラバラです。「先生は厳しい人だ」と言う患者さんがいるかと思うと、「先生はやさしいですね」と言う患者さんがいたりと、さまざまです。

ただそれは、多くの場合、全く図星とまではいかなくとも、言われてみればそうかもしれない、と少なくともある程度は思わせるような指摘であることが多いです。確かに、「自分の中には厳しいところがあるな」と思うことがあるのです。一方、自分の中に「やさしい」と感じられるような何かがあると感じることもあって、私に「やさしい」と言ってくる患者さんもまた正しいのかもしれない、と思います。

すなわち、それらの患者さんの指摘というのは、現実の私というものをある程度的確に判断してのものだ、ということです。古典的理論というものは、そういうものを転移として扱う傾向があります。けれども、そのように考えてしまってそれ以上考えないのではなくて、私の何が厳しいと感じられたのか、私の何がやさしいと感じられたのか、私の厳しさとやさしさが今問題になっているのはいったいどのような文脈においてなのか、厳しかったりやさしかったり感じられる私と患者さんの関係は今どうなっているのか、そういうことを問うていくことが大切です。治療のプロセスの中で、他ならぬ今、厳しさとかやさしさというものが重要なものとして結晶化してきたことを重視するのです。私の厳しさとかやさしさというものが患者さんの空想なのか、それとも私の現実のあり方の妥当な捉え方なのか、それはそれとして大切なことではあるのですが、それに加えて、なぜ私のそのようなあり方が今ここで問題になっているのか、それを探究することこそが精神分析の重要な目標だ、という考え方が新しい考え方です。

誰が見ても明らかな変化が分析家に起こるときがあります。たとえば、分析家が妊娠したり、重い病気に罹ったりする場合です。

ある若い女性治療者が妊娠しました。彼女は、妊娠のかなり後期の方になってきて初めて、患者に「事情により、これから半年間休みをいただきます」と患者に伝えました。それに対して患者は、「先生、なぜ休むんですか」と聞いてきました。治療者は、精神分析における匿名性の原則を思い起こしていました。匿名性の原則とは、治療者は自分の個人的なことについては何も言わないか、あるいは言うとしてもごく限られたことしか言わないのが正しい反応だ、とするものです。患者は治療者に、「先生、ご出産なんですね」と言いました。古典的精神分析では、このような患者のコメントに対しては、「そうなんです。ありがとうございます」などとは答えない方がよい、とされています。この治療者もそのようなことは言わず、黙っていました。

すると、患者は、「なぜ先生は何も言わないんですか。先生が妊娠していることくらい、見れば分かりますよ。先生はきっと、あえて言わないで隠しておきたいんでしょうね。何か理由があってそうしているのだろうけれども、それを聞かれるのは先生は嫌そうだし、もういいです」と言いました。

この女性治療者は、匿名性の原則に従おうとしたのでしたが、実際匿名性を保つことはできたのでしょうか。むしろ、治療者の匿名性を重んじる態度こそが、治療者がどのような人物であるのかを大いに明らかにしてしまっていたようです。すなわち、目標は匿名性を保つことだったのですが、実際には、治療者があまりプライベートのことは語りたくないタイプの人物であるとか、さらには、精神分析の基本に忠実であろうとするような生真面目な人物であるとか、そういう治療者の現実の特徴を患者に示してしまったようです。全然匿名ではなく、むしろ逆になってしまったのです。

これが現実の治療者の問題の一例です。私が言いたいのは、治療者は自分のことを何でも話せばよい、ということでは決してありません。現実のあり方を患者に伝えればよいと決まっているのだったら、単純で分かりやすいことでしょう。大切なのは、現実の治療者というものが、かつて思われていたよりも複雑な問題であると認識しているかどうか、そのこと自体です。古典的理論では、この問題は十分に扱われていませんでした。

治療作用の問題

治療作用 *therapeutic action* という概念があります。症状が消えたり、パーソナリティの傾向が変化したりといった治療的な変化を引き起こすもとになる作用という意味で、平たく言えば、なぜ治るのかということです。フロイトは、洞察によって治ると考えていました。すなわち、「ああ、自分は父親をライバル視していたんだ」などと、無意識を理解することが治ることにつながると言いました。クラインも基本的にはフロイトと同じような治療作用を念頭に置いていました。

しかし、本当にそうなのか、と改めて考えてみるとどうでしょう。実はすでに、フロイトが考えていたものとは違う治療作用について私は紹介しています。まず一つ、ウィニコットは、**抱えること**を論じました。抱えることは、特に治療作用論の文脈で考え出された概念ではありませんが、治療的な効果を持つことは明らかです。母親が赤ん坊を抱えるように、治療者は患者を抱える環境を提供するのです。患者の治療者への攻撃性は、母親が泣き喚く赤ん坊を抱えるように、治療者によって抱えられ、そして治療者は赤ん坊の攻撃を生き延びます。そのような体験の中から、患者は治療者という存在が自分の万能的な空想の中の創造物ではなく、自分とは別個の存在であることを体験し、それが治ることにつながるという話でした。

ビオンは一方、あくまでも解釈中心に作業を進めますが、フロイトとは少し異なる治療作用を提示しています。ビオンは治療者が**コンテイン**することの重要性を説いたのでした。患者の中の、患者自身のこころが扱うことのできていない情緒の断片のようなもの、すなわちビオンの言葉で言えばβ要素を、治療者はα機能によってα要素に変換します。そのようにして、困難な情緒的体験をコンテインすることが患者のこころの成長につながる、とビオンは考えました。これも、ウィニコットの抱えることと同じように、フロイトの治療作用論とは少し違う新しい治療作用論として考えることができるでしょう。

さて、ここに新しい問題がでてきます。治療作用は、他にはないのでしょうか。特に、ウィニコット、ビオンが提示した抱えることやコンテインすることといった概念の中には、何かを理解するということ以外に、何か情緒的な体験をすることが治療的であるという発想が入っています。このラインを拡張して、精神分析は理解や洞察を目標とする営みではなく、情緒的体験そのものを目標とする営みなのではないか、そしてそこにこそ治療作用があるのではないか、という議論が出てきました。この問題は、古典的理論の中では十分に論じられることはありませんでした。

古典的精神分析に対抗する諸理論

古典的理論が残したいろいろな問題について話しました。それらの問題に取り組んで、古典的理論を見直し、それに対抗する理論が複数出てきました。それらはいろいろとあるのですが、主なものは次の四つです。すなわち、前回話した**自己心理学** *self psychology*、**間主観性理論** *intersubjectivity theory*、そして、今回取り上げる**対人関係精神分析** *interpersonal psychoanalysis* および**関係精神分析** *relational psychoanalysis* です。関係精神分析は**関係論**とも呼ばれています。

対人関係精神分析

前回自己心理学の話を大分しましたが、前回も話したように、私は自己心理学に関心は持っていたものの自己心理学を自分の中軸にすることはしませんでした。私は古典的精神分析にいろいろな問題意識を持っている方で、古典的精神分析に対する自己心理学派の分析家たちによる批判には頷ける点が多かったのですが、その後、さまざまな考えを比較検討し、包摂していくような**比較精神分析** *comparative psychoanalysis* という考え方に興味を持つようになりました。

私は、アメリカのアルバート・アインシュタイン医科大学精神科およびコロンビア大学精神分析センターで古典的精神分析を学んだあと、対人関係精神分析および関係精神分析の牙城とされているウィリアム・アランソン・ホワイト・インスティテュート、通称ホワイト研究所という精神分析インスティテュートを卒業しました。ホワイト研究所の内部に訓練生として入ってみると、対人関係学派や関係精神分析の分析家が確かに多いものの、実は決して一枚岩ではなく、いろいろな考えの精神分析家がいるところだということが分かりました。ホワイト研究所の訓練方針は、「こういうふうに考えなさい」というものではなく、「自分で自由に考えなさい」というものだったのです。そのような雰囲気の中で、私は対人関係精神分析や関係精神分析について学びながら、それを、それまで学んだ古典的精神分析と自由に比較していきました。ホワイト研究所は、比較精神分析的な観点をもって学ぶのに非常に適した環境だったのです。ということで、ここからは対人関係精神分析および関係精神分析の話をします。

対人関係精神分析も、自己心理学と同じく、古典的理論を乗り越えようとする試みでした。ただ、自己心理学と異なるのは、自己心理学が米国における自我心理学の確立後に、コフートという自我心理学の中心にいた人物によって打ち立てられたのに対して、対人関係精神分析は、自我心理学が米国で成熟していく過程の早いうちに自我心理学派から分離した流れだということです。

対人関係精神分析というのは対象関係論と似たような言葉なのですが、似て非なるものです。ハリー・スタック・サリヴァン Harry Stack Sullivan という人がいます。この人はアメリカで活躍した人で、高名な精神科医でした。著書も日本語に何冊も翻訳されています。そのサリヴァンによって打ち立てられたのが**対人関係論** *interpersonal theory* で、対人関係論の考えに強く影響された精神分析が**対人関係精神分析** *interpersonal psychoanalysis* です。対人関係精神分析の精神分析家のグループは、**対人関係学派** *Interpersonal School* と呼ばれています。サリヴァン以外の対人関係学派の著名な精神分析家として、カレン・ホーナイ Karen Horney、クララ・トンプソン Clara Thompson、エーリッヒ・フロム Erich Fromm、フリーダ・フロム＝ライヒマン Frieda Fromm-Reichmann、エドガー・レヴェンソン Edgar A. Levenson などがいます。

サリヴァンによれば、対人関係の場（フィールド）interpersonal field のあり方が精神病理を作ります。こころが皆さんの中にまず先にあって、そしてそこに病理が生まれて、それがやがて外的に展開される、と考える必要はない、とサリヴァンは考えました。フロイトの精神分析や対象関係論の考え方は、サリヴァンとは逆です。フロイトの精神分析や対象関係論の考え方では、精神病理はこころの中にあります。病理的な構造あるいは病理的な対象関係がまずこころの中にあり、現実生活の中でそこに誰かが、精神分析で言えば精神分析家が登場します。フロイトの考え方では、やがて、精神分析家に病理的な構造が転移されます。対象関係論の考え方では、こころの中の病理的な対象関係が精神分析家との間で反復されます。以上が古典的な考え方です。

しかし、サリヴァンは、そのような考え方とは異なる考え方を提示しました。一人ひとりの中に存在する閉じたものとしてこころを考える必要はない、と言ったのです。そうではなく、こころというのは人と人が作る場そのものなのだ、と言ったのでした。逆に言えば、こころというものは、対人関係を考えることでしか考えることができないものだ、と主張したのです。実体性のある何か箱みたいなものとしてこころがあって、その中がどうなっているのかを分析しよう、というのが精神分析の基本的な発想でした。しかし、そのような方法では人のこころを知ることはできない、とサリヴァンは考えました。サリヴァンに言わせれば、われわれが語ることができるのは、ある人がどういう対人関係を持っているのかということに尽きるのであり、それを知ることがすなわちこころを知ることです。こころは、関係の場に展開されるものとしてしか知ることができない、ということです。そして無意識的世界もまた、こころの中に隠されているのではなく、対人関係の場に現れ出ているものとして捉えるべきだ、とサリヴァンは考えました。

関係精神分析の源流としての対人関係精神分析

関係学派の源流は二つあります。一番目は、先ほど話したサリヴァンらの対人関係精神分析です。対人関係精神分析がフロイトの精神分析や対象関係論とは全く異なる発想を持っているということを先ほど説明しました。そういった考え方が関係精神分析の源流の一つです。もう一つの源流は英国対象関係論ですが、これについてはあとで話します。

対人関係精神分析という源流をさらに辿るとどこに行き着くのかを少し話しましょう。話は一九四〇年代にさかのぼります。当時のアメリカ精神分析の中心は、ニューヨーク精神分析インスティテュートという精神分析インスティテュートでした。この研究所は一九一一年創立で、アメリカで最初に創立された研究所なのですが、そこに所属していた精神分析家たちの中に、欲動論で精神現象のすべてを説明しようとすることを疑問視する人たちが出てきました。その人たちはその後、ニューヨーク精神分析インスティテュートにいられなくなってしまいました。欲動論という精神分析の鍵概念を批判したことで、彼らは、いわば破門されてしまったのです。

その一人はカレン・ホーナイ Karen Horney という女性の精神分析家でした。ホーナイはもともとベルリンで精神分析の訓練を受けた人で、カール・アブラハム Karl Abraham に分析を受けています。その後アメリカに移って、シカゴを経てニューヨークに移った人でした。ホーナイはもともとフロイトの理論には満足していませんでしたが、そのためにニューヨーク精神分析インスティテュートはすぐに彼女にとって居心地の悪い所になってしまいました。そして、ホーナイがやめるというのなら自分も一緒に辞めると何人かの精神分析家が言い出して、実際何人かがホーナイと共に一緒にニューヨーク精神分析インスティテュートを去りました。一緒に辞めた人の一人がクララ・トンプソン Clara Thompson という分析家でした。

その後ホーナイはアメリカ精神分析インスティテュート American Institute of Psychoanalysis という精神分析インスティテュートをトンプソン、サリヴァン、フロムらと創立しました。アメリカ精神分析インスティテュートは、通称ホーナイ研究所として現在でも有名です。その後、ホーナイとトンプソン、サリヴァン、フロムの間に亀裂が入り、トンプソン、サリヴァン、フロムらによって、ウィリアム・アランソン・ホワイト・インスティテュート William Alanson White Institute、通称ホワイト研究所、が創立されました。この二つの精神分析インスティテュート、すなわちホーナイ研究所とホワイト研究所が、アメリカの対人関係学派の代表的なインスティテュートです。

ニューヨーク精神分析インスティテュートからの離脱は終わりではありませんでした。ホーナイらが去った翌年、シャンドール・ラドー Sandor Rado もまた、リビドー中心主義に疑問を唱え、ニューヨーク精神分析インスティテュートを去りました。ラドーが創立したのが、コロンビア大学精神分析センターです。

抑圧と解離

ところでここまで、ある一つの体験はそのままこころにすんなり刻み込まれ、登録され、記憶される、ということが自明であるかのように話してきました。しかし、本当にそうなのでしょうか。対人関係精神分析を理解するためには、この問題を避けて通ることはできません。

私たちの体験は、実際にはパッチワークあるいはジグソーパズルのようになっているのではないか、という議論があります。記憶は、思い出せるような形で一度こころに登録されてから可能になるものですが、思い出せるような形でそもそもこころに登録されなかったものはどうなるのでしょうか。そういう記憶もどきのようなものがあると、私たちの体験はパッチワークのようになってしまっているのです。対人関係学派の特徴の一つは、そのような考え方です。

サリヴァンはその先駆けでした。フロイトの精神分析は、体験の裏側へ裏側へと回ろうとする傾向がありました。それに対してサリヴァンは、体験のプロセスはそもそも十分なのか、すなわち体験はこころに登録され、記憶されるに至っているのか、という問題を重視していました。

抑圧においては、体験のプロセスが十分であることが前提になっています。こころの中での出来事の体験であれ、外的な出来事の体験であれ、体験すること自体に問題があったのではなく、体験された内容が不快な性質を持っていたがために、こころの別の部分にその体験を押し込めてしまう必要があるとき、抑圧が起こるとされます。

一方、サリヴァンは、体験すること自体に問題があった場合の病理について論じました。たとえば過酷な外傷的体験の場合のように、体験されたはずの内容があまりにも受け入れ難い場合、抑圧されるどころか、そもそものような体験自体が、こころに刻み込まれることなく、思い出すことのできない、いわば亡霊のような体験となってしまいます。そのような体験は、しばしば身体領域や行動領域にのみ表現され、言葉を用いたコミュニケーションの中にはなかなか姿を現しません。そのような体験については、詳細に探究を進めることが重要だ、とサリヴァンは論じました。このような考え方は、**解離** *dissociation* の考え方と密接に関係しています。

精神分析の世界における代表的なこころのモデルは**抑圧モデル**と言われるものです。すなわち、こころをより「浅い」と見なし得る部分とより「深い」と見なし得る部分から成り立つと仮定して、前者を意識、後者を無意識と呼ぶようなモデルです。

しかし抑圧モデルだけがこころのモデルではありません。こころの**解離モデル**というものがあります。このモデルによれば、こころは並列するいくつかの部分から成り立っています。その中には、自分の一部としてあまりにも受け入れ難いために、思い出すことも、言葉を用いて表現することもできないものがあります。それが解離されたこころの部分であり、解離モデルではそれを無意識と考えます。

フロイトは実は当初は解離モデルの支持者でした。しかし、やがて抑圧モデルを支持するようになりました。抑圧モデルの場合、こころの中の抑圧されていた部分を意識化することが治療の目標になります。

一方解離モデルの場合、こころの中の受け入れ難い部分を十分に生きることを可能にすることが精神分析の重要な目標になります。自分一人では体験することが耐えられなかったために解離されたこころの部分を、治療者の存在を助けとして十分に生き直すことが精神分析のプロセスになります。

解離とは、異なるあり方が併存しているような状態のことです。同じ人が、あるときはAさんとして振る舞って、あるときはBさんとして振る舞う場合がある、ということです。解離が完成される方向に行くと、やがては多重人格になります。多重人格というのは極端な例ですが、よく知っている人が、あたかも別人のように元気だったり、落ち込んでいたりして、その前に会った時の印象とのあまりの違いに驚くという経験をしたことがある方は少なくないでしょう。

それは何らかのこころの多重性を示していて、そういう多重性のもとになっているこころの働きが解離というメカニズムです。

繰り返しになりますが、解離と抑圧の違いのポイントは、抑圧が自分にとって不都合であったり不快であったりする部分をこころの無意識的な部分に押し込めてしまうようなメカニズムである一方、解離は自分にとって受け入れ難い部分を自分から切り離してしまうようなメカニズムであることです。

抑圧によって自分にとって不快な部分を無意識の世界に押し込んでしまう場合は、押し込んだ部分が別の自分になってしまうというわけではありません。一方、解離の場合は、解離された部分というのは、別の人格のようなものです。

何かを抑圧する、というのは、自分のこころの奥底にその何かを押し込んでしまうようなものです。一方、何かを解離する、というのは、普段意識している自分という本体とは別に、その何かを抱えているもう一人の自分ができてしまうような状態と言えます。あるいは、その何かそのもののような人になってしまうことだ、と考えると分かりやすいかもしれません。いずれにせよ、抑圧よりも解離の方が根深い病理と関係しているように感じられるのではないかと思いますし、実際、多くの場合、その通りです。

抑圧されるものは、具体的には、禁じられた願望や怒りです。近親姦的な願望とか、激しい怒りは抑圧されやすいのです。

一方で、解離されるものの代表は、外傷的な体験です。耐え難い外傷的な体験、たとえば性的な虐待のような体験は、抑圧されることもありますが、解離されることがしばしばあります。解離することで、そういう体験をしてしまった自分そのものを無意識化してしまうのです。

ここに、患者の中に、二つの異なる部分、外傷的な体験をしたBさんという人として体験される部分と、それ以外の

Aさんという人として体験される部分があるとしましょう。AさんがBさんを解離している、と考えると分かりやすいですし、実際ここまでそのようなニュアンスで話してきましたが、より正確には、AさんとBさんの両方がその人自身である、と考えることが大切です。問題は、AさんとBさんの両方であるということを、AさんもBさんも知らない、ということです。実際には、AさんとBさんが互いの存在を全く知らないということはそれほどありません。互いに全く知らない場合は多重人格ということになりますが、そこまでになることは少なく、互いに薄々知っている、という程度の関係になります。多重人格ではないけれども、多重性を帯びた人格になるのです。そして、そのAさんとBさんが再び統合されることが治療の目標になります。

それでは、AさんとBさんという患者の中の二つの異なる部分が再び統合されるためには、一体何が必要なのでしょうか。対人関係精神分析の考え方では、そのためには、AさんとBさんの両方が治療の場に実際に顔を出さなければなりません。Aさんについて話をしたりBさんについて話をしたりするだけではなく、Aさん、Bさんとしてそこに顔を出さなければならないのです。ただ、顔を出しただけではAさんとBさんは依然として互いに知らない状態に留まってしまいます。そこで治療者の存在が重要になってきます。すなわち、AさんとBさんが、その両方にかかわる治療者を介して、対話を始めるのです。それが対人関係精神分析における治療論になります。それは、AがBを抑圧していた、という発想とは根本的に異なるものです。

詳細質問法

サリヴァンが唱えた技法に、**詳細質問法** *detailed inquiry* というものがありました。これは自由連想法とは全く異なるものです。サリヴァンは、自由連想法を指示して心に浮かんでくるのを待っていても、いつまでも浮かんで来ないものがあるはずだ、と考えました。だからこそこちらから積極的に質問していく必要があるとサリヴァンは考えました。自由連想法は、表面の下の隠れたところにこそ精神病理をもたらす問題があり、そしてその問題は患者に自由に話させると、意識に近い表面のところまでいわばそれ自身の浮動力によって上がってくる、という想定の上に成り立っているものです。

しかし、精神病理の中には、表面の下の隠れたところに問題があるのではなく、あからさまに表面に問題があるのだけれども、それに注意が十分に払われていない場合に生じるものがあります。だからこそ、患者の体験の詳細を問うことが大切なのです。患者が、自分が体験したはずの出来事についてその詳細を説明できない場合、それは体験の一部が解離されているためであると対人関係学派の精神分析家は考えます。そのように解離された体験は、抑圧された無意識とは異なる別のタイプの無意識です。だからこそ、体験の細部を**問うこと** *inquiry* が重要だ、とサリヴァンは論じました。だから詳細質問法なのです。

このように、詳細質問法は体験の意義を真剣に問う方法なのですが、この方法をごく表層的に理解し、誤解してしまう方がしばしばいます。たとえば、「精神分析とは精神を分析することなのだから、こころの内部について問うものであって、こころの外部のことである外的な出来事について探究しても意味がない」などといった意見を耳にすることがあります。このような意見は正しいのでしょうか。

精神分析は、たしかにこころについて探究することだと私も思います。しかし、「こころの内部」そして「こころの外部」とは一体何なのでしょうか。それをあらためて問うてみると、それほど簡単に答えられるようなものではありません。

このことに関連して、対人関係学派のレヴェンソンはうまいことを言っています。レヴェンソンによれば、私たちのこころは、**想像** *imagination* と**体験** *experience* という二つの領域に関する機能を持っています（Levenson, 1988）。フロイトはこころの内部からの刺激とこころの外部から刺激の両方を考えていました。こころの内部からの刺激の到来というのは、欲動の領域に関することであり、それにもとづく想像の領域に関することである、と言えるでしょう。一方、こころの外部からの刺激の到来に関してですが、これは言い換えれば、私たちの体験に関することです。想像の領域も体験の領域も、ともにこころが機能することで可能になる領域です。自由連想法は主に想像の領域に関するこころの機能を探究するものであり、詳細質問法は主に体験の領域に関するこころの機能を探究するものである、と言えるでしょう。このようにまとめると、分かりやすいかもしれません。

関係精神分析の始動

それでは次に、関係精神分析の話を始めたいと思います。今までいろいろとみてきたように、精神分析理論は一つだけではなくて、いろいろあります。そこで皆さん、なぜこんなにいろいろあるのだろうか、と不思議に思わないでしょうか。私が精神分析の理論について勉強し始めてしばらくして気になりだしたのは、精神分析理論というものはどうも複数あるけれども、なぜそのように複数あるのだろうか、ということと、それら複数の理論は互いにどういった関係にあるのだろうか、ということでした。

そういう疑問に答えてくれる本があります。ジェイ・グリーンバーグ Jay R. Greenberg という分析家とスティーヴン・ミッチェル Stephen A. Mitchell という分析家が二人で一九八三年に著した *Object Relations in Psychoanalytic Theory*（邦題『精神分析理論の展開――欲動から関係へ』）という本です。

この本の中で、彼らは、対象および対象関係というものがさまざまな精神分析理論の中でどのように捉えられているかを比較検討して、それらを大きく分類するという作業をしました。

この本は、当時、精神分析の世界に、特にアメリカの精神分析の世界に、非常に大きな衝撃を与えました。非常に有名な本で、精神分析に専門的な関心がある人は必ず持っているというくらいの本です。

この *Object Relations in Psychoanalytic Theory* という本は、私は個人的にもいろいろ思い入れがある本です。私は医学部時代からいろいろな精神分析の本を自分で読んでいたのですが、なかなか精神分析の全体像がつかめませんでした。特に、なぜいくつもの理論があるのか、そしてそれらが相互にどのような関係にあるのか、という、先ほど話したような疑問が頭から離れなかったのです。

そのような中で、医学部を卒業後一年目に私は在沖縄米国海軍病院というところでインターンをしていたのですが、その冬に、メイヨー・クリニック Mayo Clinic という世界的に有名な病院の精神科で教授をされていた丸田俊彦先生にお世話になって、実習に参加させていただいたのです。メイヨー・クリニックは、アメリカの中西部のミネソタ州のロチェスターというところにあるのですが、冬はとにかくものすごく寒いところでした。ロチェスターという街はメイヨー・クリニックで成り立っているような街で、病院関連施設以外はほとんど何もないようなところだったのです。平日は病院の中で一日過ごしていたので何も問題はなかったのですが、休日になると、どこも行くところがありませんでした。車があれば別だったのでしょうけれども、車もなかったので、仕方なく、滞在していた宿泊施設の近くにあった大きな本屋に行って、ひたすら本を眺めたり、読んだりしていました。

そこでたまたま見かけたのが、この *Object Relations in Psychoanalytic Theory* という小豆色の本だったのです。これだけ有名な本なのですが、私は当時この本のことは知りませんでした。でも、立ち読みしているうちに、この本が素晴らしくよく書けている、ということが私にも分かりました。そこで、この本の評判も、著者たちが誰なのかも知らないまま、本屋で購入し、読み始めました。研修が終わってアメリカから帰るときには、飛行機の中でずっとこの本を読んで過ごしました。

それから在沖縄米国海軍病院に戻り、アメリカ人のサイコロジストのオフィスに話をしに行ったところ、なんと、同じ本が本棚に置いてあったのです。彼と話す中で、この本がアメリカでいかに高く評価されているかを知りました。

それではこの本の中身についてもう少しお話ししましょう。この本は、いろいろな精神分析理論を整理して、精神分析理論全体の大きな見取り図を作ることを試みたものです。グリーンバーグとミッチェルは、精神分析理論は、欲動中心の理論なのか、関係性中心の理論なのかで、大きく二分することができる、と考えました。欲動中心の理論のことを、彼らは**欲動・構造モデル** *drive/structure model* と呼び、関係性中心のモデルを**関係・構造モデル** *relational/structural model* と呼びました。欲動を中心に考えるのか、関係を中心に考えるのかによって、人間の捉え方というのは根本的に変わってくる、そしてこの観点こそが重要だ、と彼らは考えたのです。

欲動・構造モデルおよび関係・構造モデルについてもう少し見ていきましょう。欲動・構造モデルの源流がフロイトであることは、予想がつくことかと思います。それでは、関係・構造モデルの源流は、誰でしょうか。グリーンバーグとミッチェルは、サリヴァンを関係・構造モデルの源流として位置づけました。サリヴァンの考え方を思い出してみましょう。サリヴァンは、こころの中身よりも関係のあり方が先だ、と考えました。関係のあり方が複数あって、その中のある特定のあり方が他の関係のあり方と全く相容れないときに、それは解離されて、精神病理が生じるのでした。

この二つが精神分析理論の源流であり、その他の分析家たちの理論はこの二つの理論的極の間で両者をうまく組み合わせたり、部分的に修正したりして作り上げた理論だ、とグリーンバーグとミッチェルは論じました。

グリーンバーグとミッチェルの二人は、日本でも非常に有名ですが、彼らの業績を考えると、それでも日本では過小評価されていると思うほどです。グリーンバーグとミッチェルは、最初の仕事は二人で大きく打ち上げましたが、その後はそれぞれ独自の精神分析論を展開することになります。グリーンバーグは、もともとフロイトに強い関心を持っていたこともあって、その後は比較的保守的な考え方を発表するようになりました。一方、ミッチェルは、この最初の仕事の中で概念化した関係・構造モデルを、フロイトの欲動・構造モデル的な精神分析の完全な**代替**あるいは**オルターナティヴ** *alternative* であると考えて、関係・構造モデルに包摂される精神分析理論を整理し、臨床実践を続け、関係・構造モデルにもとづく治療論を確立しました。これが**関係精神分析** *relational psychoanalysis* です。**関係論**とも訳されています。また、**関係性理論** *relational theory* という言葉もありますが、これもほとんど同じ意味です。ですから、関係精神分析、関係論、関係性理論、これらは細かいニュアンスの違いはあるのですが、ほぼ同義だと思っておくとよいでしょう。

　ミッチェルという人は極めて能力の高い人で、関係精神分析の基礎を一気に作り上げました。ところが、五四歳のときに突然急死してしまったのです。二〇〇〇年のことでした。私は同じ年にニューヨークに渡ったのですが、この訃報のことはよく覚えています。亡くなる一‐二週くらい前に、ミッチェルがあるセミナーで話すと聞き、ニューヨーク大学で行われていたそのセミナーを聞きに行きました。「これがあのミッチェルか」と思いながら、遠くから眺めていました。ところが、その後ニューヨークタイムズ紙を読んでいたら、“Dr. Stephen A. Mitchell, a Theorist in Psychoanalysis, 54”という見出し目に入りました。読むと、驚くべきことに、つい数週間前に講演を聞いたばかりのミッチェルの訃報だったのです。ものすごい衝撃を受けました。そのときの記事は、切り抜いて、今でも *Object Relations in Psychoanalytic Theory* の間に入れてあります。私はできればミッチェルに精神分析を学びたいものだと思っていたのですが、とても残念でした。その後ホワイト研究所にはすぐには進まずにコロンビア大学精神分析センターに行くことにしたのですが、振り返れば、それはこのときのショックも関係していたのだと思います。

ただ、ミッチェルが亡くなったからといって、関係精神分析が終ったわけではありません。その後、ミッチェルの同僚たちが関係精神分析を展開していきました。ドネル・スターン Donnel B. Stern、フィリップ・ブロンバーグ Philip M. Bromberg、ルイス・アーロン Lewis Aron、ジェシカ・ベンジャミン Jessica Benjamin といった精神分析家たちです。彼らによって、ミッチェルが切り開いた関係精神分析というものが、一つの学派と呼べるものにまで発展しました。これが**関係学派** *Relational School* です。

このように、関係精神分析はグリーンバーグとミッチェルの仕事によって始まって、ミッチェルによって切り開かれて、ミッチェルの同僚たちによってさらに展開されていったのですが、そこに至るまでの歴史を理解することが大切です。

アメリカ精神分析学会と対人関係学派

対人関係学派のアメリカでの位置づけを理解するためには、アメリカの精神分析の世界についてよく理解する必要があります。アメリカにはアメリカ精神分析学会 American Psychoanalyic Association という組織があります。APsA と略して、「アプサ」と呼ばれています。APsA とも略されています。APsA はＩＰＡのアメリカ統括本部のような組織です。APsA は、アメリカでのＩＰＡの会員の任命権のほとんどを全面的に委託されています。(注19)

APsA は今でもアメリカで一番力のある精神分析の組織ですが、昔は今よりもさらに力のある組織でした。昔は一時期アメリカの有力な精神科医はことごとく精神分析家だったこともあったくらいでしたから、APsA の力は相当のものだったようです。

ホワイト研究所は、もともとAPsAと深い関係にありました。研究所の名前の由来であるウィリアム・アランソン・ホワイトは、APsAの創立メンバーの一人であり、またAPsAの会長を務めた人でした。ホワイト研究所は、当初事実上APsA傘下の研究所だったのです。しかし、ホワイト研究所をAPsAの正式な研究所として受け入れるかどうか、というときになって、問題になりました。サリヴァンが伝統的な精神分析の考え方を批判するようなことを言ったりしていたため、難色を示されたのです。結局、ホワイト研究所がAPsAに加盟することはありませんでした。二〇一〇年代にホワイト研究所はAPsAおよびＩＰＡに加盟することになりましたが、それまで、ホワイト研究所は対人関係学派の牙城としてアメリカの精神分析界で孤立し続けました。精神分析における「ガラパゴス諸島」と化したのです。

一方、同じく伝統的な精神分析のあり方を批判して主流派のインスティテュートを去ったシャンドール・ラドーが創立したコロンビア大学精神分析センターは、当初からAPsAに受け入れられました。その理由ですが、ラドーの考え方の方がサリヴァンとその同僚たちの考え方よりもまだ穏健なものだったということが大きかったと思われます。

グリーンバーグとミッチェルは、そのホワイト研究所で訓練を受けた分析家でした。いわば、APsAと喧嘩別れしたグループの末裔だったのです。ただ、グリーンバーグとミッチェルが*Object Relations in Psychoanalytic Theory*を著して以降、雰囲気は変わりました。彼らの仕事はAPsA内でも高く評価されて、対人関係学派への関心が高まりました。以上がアメリカにおける対人関係学派の位置づけの歴史です。

（注19）近年では、アメリカにおけるＩＰＡ精神分析インスティテュート認定およびＩＰＡ精神分析家認定がAPsAに限定されていたことが問題になって、APsAを必ずしも経由せず、直接ＩＰＡに精神分析インスティテュートとしての認定を受けることが可能になっている。そのような精神分析インスティテュートは、独立系ＩＰＡ精神分析協会と呼ばれている。アメリカの代表的な独立系ＩＰＡ精神分析協会に、Contemporary Freudian Society、Institute for Psychoanalytic Training and Research、Los Angeles Institute and Society for Psychoanalytic Studiesなどがある。

関係精神分析と英国対象関係論

関係精神分析の源流の一つである対人関係学派について説明しました。もう一つの源流が英国対象関係論であることについて手短に説明しましょう。

ジャック・ドレッシャー Jack Drescher という精神分析家によるミッチェルのインタビュー（Drescher, 2013）によると、ミッチェルは、英国の対象関係論に関心を抱きつつも、対象関係論が対人関係精神分析の代替物になるとは考えていませんでした。対象関係論は、人の頭の中に関係性が埋め込まれているかのように人をみなす傾向があります。対象関係論のこの点をミッチェルは疑問視していました。ただミッチェルは、対象関係論の考え方を用いることで、対人関係論をうまく補完することができると考えていました。

ミッチェルが関係精神分析を構想していた一九七〇年代から一九八〇年代にかけては、対人関係学派は対象関係論に対して、自我心理学派に対するのと同じような批判的視線を向けていました。すなわち、人のこころを外部から観察し、何らかの形で定式化してしまう傾向が対象関係論と自我心理学派に共通しており、したがって、対象関係論は自我心理学の外見を取り換えただけで、モデルの本質的問題は改善されていない、というのが対人関係学派から対象関係論に向けられた批判でした。

しかしミッチェルは、そのような対人関係学派内の見方は硬直的すぎると考えていました。対象関係論は、確かに納得のいかないところがあるものの、ミッチェルは対象関係論のモデルを念頭に置くことで、臨床の場で豊かな仮説がもたらされることを実感していたのです。臨床的に有用なのであれば学ばない手はない、と考えたミッチェルは、対象関係論を貪欲に吸収しようとしました。ミッチェルは、特に、欲動を本質的に対象希求的であると考えたフェアバーンの考え方に惹かれていきました。フェアバーンの考え方は、人は関係性の観点から理解するしかない、と論じたサリヴァンの考え方に通じるものがあったからです。英国学派の精神分析、特に中間学派の精神分析は、ミッチェルおよびその後の関係学派の精神分析に対人関係精神分析と並んで大きな影響を与えました。

グリーンバーグとミッチェルが活躍しだしたのは、一九八〇年代の前半くらいからです。彼らの活躍とは別の動きとして、コフートがその前から独自に自己心理学を打ち立てて活躍していたのはすでに話した通りです。自己心理学も自我心理学に対するアンチテーゼだったのですが、それと並行して、グリーンバーグとミッチェルもまた自我心理学を相対化するような観点を提出したのでした。

コフートと彼らの違いですが、コフートが自我心理学の中から出てきて自己心理学という別種の精神分析体系を構築したのとは異なり、グリーンバーグとミッチェルは最初から自我心理学派の外側で訓練を受けた人たちです。もう一つの違いは、コフートが自分の精神分析体系というものをおそらくは強く意識していたのに対して、グリーンバーグとミッチェルは、精神分析における理論化そのものについて新しい考えを持っていたということです。すなわち、グリーンバーグとミッチェルは精神分析理論というものは一つに限る必要はなく、比較検討されるべきものだ、と考えました。このような考え方は比較精神分析と呼ばれているということを前にも話しましたが、自己心理学は比較精神分析とは少し違っていました。

メタ心理学について

それでは、関係精神分析がどのようなことを論じてきたのかについて、もう少し具体的にみていきましょう。それまで精神分析の世界では、これが精神分析だ、それは精神分析ではない、ということがいろいろな事柄について決まっていました。関係精神分析は、そういうものが本当にそれでよいのか、もう一度検討し直す作業を行ってきました。

メタ心理学 *metapsychology* という言葉があります。メタ心理学というのは、個別の心理的な概念や事象を論じるものではなく、そのような個別のものを扱うような心理学のそもそものあり方を規定するような理論のことです。メタ meta（英）μετά（ギリシア語）という言葉は、「上の」とか「超える」という意味です。metaphysics という言葉があります。こちらは形而上学と訳されていますが、これは、physics すなわち物理あるいは形（而）を超える、という意味です。

メタ心理学という言葉は、精神分析の世界でよく用いられる言葉です。フロイトが論じた抽象的な心理的概念について議論するとき、メタ心理学という言葉がしばしば使われます。たとえば、心的エネルギー、無意識、前意識、エス、超自我、自我、対象関係などといった概念がありましたが、これらの概念は、心理学を構成する概念という意味で「メタ」レベルの概念であり、したがってメタ心理学的な概念なのです。

フロイトを筆頭に、精神分析家はメタ心理学的な議論を好む傾向があります。ただ、それに対する批判もありました。その批判の中には、もちろん、たとえばエスという概念の問題や、前意識という概念の問題を指摘するといったように、一つ一つの概念の批判も含まれるのですが、さらには、メタ心理学的な概念を用いること自体をそもそも疑問視するような批判もありました。エスとか前意識とか、そういったものに人間のあり方を還元することで理解したつもりになってよいのか、という批判です。

メタ心理学的な考え方を重視する精神分析の傾向に異を唱えたのは、主に、サリヴァンら対人関係学派の精神分析家たちでした。そして、関係精神分析は対人関係学派に見られるそのような傾向、いわば**アンチメタ心理学的な傾向**を引き継いでいます。

精神内界主義について

古典的精神分析は基本的に精神内界主義です。フロイトは、こころを、それ自体として存在している閉じた系で、いわば機械のようなものとして考えていました。フロイトの早期の仕事にそのような考えが強く表れていることは、たとえば「心理学草稿」で見た通りです。

しかし、そのような見方でよいのか、という反対意見があり、その代表がサリヴァンだという話をしました。サリヴァンは、こころというものを対人関係と切り離して考えることはできない、と考えました。サリヴァンに言わせれば、こころは、対人関係そのものだと言ってもよいくらいです。

ある女性患者は、前の週に付き合っているボーイフレンドと酷い喧嘩をしたことを話しました。彼女は、自分のボーイフレンドに対する怒りは、全く正当なものであると感じており、彼は自分に罰せられて当然だと感じていました。彼女は、彼の頬に平手打ちを食らわせました。その後も彼女の怒りは続いており、彼の痛みに対する共感は全くないようでした。

自我心理学や対象関係論などの古典的精神分析の考え方を念頭においていると、彼女にとって、喧嘩をして平手打ちを食らわせている相手は本当は心の中の彼女のお父さんあるいはお母さんであって、それがボーイフレンドに転移されていたのだ、と聞こえてきます。あるいは、内的世界においては実は主客が逆になっていて、平手打ちをしているのは心の中のお父さんあるいはお母さんであって、彼女自身が平手打ちをくらわされている、と考えることもできます。

そういう考え方によれば、現実の対人関係は、それ自体で意義があるものではなくて、内的な世界の投影先として、極端に言えばそういうものとしてのみ、意義があるものです。ですから、彼女とボーイフレンドがそもそもどういう付き合い方をしていたのか、今回の喧嘩のきっかけは何だったのか、平手打ちされたボーイフレンドがどのような反応をしたのか、などは、古典的な精神分析家の関心をそれほど惹かないことでしょう。古典的精神分析の観点からは、彼女の今回の喧嘩は、親的な内的対象との関係のあり方の外的の表現なのです。

それに対して、サリヴァン的な考え方によれば、彼女とボーイフレンドの喧嘩が彼女のこころのあり方そのものの一部であって、したがって、喧嘩の詳細を探究することが重要になるのです。現実の対人関係に注目するのは、それが内的世界の写し絵だからではなく、それこそがこころの表現だから、というのがサリヴァンの考え方でした。

精神内界主義は精神分析につきものの考え方なのですが、そのように、内的世界と外的現実を平行して存在するようなものとして考える必然性は実はないのです。精神内界主義というのは、一つの立場であって、絶対にそうではないとこころというもの理解できない、というのではありません。関係精神分析は、対人関係精神分析からそのような**アンチ精神内界主義な傾向**も引き継いでいます。

なお、サリヴァンの考え方が、前回最後に話したストロロウの考え方に似ていると感じた方も少なくないかと思います。サリヴァンの考え方を発展させたものは、今では**対人関係フィールド理論** *interpersonal field theory* と呼ばれています。ストロロウの考え方は、**間主観的フィールド理論** *intersubjective field theory* と呼ばれています。ストロロウよりもずっと前の時代の人ですし、学派的にも重なるところはあまりないのですが、この二つのフィールド理論の間にもいろいろと細かい違いがあるとはいえ、こころを一人の人間の中に存在する独立したものとしてみることをせず、フィールド（場）に存在すると考えるところが共通していることは注目すべきでしょう。

ファンタジーと現実について

精神分析の精神内界主義の問題と同じような問題で、同じことの別の表現とも言えるのですが、精神分析が扱うのはファンタジーなのか、あるいは現実なのか、という問題が昔からあります。このことについても、関係精神分析は再考しています。

ある男性患者は、オフィスに入ってカウチに横になると、「先生は今日は疲れているようですね」とぼそっと言いました。私はそれを聞いて少々驚きました。それほど疲れていたわけではないのですが、前の晩、急に対応しなければならないメールが舞い込んで、私は普段よりも遅くまで起きていました。そのため、眠りは確かに少し不足していたのです。患者はその後、前日のセッションで治療者を酷く罵ったことについて話しました。「昨日はちょっと言いすぎたかもしれません。そこまで先生のことを悪く思っていたわけではないんですよ」と患者は言いました。

このような臨床状況を考えるときに、精神分析が扱うのはファンタジーなのか、現実なのか、ということが問題になります。治療者が実際に疲れているということはあることです。当たり前なのですが、もちろん治療者も人間ですから、忙しかったり、体調がすぐれなかったりして、疲れていることもあります。

ただ、古典的精神分析の考え方では、それは基本的に転移だ、と考えます。現実が問題になっているのではなくて、ファンタジーこそが重要だと考えるからです。ですから、患者さんが、何か治療者が現実としてどうだ、などと言うときでも、現実それ自体を問題するのではなくて、そういうファンタジーを持つに至ったのはなぜか、という観点で話を聞くのです。

先ほどの例で言えば、古典的な話の聴き方にならえば、私が疲れていると患者の目に見えたのは患者のこころの中の何と関係があるのだろう、と思いながら聴くことになります。私が実際に疲れていたのを患者が感知して、それで単に「先生は今日は疲れていますね」と言っているとは古典的精神分析では考えません。たとえ私の外見や振る舞いから私が疲れていると患者が思ったと言ったとしても、それは問題の本質の一部を表しているにすぎないと古典的精神分析では考えます。それよりも、患者のこころの中の出来事の影響の方が遥かに強力だと古典的精神分析では考えるのです。ですから、患者のこころの中の対象が、何らかの理由のために、この場合おそらくは前日患者が私を酷く罵ったために、傷ついてしまい、それが私に転換された結果、私が疲れているというファンタジーを患者は持つに至った、と古典的には考えるでしょう。

しかし、関係精神分析の考え方では、ファンタジーなのか、現実なのか、という問題は古典的精神分析家が考えるほどには分かりやすいものではありません。患者の体験、すなわち私が疲れていると患者が感じたということは、ファンタジーと現実の混成物だと考えるのです。実は、古典的精神分析家の中にも、患者の体験はファンタジーと現実の混成物だと考える分析家もいます。ただ、最終的には、ファンタジーである部分と現実の知覚である部分をうまく選り分けることができる、と古典的精神分析では考える傾向があります。

一方、関係精神分析の考え方では、患者の体験はファンタジーと現実の混成物で、かつ、最終的にファンタジーである部分と現実の知覚である部分をうまく選り分けることができない、と考える傾向があります。それだと困るのではないか、と思うかもしれません。そうです、確かに困るのです。ただ、そのように、どのように理解してよいのか困るという事態こそが、精神分析的に最も重要な事態だ、と考えます。関係精神分析の考え方によれば、精神分析は、ファンタジーばかりを扱うものでも、現実ばかりを扱うものでもありません。両者の曖昧な境界における現象を扱うものです。患者は治療者を非常によく観察しているものです。治療者の現実のあり方に関して患者に何かを指摘されたときに、それを一様に患者のファンタジーである、とする治療者は、防衛的になっているだけかもしれません。同様に、「精神分析はこころの中のことを扱うものなのだから、ファンタジーを扱うものであって、現実は関係ない」という極端な意見は、防衛的なものに過ぎない可能性があります。

発達論について

関係精神分析は、精神分析における発達論的メタファーの意義についても取り上げました。ミッチェルは、精神分析が好むメタファーの代表的なものとして、**赤ん坊のメタファー** *the metaphor of the baby* を挙げました（Mitchell, 1988）。

精神分析を受けに来る患者の大多数は大人です。子どもが患者として来る場合もあって、そのために**子どもの精神分析** *child psychoanalysis* の理論と技法というものがあるのですが、精神分析の文献の圧倒的大多数は、大人の精神分析に関するものです。

それにもかかわらず、精神分析の文献には子どもが多く登場します。患者として登場するのではなくて、患者の子ども時代の話の形で、あるいは**患者の中の子どもというメタファー**の形で登場するのです。そして、精神分析では、このメタファーが非常に頻繁に使われます。

対人関係学派の精神分析家たちは、大人の患者を赤ん坊としてみなすことには大きな問題があると考えました。大人の患者を前にして、「この人は今、お母さんから母乳をもらえない飢えた赤ん坊としてここにいるのだな」と考えたり、さらにはそのように解釈したりすることがありますが、対人関係学派の精神分析家たちは、そのように患者を見ることは今ここにおける対人関係から目を逸らすことだ、と考えたのです。患者を赤ん坊としてみるというやり方は、確かに錯綜した臨床状況を理解しようとするときに大変有用ですが、そのようにして理解された臨床状況は、現実の対人交流を直視することを避けるという防衛的な意味がある、と彼らは論じました。

このような考え方は、対人関係学派の精神分析家たちのあいだである程度共有されていましたが、ミッチェルは、大人の中に子どもを見る精神分析の全般的傾向を赤ん坊のメタファーと名付けることで、批判の論点を整理しました。

ミッチェルによれば、このような赤ん坊のメタファーの過剰な使用のために、精神分析理論における発達理論は理論的に歪められたものになってしまいました。すなわち、精神分析的な発達理論は、発達を人生の早期に片寄せしすぎる傾向があるのです。

赤ん坊のメタファーを念頭において患者さんの話を聞いていると、特有の聞こえ方になります。大人になってから起こった問題の萌芽が、一気に発達早期の心理状況に求められるように聞こえてくるのです。

先ほどの、ボーイフレンドと喧嘩をして平手打ちを食らわせた女性患者の話を赤ん坊のメタファーを念頭において考えると、たとえば、次のように考えることができます。彼女は乳房から適切に母乳をもらっていない飢えた赤ん坊であって、乳房から迫害されて死の恐怖に怯えている存在です。ですから、逆に乳房に攻撃を加えるのです。平手打ちされたのは、実はボーイフレンドの頬ではなく、母親の乳房だった、と理解されます。

このように、大人になってからの出来事が一気に乳児期の対象関係の問題に置き換えられるのです。このような考え方は説明力が高いので、ある意味、非常に魅力的な考え方です。発達最早期の出来事として捉えることによって、分かりにくい臨床状況が一気に見通せるようになるからです。

でも、実際はどうでしょうか。人生は複雑ですから、発達早期のことだけでなんでも決まってしまうとは思えません。そうすると現実的に何が起こっているのかを丁寧に調べていくことになるのですが、そのような調べ方は、発達早期に関する精神分析の理論ほどに説得力を持つ仮説をすぐには生んではくれません。でもそれしかないのです。

ミッチェルは、精神分析における早期発達重視主義の行き過ぎを精神分析における**発達の片寄せ** *developmental tilt* と名付けました。人生における重要な出来事を何でも発達早期に過剰に片寄せてしまうことを指します。具体的には、エディプス期およびそれ以前に精神分析理論のすべてを押し込もうとすることです。

このような考え方を取ると、人のこころの最深部は発達途上のある時点で凍結されていて、それが大人にいたるまで保存されて持ち越されていて、何らかのきっかけでそれが表面に出てくるのが精神病理だ、と考えるようになります。それに対し、ミッチェルは、精神病理は凍結されている発達最早期の問題から生じるのではない、と論じました。精神病理は、赤ん坊時代の病的凍結物が大人のなかに宿っている、というメタファーとして理解する必要はないし、そのような理解には限界がある、とミッチェルは考えたのです。そうではなく、精神病理とは、そのときそのときの出来事という糸で絶えず織られてはほどかれる織物のようなものだ、とミッチェルは論じました。(注19) 精神病理には関係性のパターンがあり、その中には発達最早期の関係性のパターンも織り込まれているのですが、しかしそれですべてが決まるのではなく、発達後期の関係性の貢献も十分に織り込まれている、ということです。

(注19) ミッチェルは、それを「ペーネロペーの織物」のようなものだ、と述べている。ペーネロペーはギリシア神話の中に出てくる女性で、夫が不在中の求婚者たちに、織物が完成したら答える、と言いつつ、昼間に織った織物を夜になるとほどいていた、という人物。

第16講　エナクトメント、間主観性

関係精神分析のトピック

フロイトの精神分析の話から始まり、対象関係論の話をして、そして自己心理学や関係精神分析の話まで、いろいろな話をしてきましたが、この講義でいよいよ最後になります。今回は、精神分析の比較的新しいトピックを二つ取り上げます。

前回は対人関係精神分析と関係精神分析の話をしました。古典的精神分析への反動のような形で対人関係精神分析というものが生まれ、それがやがて一九八〇年代以降関係精神分析という大きな運動に姿を変えて、アメリカの精神分析に大きな変化をもたらしたという話をしました。

それに続く形で、今回はトピックとして、一つには**エナクトメント** *enactment* という概念を取り上げます。そしてもう一つは、**間主観性理論** *intersubjectivity theory* というものを選びました。関係精神分析はそれまでの精神分析の考え方を一つひとつ検証し、新しい考え方を模索するというものですから、カバーされている領域は膨大です。それらをすべて扱うのは無理ですが、エナクトメントと間主観性についての話を通して、現代の精神分析の広がりを感じてもらえればと思います。

エナクトメント

エナクトメント *enactment* とは何かということですが、今ではこの言葉はさまざまな臨床現象を指して用いられるようになったのですが、もともとは、治療者の個人的動機の行動化という意味でした。言い換えると、治療者による逆転移の行動化の意味で用いられていました。ただ、ここでいう逆転移の行動化とは、治療者の患者に対する逆転移の直接的な行動化であることは少なく、大抵の場合、逆転移がもっと隠微な形で治療の現場で何らかの行動を通して表現されてしまうことを指します。

治療者の患者への逆転移、たとえば患者への怒りを考えてみましょう。治療者の怒りの直接的な行動化としては、たとえば、椅子に乱暴に座ったり、手帳を叩きつけるように机の上においたり、といったことが考えられます。あるいは、患者を大きな声で非難したり、セッションを繰り返しすっぽかしたり、といったことも、直接的な行動化と言ってよいでしょう。

一方、逆転移のより隠微な形での行動化とは、たとえば、治療者がいつもよりも解釈を多くしてしまったり、批判的なコメントが普段より多くなってしまったり、逆に黙っている時間が多くなってしまったり、さらには、セッションをわずかに延長することを繰り返してしまったり、そういう微妙な形で行動的に逆転移が表現されている場合です。今挙げたような治療者の行動は、逆転移とは関係がない場合もあり、もちろんその場合はエナクトメントとは呼びません。

治療者の行動が逆転移の表現であり、それがかつ通常の技法の範囲に一見留まっているかのように見えるとき、それをエナクトメントと呼びます。

エナクトメントには、陰性の逆転移のエナクトメントと陽性の逆転移のエナクトメントの両方があります。いつもよりも支持的なコメントを多くしたり、普段よりもやさしい声で患者に話しかけたり、セッションを延長してしまったり、という形で陽性の逆転移がエナクトメントとして表現されている場合があります。

エナクトメントという概念は、セオドア・ジェイコブズ Theodore Jacobs という分析家が一九八〇年代に最初に精神分析の文脈の中で論じた概念です。ジェイコブズは古典的な自我心理学派の精神分析家なのですが、非常に斬新なことを言っています。

精神分析のプロセスが進むと、そのうちどうしてもある種の反復強迫のようなものが起こってきます。そのような反復強迫は、多くの場合、ある種の関係性のあり方の反復強迫です。たとえば、子どものころに親的対象に対して禁じられた恋着のような気持ちをもっていた患者は、治療者との間でも、禁じられた恋着によって特徴づけることができるような関係性を築くに至るものです。あるいは、親的対象にひどい扱いを受けた過去を持っている患者は、やがて治療者に、まさに今ここにおいてひどい扱いを受けていると感じるに至るものです。すなわち、患者のこころの中の問題が、治療者に転移感情を向けることで分析オフィスの中で展開されるようになるのです。

古典的精神分析理論によれば、その際に分析家がするべきことは、そのような患者の体験が過去の反復であることを理解し、解釈し続けることです。そして、やがては転移が徹底操作されるに至り、分析は終結に向かうとされます。

しかし、ジェイコブズは、事情はもっと複雑であることを指摘しました。分析状況においては、患者の過去における体験が反復されるだけではなく、治療者の側に由来する、いまだ意識されていない逆転移感情が隠微な形で行動化されてしまうことがある、というのです。ジェイコブズは、治療者の側の由来の源として、治療者の過去を挙げています。すなわち、反復強迫は患者の側にだけ起こっているのではなく、治療者側にも起こっている、というのです。ジェイコブズは、精神分析プロセスにおけるそのような錯綜した状況を紹介し、エナクトメントという概念の重要性を確立しました（Jacobs, 1986）

ジェイコブズの患者C氏は、大変魅力的で有能な弁護士でした。しかし、表面とは裏腹に、C氏のこころの中は怒りに満ちていました。C氏はしばしばジェイコブズに仕事の話をして、それについて判断をするように仕向けたりしました。それに対して、ジェイコブズは意識的には中立に振る舞いました。そしてC氏の振る舞いを、エディパルなライバル心、無意識の罪悪感、プレ・エディパルな愛着などに由来するものとして解釈しました。

ところが、C氏は全く変わりませんでした。そこでジェイコブズは何がうまくいっていないのかと考えました。ようやくジェイコブズは、実は自分の中にC氏への怒りがあることに気づきました。それを隠そうとして、ジェイコブズは必要以上に中立に振る舞い、中立的な解釈をしていたのでした。中立性という原則を一見保っていたジェイコブズの解釈は、実はまだ気づかれていない逆転移に汚染されていたのです。そのような解釈は、解釈という形を取ってはいるものの、実は逆転移に突き動かされた、内省を伴わない、放出としての表現であり、その意味で、思考の産物というよりも、行動に近いものだったのです。

やがてジェイコブズは、自分が子ども時代に、ある年上の人物にひどく怒っていたこと、そしてそれにも関わらず、その人物との関係を失いたくないために自分の怒りから目を逸らしていたことを想起し、そのために自分のC氏への怒りが分かりにくくなっていたことに気づきました。このことに気づいて以降、ジェイコブズはC氏の性質についてこれまで以上によく理解し、それをC氏と共有できるようになっていきました。

私はジェイコブズの症例に、無意識的体験に対する分析家の謙虚さを感じます。そして同時に、精神分析の可能性の広がりもここに見ます。古典的精神分析の考え方では、治療者の過去や個人的な事情の分析状況への持ち込みは、分析家の訓練分析が足りていないことを示しているにすぎない、と考えられていました。分析家がすべきことは、あくまでも患者の過去と内的世界を理解することであって、分析家の逆転移はその妨げになるに過ぎない、というのがフロイトおよびそれ以降の主流の考え方でした。ポーラ・ハイマン Paula Heimann やドナルド・W・ウィニコット Donald W. Winnicott によって、一九四〇年代末くらいから、逆転移を治療的に用いるという考え方が論じられるようになったことを以前話したことがあります（第7講）。分析家は、逆転移を患者の精神内界を探る道具、いわば探触子として用いることで、言語を超えるレベルで患者を理解することができる、というのがハイマンやウィニコットの主張でしたが、この考え方を、ハイマンやウィニコットの先輩であるクラインはとても危険な考え方だと見なしました。しかしそれ以降も、分析家による逆転移の有効活用という発想は、広がることはあったにせよ、なくなることはなかったのです。とは言え、分析家が自らの逆転移にすっかり巻き込まれることはあってはならず、いわんや自らの行動に逆転移が影響を及ぼすようでは困る、と考えられていました。

ジェイコブズのエナクトメント論は、そのような考え方に反対するものでした。ジェイコブズは、逆転移は、患者のこころの中への探触子として有効活用できるのみならず、ときには分析家の中で意識されることなく、分析家の側で行動化されてしまう、と考えました。そして、それは非常に分かりにくい隠微な形、たとえば解釈という形を取った一種の行動化の形を取るため、避けにくいことだ、と論じたのです。

分析家の逆転移のエナクトメントは、分析家が訓練分析を十分に受けていたら、必ず避けられるものなのでしょうか。ジェイコブズはそうは考えません。エナクトメントは、確かに分析家の側の残存する病理を示していると言えるかもしれません。しかし、分析家といえども不完全な人間にすぎません。ジェイコブズは、だからといって、分析家が開き直ればよい、と主張しているわけではありません。分析家の無意識的世界が、長い間の訓練分析によっても十分に探索されつくされることがない、ということは、よく考えれば、それほど不思議なことではないと私は思います。無意識的世界がそれほど狭いはずがない、と思うのです。大切なのは、無意識的世界の広大さを受け入れ、十分な訓練と経験を積んだ分析家であってもその渦に巻き込まれるものである、ということを認め、そのうえで、そのような事態に向き合う勇気を持つことだと私は思います。ジェイコブズはそこまでは言うつもりはなかったのかもしれませんが、結果として、そのようなことをジェイコブズのエナクトメント論から感じることができるように思います。

エナクトメント論の広がり

エナクトメントという言葉が今ではさまざまな臨床現象を指して用いられるようになっているということを最初に話しました。それでは、ここまで話したような意味、すなわち、逆転移の隠微な行動化という意味以外に、エナクトメントという言葉がどのような意味で用いられることがあるのかということについて話しましょう。

そのためには、エナクトメントという言葉の成り立ちに立ち戻って、そこから考えると分かりやすいと思います。エナクトメント enactment という言葉は、en-act-ment と分解することができます。こうして分解してみると、エナクトメントとは、何かを行動 act にする en こと ment だと分かります。行動という言葉の代わりに行為という言葉を用いることもありますが、意味はほぼ同じと考えてください。

それでは、一体何を行動にするのか、すなわち行動化するのかということですが、精神分析の世界では、それは精神の領域のことだとされます。人は、精神の領域に属するべきものを精神の領域のこととして扱うことができないとき、行動によって解決しようとすることがしばしばあります。そのことにフロイトは着目しました。

フロイトは、行動によってではなくて、思考によってこそフラストレーションが解決されるべきで、それこそが精神分析が目標としていることだ、と考えました。だからこそ、行動を反復することではなくて、問題を思い出し、それについて考えることが大切なのです。フロイトは、一九一四年に発表した「想起、反復、徹底操作」という論文の中で、「被分析者は忘れられたもの、抑圧されたものからは何物も『想い出す erinnern』わけではなく、むしろそれを『行為にあらわす agieren』のである」と述べています。解釈とは、患者を、そのように、思い出し、考える方向に向けることを意図して行われるものです。

そのようなわけで、フロイト以降も、精神分析家は、行動の領域と精神の領域というものの区別に非常に敏感でした。フロイトに言わせれば、行動は、精神の領域に生じたフラストレーションを、現実の外界を調整することで解決しようとする試みです。それでもよいではないか、と思うかもしれませんが、フロイトに言わせれば、それでは精神の領域の問題を解決したことにはなりません。それでは、単に精神の領域の外側に問題を吐き出しているにすぎないからです。

なぜそのこととエナクトメント論が関係あるのか、ということですが、エナクトメント論は、行動の領域と精神の領域の敷居が、精神分析の伝統的な流れの中で思われていたよりも低いものだということを示す結果になったのだと言えます。フロイトは行動する代わりに精神の領域で問題を解決することが重要であり、そのためには解釈が重要だ、と言ったわけですが、ジェイコブズの症例で示されたように、行動の領域に向かうのではなく精神の領域に留まることを目指して行われる解釈ですら実は行動的な側面があります。すると、フロイト以来精神分析が重視してきた行動と精神の領域の間には、それまで想定されていた以上に相互浸透性がある、ということになります。そう考えると、精神分析における解釈というものの意義も同時に変更を迫られる可能性があるのです。

出会いとしての精神分析

こうして考えてみると、精神分析において大切なのは解釈ではなくて、分析家と患者の出会いそのものである、という考え方にたどり着きます。関係精神分析というものはいろいろな立場を含んでいる大きなまとまりのようなものなので、同じ関係精神分析グループの中でも解釈についての考え方はさまざまです。しかし、自我心理学や対象関係論といった古典的精神分析の学派と比べると、解釈よりも出会いそのものが精神分析においては重要だと考えている分析家はずっと多い印象です。すなわち、解釈というものは関係のあり方の変化の後で起こるもので、それよりもまず大切なのは、患者の中の生きられていない自己と分析家が出会い、一緒に生きることだ、という考え方です。そして、患者の中の生きられていない自己と出会うためには、分析家の側でも自分の中の生きられていない自己を受け入れる準備がなければなりません。生きられていない自己は、しばしば転移や逆転移を通して表現されるものですから、結局は、精神分析において大切なのは、エナクトメントの意義を深く認識し、患者の中の生きられていない自己と分析家の中の生きられていない自己とが出会うことを可能にするための場として精神分析状況を考える、ということになります。そのように言ってみると、精神分析とは、自己を分析するプロセスというよりも、自己を拡張するプロセスだと言えるでしょう。精神分析とは、精神の分析ではなく、精神の拡張の営みである、ということです。

以上のような考え方は、関係精神分析グループのフィリップ・ブロンバーグ Philip M. Bromberg やドネル・スターン Donnel B. Stern が詳しく論じています。彼らは、エナクトメントというものが、精神分析の危機であると同時に、可能性を広げるものであることを論じています。

間主観性

次のトピックは**間主観性理論** *intersubjectivity theory* です。この言葉について、少し説明しましょう。intersubjectivity という言葉は、intersubjective という形容詞の名詞形です。inter-subjectivity と分解できます。inter は「間」という意味ですから、subjectivity の間、という意味になります。

一方の subjectivity の日本語訳ですが、少しややこしいのですが、文脈によって訳し方が二つあるのです。一つはこれを主観性と訳すもので、もう一つは主体性と訳すものです。

主観性という訳を採用すると、intersubjectivity は**間主観性**となります。intersubjectivity という言葉で、「私の主観性とあなたの主観性の間」を表現していると考えられる場合は、こちらの、間主観性という方の訳を採用するとしっくりくると思います。

もう一方の主体性という訳を採用すると、intersubjectivity は**間主体性**となります。間主体性という言葉は、間主観性という言葉の響きとだいぶ違ったニュアンスを含む言葉です。主観性という言葉と比べると、主体という言葉は、意志の発動の源といったニュアンスや、他者とは異なる存在といったニュアンスを含んでいると思います。たとえば、「主体性をもって行動しよう」とは言いますが、「主観性をもって行動しよう」とはあまり言いません。ですから、

intersubjectivityという言葉で、「あなたではない私という存在とその意志と、私ではないあなたという存在とその意志の間」を表現していると考えられる場合、あるいは**他者** *other* や**他者性** *otherness* について考える場合は、こちらの間主体性という方の訳がしっくりくるかもしれません。英語で言うと同じintersubjectivityなのですが、日本語だと異なるニュアンスを持つ二つの訳があるというのは面白いことだと思います。

ただ、二つの訳が混在していると分かりにくくなってしまいますので、ここからは、間主観性という言葉を使っていきます。文脈によっては、間主観性という言葉を間主体性と読み替えると分かりやすくなるかもしれません。

対人的、精神内界的

ところで、intersubjectiveという言葉と似た言葉に、interpersonalという言葉があります。この言葉は、「対人的」と訳されたり、「対人間の」と訳されたりします。intersubjectiveもinterpersonalも、両方とも、広く「私とあなたの間」のことなのですが、interpersonalという言葉は、私とあなたの間に起こっている、目に見える、表層に近いやり取りのことを指してしばしば用いられる言葉です。

ハリー・スタック・サリヴァンについては以前話しました。サリヴァンは精神疾患の**対人関係論** *interpersonal theory* を詳細に論じたことで、大変有名な精神科医でした。サリヴァンの主張を簡単に振り返ってみましょう。サリヴァンは、こころは対人関係そのものだ、と言いました。こころというものが先にあってそれが対人関係に反映されるという考えの方が精神分析の伝統的な考え方により近いのですが、サリヴァンの考えはそれよりも過激で、こころというものは対人関係そのものとしてしか観察できないのであって、だからこそ対人関係を詳細に検討することこそがこころを知る方法である、と、天地をひっくり返すような議論をしたのです。

サリヴァンに言わせれば、こころの病というものも、対人関係の病としてしか考えられないものです。対人関係というと、表面的なことにすぎないとか、さらには浅薄だとか、そういうネガティヴなニュアンスを感じ取る人もいますが、サリヴァンは逆の発想をしました。すなわち、端的に、目に見える顕在的なレベルのやり取りにこそ、人のこころの病理が宿る、と考えたのです。

他に、intrapsychic という言葉もあります。intra というのは、「内」とか「中」という意味で、psychic というのは「精神」という意味です。ですから、intrapsychic という言葉は「精神内界的」とか「精神内界の」と訳されます。閉じたこころの世界の話というのは intrapsychic な話で、もっと相互交流のあるこころの世界の話というのは、intersubjective あるいは interpersonal な領域の話になります。これまでも何回か言っていますが、精神分析は、intra のことを考えることから始まりました。そこから、inter すなわち間のことを考える方に移行してきたのが精神分析の流れです。

以上が intersubjective、interpersonal、intrapsychic という似通った三つの言葉の説明です。ここから先は、分かりやすいように、intersubjective そして intersubjectivity という言葉の訳としてはすでに述べたようにそれぞれ間主観的および間主観性という言葉を、interpersonal という言葉の訳としては対人的という言葉を、そして intrapsychic という言葉の訳としては精神内界的という言葉を用いることにします。

主観性の交わりの文脈

精神分析における間主観性について独自の理論的および臨床的仕事をした分析家はたくさんいるのですが、その中でも、特に有名な分析家の業績をこれから紹介したいと思います。

最初に、ロバート・ストロロウの話をします。ストロロウの間主観性理論については、第14講の終わりにかけて話しました。ストロロウが論じた間主観性は、先ほどの二つの日本語訳でいうと、**間主観性**の方です。ストロロウの間主観性は、一言で表現するならば、**主観性の交わりの文脈（コンテクスト）**のことだと言えます。ストロロウは、精神分析において扱われるのは、もはや個々人のこころの中身ではない、と論じます。私たちの体験は、私たち一人ひとりのこころの中で起こっていることではなく、私たち一人ひとりとそれを取り巻く人々の主観性の交わりの文脈そのものの中において起こっていることだ、というのです。ストロロウは、そのような文脈そのもののことを、**間主観的フィールド** *intersubjective field* と呼びました。ストロロウの精神分析は間主観的フィールドを対象にするものであり、したがって、こころの中身ではなく、こころが互いに交わるプロセスを対象にするものです。

ストロロウは、私たちの体験が常に間主観的フィールドに埋め込まれている、と論じました。すなわち、私たちの体験とは間主観的フィールドを離れて存在することはない、というのです。そのことは当然のことながら患者にも治療者にも等しく当てはまることですから、治療者は自らが埋め込まれている間主観的フィールドの内部においてしか何事も体験し得ません。

ストロロウによれば、間主観的フィールドは遍在するのであり、したがって精神分析は必然的に間主観的な営みになります。

それは、仮に、患者と治療者が互いに相手から何の影響も受けていない、と意識的には感じている場合においてすらそうです。たとえば今、「自分が今こうやって同じオフィスに一緒にいる治療者は自分には何の関心も持っていないようだし、自分もこの治療者に何の関心も持っていない」と意識的に感じている患者がいるとします。しかし、その体験もまた、間主観的な文脈の中に置かれているのです。したがって、どのようにして患者が「治療者に関心をもっていないし、関心をもってもらってもいない」と感じるに至ったのか、という問いを考える上で問われるべきは、患者のこころがどのような仕組みになっているのか、ではなくて、患者と治療者がどのような間主観的フィールドを作り上げているか、です。そして、そのプロセス自体が無意識的なのであって、それを探究するのが精神分析における間主観的アプローチである、とストロロウは論じます。

治療者は、意識的な水準で患者から影響を受けることがあります。たとえば、患者が治療者に対してあからさまに怒りを表現したら、ほとんどの治療者はそのことに影響を受けるでしょう。たとえば、治療者はそれに対して不安になったり、怒ったり、怖くなったりするでしょう。しかし、患者からの影響は意識的なものばかりではありません。無意識レベルでは、もっと影響を受けているものです。影響を受けていないときはないと言ってもよいほどです。逆に、患者の側も、治療から何らかの形で影響を受け続けています。すなわち、治療者と患者の間には常に**相互交流** *interaction* が起こっているのです。そして、相互交流というものは、意識のレベルと無意識のレベルの両方で起こります。このことは分析家と患者の関係だけに当てはまることではありません。今こうやって講義をしている私と皆さんの間でも相互交流が起こっています。

大切なのは、相互交流とは「ああ、今目の前にいることの人は私のことをきっとこう思っているんだろうな」とか、

「なんかこの人と一緒にいるとイライラするな」などという意識的な体験だけの話ではないということです。そして、相互交流の無意識的側面を探究するのが精神分析における間主観的アプローチである、と言えます。

ある女性患者は、聡明で、礼儀正しい女性でした。患者の母親は支配的なところがあって、そのことで彼女は母親に対して慢性的な怒りを感じていました。彼女はときどきセッションに遅刻してきましたが、問題として取り上げるほどの頻度ではないと私は感じていました。私は、患者の表面上の礼儀正しさの背後に、何か攻撃的で敵対的なものがあるようにうすうす感じていましたが、それ以上はよく分からないままでした。

ある日、患者はまた一〇分ほど遅れてやってきました。患者は、「電車が遅れてしまって。申し訳ありません」と言いました。その時、私には、その謝り方がどこかわざとらしいもののように感じました。そして私の中には、「遅れてきたことを取り上げて、『あなたはときどき遅れてきますね』と言うべきなのだろうか。いや、自分が過剰に反応しているのだろうか。どうなのだろう、取り上げた方がよいのだろうか、それはやりすぎなのだろうか」という一連の考えが浮かびました。私はどちらにも決めきれず、結局そのままやりすごしました。

その後患者は、同居している母親の介護スタッフが約束の時間よりも遅れて訪問してきたことにひどく苛立ち、介護スタッフに、もう二度と遅れないようにときつく言ってきかせた、という話をやや興奮気味にしました。

この話を聞いて、私は自分がうすうす感じていた彼女の攻撃性をあらためて意識しました。そして、私が彼女の礼儀正しさを好ましいと感じていたために、私は十分に彼女の敵対的な面に注目できなかったのだ、という考えが私の中で確かなものにまとまっていきました。

私と彼女の関係は、それまで、良好なものであるように意識水準では感じられていました。それは、ケアする側

（治療者、介護スタッフ、親のような人物）とケアされる側（患者、介護の必要な母親、子どものような人物）の間には基本的に良好な関係があるはずだ、という想定を私と彼女が共有していたためだと思われます。

しかし、私と彼女の間の関係はそれだけではありませんでした。それは憤りと攻撃性をはらんだ側面を持っていたのですが、私と彼女はそれをお互いに避けてしまっていました。母親の介護スタッフに対する患者の憤りは、ケアをする側とケアをされる側の間の関係の抜き差しならない緊張を示唆していました。それまで、そのような張り詰めた関係性は私の意識からは遠く、私はうすうすと彼女の敵意を感じていただけでした。私への怒りは、患者の意識からはもっと遠いものでした。

無意識的な水準では、怒りに貫かれた相互交流は、それ以前からずっと続いていたと考えられます。それが、遅刻をめぐって、そして介護スタッフへの患者の怒りをめぐって、今ここにオフィスの中で展開されたのでした。そして、そのような相互交流は、これからも続いていくと考えられます。相互交流は常に起こり続けるのです。意識的には患者と治療者が友好的な関係を持っているように思えるときでも、無意識的には患者と治療者が実は相互に憎み合っている、ということがしばしばあります。そしてそのような事態こそが分析されなければならないのです。憎しみはどこから来ているのか、そして、憎しみ合っているにもかかわらず、なぜ意識的には別種の体験をしているのか、そのようなことが分析される必要があります。

人間というものは、出会ったら、意識水準のみならず無意識水準でも相互交流をしているものです。身体レベルで反応したりすることもあります。怒鳴られたときに身体のどこかが、たとえば背中などが痛くなったりすることがありますが、それは、怒鳴られるという体験に対して身体が無意識のうちに反応しているわけです。

ストロロウが言っているのは、意識的相互交流に加えて、無意識的相互交流というものが絶えず起こっており、特に精神分析の場においては無意識的相互交流が重要になる、ということです。すなわち、いくら分析家が、自分は相互交流に巻き込まれずに、そこから適切な距離をとって、いわば特権的な立場にいて、冷静に客観的に分析をし続けることができる、などと思っていても、それは分析家が主観的にそう思っている、あるいは思おうとしているだけで、実際にそうなっている、ということではありません。分析家が今ここで解釈をしている、という状況それ自体も、相互交流の中に巻き込まれているのです。分析家が一見冷静に、客観的に解釈をしているように見えても、実は患者との相互交流に巻き込まれながら、その中で解釈をしているにすぎない可能性があります。逆に、ある特定の解釈をしないでしまう、ということもあり得るわけです。たとえば、いつもは患者の中の攻撃性に積極的に注目して解釈しているのに、ある特定の患者の場合は攻撃性をなかなか取り上げることができない、という場合があります。分析家がある特定の患者を好んでいて、それだけではなくて、それに分析家が自分で気付いていない場合があります。こういう場合、「自分は分析家であって、分析家は中立でなければならないから、特定の患者を好んではならない」と意識的に強く思うと、自分の好みを意識するのがかえって難しくなって、むしろ問題になったりします。患者への嫌悪感が自分の中にあるのを分析家が認めようとしないことも問題です。分析家が患者との相互交流の場の中に常に埋め込まれているというのは、そういうことです。分析家や患者を単一で取り出すことはやめたほうがよい、ということです。患者が攻撃的であると見なされるのかどうかは、分析家と患者の関係のあり方の**文脈（コンテクスト）***context* の中で決まってくることです。

今述べたような、相互交流的な考え方をしないとどうなるかというと、たとえば、分析家がある患者といると無力に感じるとします。それに対して、「これはきっと、この患者が自分の無力感をこちらに投げ込んでいるんだな」と理解する考え方があります。投影同一化という概念があって、この患者の中の無力な自己部分というものが、患者の中で処理できなくなって、それを分析家に投影している、と考えるのです。投影されたその自己部分は、いわばまだひも付きの状態で、投影されているのだけれどもどこかやっぱり患者の自己の一部のように感じられている、ということで、単に投影と呼ばれるのではなく、投影同一化と呼ばれています。そういう理解の枠組の中では、分析家の側の要因に起因する無力感というものはまるで存在しないかのように扱われます。理屈上、必ず患者の側から始まることになっているのです。

しかし、そうではなくて、分析家も特別な地点に立てないのであって、無力感の由来が患者の側にあるとか、そういう判断をすることはできないのであって、あくまでも治療のフィールド（場）から無力感というものが今立ち上がってきたと理解するしかないと考えるのが、間主観性理論です。そういう理解を否定して、患者だけのこころが単独で存在しているかのように見なす考え方を、ストロロウは「隔離されたマインド神話」と呼んで批判しています。

ガーダマーの解釈学

ここで、ストロロウをはじめとする間主観性理論志向の分析家たちによってしばしば参照されるハンス・ゲオルグ・ガーダマー Hans-Georg Gadamer という哲学者の話を少ししておきましょう。ガーダマーは、解釈というものはすべて、それぞれ独自の歴史を背負った存在としての解釈者によってなされるしかない、と言いました。私であれば、私という人間の歴史があって、その文脈において解釈しているわけです。そういう限界がある中での解釈なわけです。すべてを公平に完全に体験するということは無理です。自分が背負っている文脈の中で、ある種の偏見を持った形でしかものが言えないわけです。

精神分析の実践で言えば、そのような文脈の分かりやすい例は、分析的な理論の選択です。どの理論を選んで用いているかということ自体が非常にパーソナルなものです。そのようなパーソナルな選択にもとづいて解釈をしているわけです。

ですから、極端にいうと、理論というのは全部逆転移だ、と主張している分析家がいるくらいです。アーウィン・ハーシ Irwin Hirsch という分析家です。どういうことかというと、たとえばエディプス・コンプレックスという概念がありますが、そういう概念を思い描きながら患者の話を聞いていると、エディプス・コンプレックスの話をしているように聞こえてしまう、というのです。分析家が患者に対して何か情緒的な反応をしていて、それが何なのか分からないときにこそ、理論に当てはめたくなってしまい、そういう形で患者に反応してしまうことがある、というのです。気を付けなければならないのは、特に分析家の中に理解できていないという不安が高まっているときにこそ、理論に落とし込んで理解したいという気持ちが高まるということです。強烈な情緒が生じたとき、たとえばものすごく腹が立ったときに、たとえばエディプス・コンプレックスや投影同一化の理論が浮かぶ、というふうに、理論に落とし込むと理解できるようになるから分析家にとっては都合がいいわけです。強烈な、言葉にできないような情緒体験の中に自分をそのまま置いておくことは、とてもきついものです。だから人間は理論に訴え理解する方向に行きたくなるのです。でもそれはある種の逆転移だ、とハーシは論じます。

精神分析のプロセスの中で本当に大切なことは、容易には理解できないことが多いのです。だから、分からないという事態の中に、患者と一緒にしばらく浸っていないといけないことが多いのです。「ああ、なるほど、そうか」などと、すぐに易々と生まれてくるような理解というのは、分析家の側の逆転移である場合があるから気をつけましょう、とハーシは言っているわけです。

ガーダマーが論じた概念に**地平融合** *fusion of horizons*（英）*Horizontverschmelzung*（独）というものがあります。どういうことかというと、患者の地平と分析家の地平というものがあって、その二つの交わるところに解釈が生じる、ということです。地平というのは、歴史とか文脈と言い換えてもよいですが、個人的な事情のようなものです。そして、面白いのは、そうやって一度解釈が生じると、今度はその解釈が全体をまた変えてしまうのです。それを、解釈学的循環といいます。こういう発想はフロイトの中にはありませんでした。フロイトは、自分の偏見とか自分の地平というものについてはあまり考えていなかったように思います。

他者と共にあること

ここまで主観性の交わりの文脈としての間主観性の話をしましたが、間主観性の意味はもう一つあります。それは他者と共にあること、他者と関わりつつ他者を認識すること、などといった意味での間主観性です。こちらの場合、先ほど言ったように間主体性という訳の方がよりしっくりくるかもしれません。

ダニエル・スターンDaniel N. Sternおよびジェシカ・ベンジャミンJessica Benjaminという分析家は、このような意味で間主観性について論じていることで有名です。二人の仕事について見ていきましょう。

ダニエル・スターンの間主観性理論

ダニエル・スターンは、アメリカの精神分析家で、実証的な乳児研究をしたことで世界的に知られるようになった人です。残念ながらしばらく前に亡くなりました。スターンは、ニューヨークの医学部を卒業し、精神分析の訓練もニューヨークで受けました。そしてその後にはボストンに移り、そこで活躍しました。ボストンで「ボストン・チェインジ・プロセス・スタディー・グループ The Boston Change Process Study Group）という、精神分析の中でどういうプロセスが変化につながっていくのかを研究するグループを作りました。このグループは「ボストン・グループ」としてその名を広く知られるようになりましたが、彼らは既存の精神分析と違う精神分析を模索していきました。

余談ですが、もう一人、精神分析の世界で有名なスターンに、先ほどエナクトメントのところで紹介したドネル・スターン Donnel B. Stern という分析家がいます。ダニエル・スターンとドネル・スターンの名前は似ていて、かつ学派的にも近いので、混同してしまいそうですが、気をつけてください。

ダニエル・スターンの有名な本に、『乳児の対人世界』*The Interpersonal World of the Infant* という本があります。それまでの精神分析の視点とは違った視点から乳児の世界を書いた本です。一九八五年に書かれた本ですが、その後すぐに日本語に訳されています。

この本は精神分析の世界に大きな衝撃を与えました。伝統的な精神分析理論は、赤ん坊というものがどういう存在か、いろいろと記述を積み重ねてきたわけですが、それを根本から覆すような議論を展開したからです。

伝統的な精神分析理論がどのように赤ん坊を記述していたか、フロイトの記述を思い起してみましょう。フロイトは、赤ん坊は当初自体愛の状態にある、と言いました。対象というものがなくて、自分だけで存在しているような状態で、かつそれで満たされている段階のことです。そしてその次に一次自己愛の段階に入る、と言いました。対象というものが生まれるのですが、一次自己愛というのは対象が自分自身である段階のことです。そこから、対象が自分以外のものになって、自分が対象を愛するようになる、とフロイトは考えました。これが対象愛の段階です。そこからまた自己が対象になると二次自己愛になり、これが、私たちが普通自己愛という言葉で表しているものに近いものです。

精神分析的な発達理論というものはほかにもあります。マーガレット・マーラー Margaret Mahler という自我心理学派のアメリカの精神分析家は、赤ん坊は生まれた当初は自閉的な世界を生きている、と考えました。赤ん坊は、孤立した存在として描かれたのです。赤ん坊は正常な自閉期から始まって、共生期そして分離‐個体化期を経て、対象恒常性を獲得するに至る、という発達図式は知っているかと思います。

一方メラニー・クラインが、赤ん坊は生まれてすぐ、空想の中で悪い乳房に攻撃されて殺されそうになる、と論じたことは以前話した通りです。クラインは、赤ん坊はスプリッティングを導入して、良いものを悪いものから守ろうとする、それが赤ん坊の心で起こっていることだ、と言いました。生まれてすぐに危機にさらされるというのは、非常に強烈な赤ん坊観だと思います。

しかし、これらの精神分析的な発達図式に対して、「それって本当なの?」という疑問がずっとあったわけです。そこで、スターンは、乳児をじっくり観察することにしました。そうすると、フロイトやマーラー、クラインが言っていたものとは違う世界を赤ん坊は体験しているようにスターンには見えました。

スターンは、自閉的な赤ん坊という考え方には否定的でした。スターンの研究では、赤ん坊は生まれた直後から外的世界と積極的な関わりを持っているように見えたからです。スターンによれば、赤ん坊はさまざまな段階の**自己感** *senses of self* を経て成長していきます。赤ん坊は生まれてすぐに外的世界からさまざまな知覚的な刺激を受けつつ、それをまとめようとします。そのプロセスの中で、自分というものの原初的な感覚が生まれてくるように赤ん坊には感じられます。それをスターンは**新生自己** *emergent self* と名付けました。新生自己という訳語が使われることが多いのでここでもそのように訳しましたが、emergent という言葉は、少し固い言い方になりますが、**現出的自己**と訳してもよいかもしれません。今ここに立ち現われてくる、というニュアンスです。

スターンによれば、赤ん坊はその後、体験をしている自分というものを感じ取れるようになっていきます。生後二カ月ごろになってくると、赤ん坊は「自分がこういう体験をした」と感じられるようになってくる、とスターンは論じました。そのような自己のことを、スターンは**中核的自己** *core self* と呼びました。スターンによれば、中核自己の段階で、すでに他者の存在に、具体的には母親に代表されるケア・テーカーに赤ん坊には気づいています。しかし、この段階では、赤ん坊にとっての母親のこころのあり方はのちの段階と比べるとまだまだ不十分にしか体験されていません。

スターンは、七カ月から十二カ月の間に、さらに別の段階の自己感が達成される、と述べました。この段階で、自己は、ケア・テーカーなどの他者が自分とは違うこころと感覚を持っている、ということを認識できるようになります。しかし、だからといって他者が全くの遠い存在というわけではありません。自分とは異なるこころを持っていても、同じような情緒を体験したり、同じものに注目するという体験をしたりすることを通して、他者と自分の間につながりを感じることができるようになる、とスターンは論じました。このつながりは、情緒的なつながりで、そのようなつながりの形成のためには、赤ん坊の情緒状態を母親が汲み取り、それに合わせることが重要だ、とスターンは論じました。この「情緒的に合わせること」のことを**情緒的調律** *affective attunement* と言います。情緒的調律という言葉の代わりに、**情動調律**という言葉もよく使われます。このつながりを通して自分のこころとは異なるこころが存在して、それが自分にとって意義深いものであることが体験されることを、スターンは**間主観性**と呼びました。スターンにとって、間主観性とは、主観的体験を共有することの一つのあり方です。間主観性は、自分にこころがあるように他の人にもこころがあるということの発見です。それは一つの**発達的達成** *developmental achievement* です。

この発達的達成がないと、赤ん坊のこころが病理的状態に陥ってしまいます。他者というものに、自分と同じようなこころがあると思っている人と、それが分かっていない人というのは大きな違いがあります。精神分析の作業で重要なのは、他者のこころをどう捉えるかです。それまで精神分析では、似たようなことを、対象関係という概念を用いて捉えようとしていました。他者は、自己の欲動の向く先としての対象として描かれていました。いわば、非人格化されたような存在として描かれていたわけです。たとえば、お母さんという他者は、部分対象関係の考えを用いると、乳房として描かれることになります。でも、お母さんがそれだけであるはずがないのです。お母さんというのは、自分自身のこころを持っていて、一人の母親であって、娘であって、奥さんであって、友達であって、などなど、いろいろあるわけです。そういうことの発達的達成がのちのさまざまな精神病理に関係している、そのようにスターンは考えました。

アーティキュレーション、今のモーメント

スターンは、それまでの精神分析の臨床は、偏った理解にもとづいていると考えました。すでに何度か繰り返し話していることですが、精神分析は伝統的に解釈を通して無意識的な動機や防衛、そしてその発生論的由来などを理解することを目標としていたのです。そして理解の中でも、特に転移現象に関する理解が重要だとされていました。

しかしスターンは、確かに転移をはじめとする今ここにおける関係のあり方を理解することは大切なのだけれども、もっと大切なのは、そういう関係のあり方の中での出会い自体だ、と考えたのです。もちろんスターンも精神分析家ですから、無意識を扱おうとしています。しかし、ただ、その無意識の扱い方というのが、「あなたのこころの中に隠されている無意識」ではなくて、「今ここで私と関わっているあなたのあり方の無意識的な側面」に代わったのです。

それをスターンは言葉にしていくのですが、その作業は、もはや解釈という言葉で表現されるようなものではない、

とスターンは考え、代わりに**アーティキュレーション** *articulation* という言葉を使いました。**言葉化**とも訳されています。アーティキュレーションという言葉は、音楽でしばしば用いられる言葉です。音楽では、ここにアクセントをつけるとか、ここは滑らかにとか、ここは短くはっきりとか、そういうことを意味する言葉です。

今患者さんが、「先生、試験受かりました！」という報告をするとしましょう。そのときに精神分析家は何を言ったよいでしょうか。従来の精神分析の考え方では、この報告の無意識的意味をよく吟味したうえで、最終的にはそれを解釈として伝えることが精神分析家の仕事とされていました。最初の反応としては、何も言わないことが多かったのです。

しかしスターンに言わせれば、それでは分析家は十分に仕事をしたことにはならないかもしれません。そういうときには、患者に情緒的に調律することの方が大切かもしれないのです。たとえば、「やった！」とか、「ついに！」というような感じの反応を分析家がすることが大切かもしれません。あるいは逆に、あまり望んでいない合格だったら、「うーん……」という反応もあるかもしれません。言葉になりそうな、ならなそうなものを、何とか表現していくことが大切だ、とスターンは論じました。患者の情緒的体験に分析家が調律し、それをアーティキュレートしていくこと、それが、スターンの考える精神分析のプロセスの主要な部分を構成します。

スターンが提唱している臨床概念の一つに、**今のモーメント** *now moment* という概念があります。情緒的な調律はもちろん精神分析プロセスを通していつでも大切なのですが、実際の精神分析には、いわば山場というものがあって、そういう時には特に重要になります。この概念は、そういう山場を示す概念です。

スターンによれば、精神分析プロセスの中で他者のこころに決定的に触れるモーメントあるいは瞬間というものがあります。それは他者が自分とは決定的に違う存在で、自分の理解を超えた存在であることを体験する瞬間です。「なるほど、相手はこうなんだ」とすんなり理解することのできない、そういう理解が全く及ばない他者、そういう人との出会いというものが精神分析の中で起こることがあって、そのプロセス自体が治療的だ、スターンは論じたのです。

ジェシカ・ベンジャミンの間主観性理論

次に、ジェシカ・ベンジャミンJessica Benjaminという分析家の間主観性理論について紹介します。ベンジャミンは現在もニューヨークで活躍している分析家です。ベンジャミンは、精神分析の世界に入る前に、哲学を専攻していました。ヘーゲル哲学を学び、さらにアドルノやハーバーマスの批判理論をフランクフルトで学びました。そのあと精神分析の訓練を受けて分析家になりました。

ベンジャミンはフェミニズム精神分析の論客として知られています。古典的精神分析理論はフェミニストたちから酷評されたのですが、それも無理はありません。なぜなら、古典的精神分析理論の中では、伝統的に、女性はある種、従属的な立場に位置付けられてきたからです。

母親が赤ん坊に母乳を与えるという状況を考えてみましょう。古典的精神分析理論は、子どもにとっての対象として母親を考えて、その機能を考えてきました。「ほど良い母親」とか、「抱えること」、「α機能」といった概念は、そういった、母親の機能的側面に主に着目するものです。

しかし実際には母親には自分自身の事情や欲望もあります。母親には自分の生活、自分の関心事があって、本当は授乳の時間なのだけれども、ほかのことをしたいから赤ん坊を少しだけ待たせる、ということもあるわけです。基本的には善意な母親であっても、赤ん坊だけのための存在ではなく、主観性（主体性）をもった存在ですから、当然です。

従来の精神分析理論は、この**母親の主観性（主体性）** *the subjectivity of the mother* というテーマをうまくかわすような議論を積み重ねてきました。（注20）たとえば、クラインの精神分析理論によれば、母親が赤ん坊の望みを叶えずに自分の欲望にしたがって行動しているという状況を、赤ん坊は、良い乳房が悪い乳房に代わってしまったと体験します。赤ん坊は、不在というものを不在として体験することができないからです。良い対象の不在は、悪い対象の存在として体験されるのです。良い対象がいなくなるのではなくて悪い対象が生じると体験されるのだ、というクラインの発想の転換は、非常に独創的な考え方だと思います。

対象の不在の問題の例として母親の乳房の不在の話をしましたが、同じようなことは、分析家の不在についても言えることです。クラインの議論は、こころの重い病理を抱えた患者が、分析家の不在をどのように体験するかについて重要な示唆を与えてくれます。不在に関するクラインの先ほどの議論をそのまま応用して、患者にとって、分析家の不在は、単にセッションがなくなった、と体験されるのでなくて、分析家が悪い分析家に変化した、と体験される、と考えることができます。たとえば分析家が夏休みや出張などで精神分析が休みのとき、患者は、分析家がいないと体験するのではなくて、分析家に攻撃されている、と体験する、と考えることができるのです。

このようなクライン的な理解にもとづいて分析家は一体何をするべきなのでしょうか。古典的精神分析の考え方によれば、それは、患者にとって自分が悪い対象に変化したことを理解し、解釈することです。そのような理解と解釈を通して、患者は、対象の二つの異なる側面を理解するに至るとされます。すなわち、対象の不在をめぐる理解と解釈は、妄想 - 分裂ポジションにおける一方的な被害感と攻撃性から患者が抜け出て、抑うつポジションにおけるアンビバレンスの感覚に緊張感を保ちつつ留まることを助けるのです。

（注20）ベンジャミンの議論の文脈では、subjectivity という言葉は、意志の発動の源という側面が強調されて用いられているため、主体性という訳の方がよいかもしれないが、混乱を避けるため、以後、主観性という訳を用いる。

以上が、古典的精神分析の考え方ですが、ベンジャミンはそのような議論には満足しませんでした。母親の主観性について考えるところから母子関係を改めて考え直さなければならない、と考えました。

ベンジャミンの *The Bonds of Love: Psychoanalysis, Feminism, and the Problem of Domination* という本は、この問題を取り上げたことで非常に有名な本です。ベンジャミンは、母親が対象の役を果たさざるを得なくなるような事態がなぜ起こるのか、というところまでさかのぼって考察します。そして、母親の主観性の復権の重要性を説いたのです。

ベンジャミンが母親について述べたことは、精神分析家についても当てはまります。分析家も母親と同様に基本的に善意の存在なのですが、自分自身の都合や欲望をもった存在であって、単に分析家という機能を果たしているだけの存在ではありません。

精神分析家は自分の不在に対する患者の体験をどのように扱ったらよいのでしょうか。ベンジャミンは、クライン派の分析家のように、抑うつポジションの話で説明しきることはできない、と述べます。ベンジャミンは、抑うつポジションにおけるアンビバレンスの緊張感を保つだけではなくて、より間主観的な関わりが重要だ、と述べます。それは、患者が分析家という現実の他者に到達した感覚を持つこと、そして同時に、分析家という現実の他者に患者が到達された感覚を持つこと、この二つが必要だ、と論じます。

患者が分析家という現実の他者に到達した感覚を持つ、というのは、分析家は自分とは異なる人間で、異なる事情や欲望を持っている存在だ、ということが実感されるような体験と言ってよいでしょう。患者さんはしばしば、「先生はこういう人ですよね」などといった、自分の投影にもとづくイメージを自分の分析家について持っているものです。しかし、それはあくまでもその患者さんのこころの中での分析家のイメージにすぎません。現実の他者というものは、それを超える複雑さを持っているものです。精神分析の専門用語を用いて言い換えれば、他者とは、それを自分の一部であるかのように扱うことによって、すなわち**同一化** *identification* によって理解し得るものではありません。他者とは、自分の想定の全く及ばぬところにあるのです。そして、相手は自分には分かり得ぬ存在だ、という感覚が、逆説的ですが、本当の意味で相手に出会うことを可能にします。

自分ではない存在に出会うということは、決して容易なことではありません。他者との出会いは、自分の理解の限界を自分自身に突きつけます。そこには痛みがあるのですが、その痛みの経験があってこそ、自分とは異なる存在に初めて向き合うことができるのです。分析家という現実の他者に患者が到達し、また分析家に患者が到達された感覚を持つということは、自分には分かりえない相手であることが分かったこの目の前の分析家は、それでもなお、こころの中で、患者である自分のことを思っている、という感覚です。そしてその感覚を持つことができるようになることにこそ本質的な変化の可能性がある、というのがベンジャミンの考え方です。

他者というものは、最終的にはどうしても分からないところがあるものです。どうしても分からないところがあるのだけれども、その、分からないところがある、ということを分かることが大切であり、同時に、それでも自分はその他者のこころの中に存在している、という感覚を持つことができるというのは、間主観性が達成されている、とも表現できます。ベンジャミンの間主観性は、その意味で、**他者および他者性の認識** *recognition of the other and the otherness* なのです。

ベンジャミンに言わせれば、投影同一化の理論は、他者性の認識をなし崩しにしてしまう危険性をはらんでいます。なぜならば、投影同一化の理論を身につけることによって、分析家は自分が患者について体験していることをすべて患者からの投影同一化として理解しつくしてしまうことになってしまうからです。ベンジャミンは、そのような分析家のあり方は、分析関係の不可知性に分析家が耐えられなくなったときに立ち現われるものだと論じます。すなわち、投影同一化の理論は、間主観性的なつながりを患者との間に維持できないときに防衛的に動員されているものである可能性があるのです。

ウィニコットからの影響

今述べたようなベンジャミンの考え方は、ベンジャミンの独創性によるところが大きいですが、しかし、ベンジャミンが一人で考え出したものではありません。ベンジャミンの発想の由来を辿ると、そこにはウィニコットの影響が濃厚に見て取れます。

クライン派の精神分析も、ウィニコットに代表される中間学派の精神分析も、広く対象関係論に括られる考え方です。ベンジャミンは対象関係論における、ときに過度な対象化の傾向に反論したのですが、その源は意外にも対象関係論そのものにあった、ということです。

ウィニコットが、**対象に関係すること** *object relating* と**対象の使用** *object usage* という二つの対象関係のあり方について論じたことを思い出してください（第11講）。ウィニコットにとって、対象に関わることとは、ある種の万能的な関わり方で自分の一部として相手と関わることを意味します。しかし、ウィニコットにいわせれば、そこから対象の使用の方に移行する必要があります。そのためには、攻撃性が対象に向けられて、その攻撃性を対象が生き延びることによって図らずもそこに対象の他者性が浮かび上がる、ということが起こらなければならない、とウィニコットは論じました。

そのように、ベンジャミンの理論はウィニコットの影響のもとに発展したものです。ウィニコットが論じ始めた他者論を、ベンジャミンは関係精神分析の文脈の中で現代的に完成した、と言えるでしょう。

関係精神分析とこれからの精神分析

今回は、関係精神分析のトピックとしてエナクトメントと間主観性を取り上げました。最後に、関係精神分析とこれからの精神分析について思うことを話してみたいと思います。

前回そして今回と、主に、関係精神分析の良い所と思われるところを中心に話しましたが、自己心理学の場合と同じように、関係精神分析に対しても批判がないわけではありません。関係精神分析は自己心理学よりもさらに大きな動きです。したがって、自己心理学に対してよりもさらに強い反発がありました。

それらがどのようなものだったのかについての詳細には入りませんが、関係精神分析がこれまでの精神分析の積み重ねを破壊しているだけではないか、という声があったことに少し触れておきます。

関係精神分析によって、人間のこころというものについての古典的精神分析の考え方が不十分であることが示されると、それでは他にどのように考えたらよいのかという問題が残りました。関係精神分析は古典的精神分析の問題をいろいろと論じてきたのですが、それでは実際にどのように精神分析を実践するのかということに関して言うと、古典的精神分析体系のようには具体的な方法論を明確に打ち出していない、という指摘があるのです。

私は、関係精神分析の最大の貢献は、精神分析の諸理論を相対化したことだと思っています。確かに、関係精神分析は新しい治療論も論じているのですが、それによって古典的な精神分析治療論が廃れてしまったということはないと思います。関係精神分析が、もともと、対人関係精神分析や対象関係論のハイブリッドであったことを思い出してください。関係精神分析の考え方には非常にラディカルで、これまでの精神分析を否定している部分もあるのですが、一方で、いろいろな精神分析理論を相対化して、うまく位置付けようとするものでもあります。

私が実際に精神分析を行っているとき、自我心理学と対象関係論、そして対人関係精神分析から私が学んだことが頭に浮かんでいることが多いと思います。ただ、それは私のパーソナルな体験がそれらの学派に関するものだったというだけで、必然性はないのです。関係精神分析は、精神分析がパーソナルな営みであって、誰にでも普遍的に当てはまるような理論的理解を与えてくれるものではないことを論じてきました。これまでいろいろな学派の精神分析を紹介してきましたが、それらのどれにより親和性を感じるかは、人それぞれです。そして、自分の感じているその親和性が自分のパーソナルな体験に由来するものであって、その学派が絶対的に正しいからではないことを理解している限りにおいて、それでよいのだ、ということを関係精神分析は理論的に示唆していると言えるでしょう。

実際のところ、関係精神分析はアメリカでこそ大きな影響力を持つ考え方になっていますが、世界の精神分析全体の中ではまだまだ少数派です。実は、今でも、世界の精神分析の中での多数派は古典的な精神分析家なのです。特に対象関係論に親和性を感じる分析家が世界全体を見ると多い印象です。

関係精神分析の議論の影響もあって、自我心理学や対象関係論の中でも、関係精神分析が指摘してきたような精神分析の問題は盛んに議論されるようになっています。これからの精神分析が関係精神分析一本になるということはおそらく無く、関係精神分析はいろいろある学派のうちの一つに留まるでしょう。そしてそれでよいと私は思います。

最後に

いよいよ最後になりました。フロイトの理論から始まったこの講義シリーズは、最後は皆さんの予想外のところにたどり着いたのではないかと思います。この講義シリーズの切り口は、私の個人的な考え方によるものです。他にも、精神分析にはさまざまな切り口があることでしょう。私の考え方もこれから変化するかもしれません。とくに心理療法の専門家を目指す皆さんには、今後是非、自分自身の精神分析観を持てるように、この講義シリーズを参考にしながら自分自身で考えていってほしいと思います。それでは、終わりにしたいと思います。

Q&A

Q1 精神分析とアートの類似点についてもう少し教えていただけますか?

第1講の中で、精神分析とアート、特にその中でも音楽との類似点について少し述べました。体験が重要であること、そして一対一の学びであることを挙げました。ここでは、それらについてさらにもう少し述べてみたいと思います。また、加えて活動の場についても述べてみたいと思います。

音楽は奏でて、それを鑑賞するものです。もちろんそのためには何らかの勉強をしなければならないのですが、それは、通常の意味での勉強、すなわち何かを理解したり覚えたりするといった意味での勉強とはちょっと違うと思います。演奏をする人と、それを聴いている人たちの音楽体験というものがある。そのあとに、その音楽をどう理解するとか、その理解を支える理論がどうだとか、そういうものが来るのだと思います。音楽は理解することが直接の目標ではないでしょう。音楽を体験することそのものが目標だと思います。

精神分析も同じで、精神分析の体験そのものが大切です。その中で理解が生まれてくる。理解はもちろん重要なのですが、体験と一体化している理解である必要があって、精神分析の体験から外れた机上の理解というのは、精神分析の本質とは外れたものです。

学び方に関しても音楽と精神分析の間には共通点が多いと思います。音楽は全くの独学でマスターすることは非常に難しく、系統的な訓練を必要とします。そして先生から生徒への伝達の方法は、本に書いてあることを説明するというようなものではなくて、一対一の個人レッスンによるものです。

　それではレッスンでは何を教えるかというと、基本的には、生徒が演奏をして、それに対して先生が、こうするとよいとか、こうしてはいけないとか、言葉によって教えたり、あるいは先生自身が演奏してみせて教えたりします。一人ひとりがそれぞれ固有の特徴を持っていて、皆が違った演奏をするわけですから、一人ひとり教えるしかありません。一人の先生から一人の生徒に、生きたものとして伝えなければならないわけです。

　音楽の独学が難しいように、精神分析の独学も難しいものです。自分一人で精神分析家になった人というのはいません。フロイトは例外中の例外ですが、創始者なので特別です。フロイトの前には精神分析家は誰もいなかったので、仕方がなかったわけです。精神分析家になるためには、こちらもやはり系統的な訓練を受けることが必須です。

　精神分析の勉強というと、フロイトなどの精神分析の本を読むことを思い浮かべるかもしれませんが、精神分析関連の本や論文を読むことは、精神分析訓練の中では実はそれほど重要ではありません。全く重要ではないわけではなく、実際、訓練中は膨大な量の文献を読まされます。私も、訓練中は、毎週毎週大量の英語の論文をひたすら読まされました。一つの講義で二－三本、論文が課題として出されるのですが、講義が毎週二日に分けて、それぞれの日に一－二コマずつありました。ですから、毎週五本とか一〇本とか、たくさんの論文を読むという、そういう生活を六年ほど続けていました。それでも、論文を読むことは精神分析の訓練の主要部分ではないのです。

　精神分析の訓練で決定的に大切なのは、自分自身が精神分析を実際に受けることです。訓練分析と呼ばれています。あと、自分自身が精神分析を行って、その個人指導を受けることです。本を読んで勉強することは、この二つに比べると重要性はずっと下がります。

　精神分析の技術の伝達は、音楽の場合と同じように主に一対一のやり取りを通して行われます。音楽の個人指導は、レッスンと呼ばれますが、精神分析の個人指導は、スーパーヴィジョンと呼ばれます。音楽のレッスンで生徒が用意してきた曲を演奏するように、精神分析のスーパーヴィジョンでは、実際の精神分析セッションの記録を用意して、それを報告してもらいます。それに対して、スーパーヴァイザーである先生がいろいろとコメントをしてくれます。精神分析セッションというのは、当然ですが、決して同じものがないのです。人によって話は違いますし、同じ人でも全く同じ話をするということはありません。ですから、精神分析家が何を言うのか、ということも、そのセッションに全く固有のものになります。演奏という行為が一回限りであるのと似ています。それに対する指導は、一対一で行うのが効果的なのです。

活動の場という点で、音楽と精神分析は似ていると思います。音楽家のメインの活動の場がステージであるように、精神分析家のメインの活動の場所は、精神分析オフィスになります。音楽家が大学に籠ったきりで演奏活動を全くしていないとしたら、どうでしょうか。同じように、精神分析家が大学やセミナーなどで教えるだけで、自分自身は実践していないとしたらどうでしょうか。教えることが中心になるということは、長年経験を持った音楽家なり精神分析家にはあり得ることだと思いますが、少なくともキャリアのはじめの方で取る道ではないでしょう。音楽家がステージ上でインスピレーションを得るように、精神分析家は精神分析オフィスにおいてこそ本質的に重要な体験をするものだと私は思っています。

なお、精神分析においても音楽と同様に体験的な面が重要だ、と強調しましたが、とは言っても、最終的には体験されたものや理解されたものを言葉にしていくことが重要です。精神分析の知的な面を過度に強調したり、それに魅了されすぎることには気をつけなければなりませんが、知的な面の意義がアートにおけるそれとは異なっていると思います。

Q2　精神分析家はどこに所属しているのですか？

精神分析家は、精神分析家の団体である精神分析協会に所属しています。どの精神分析協会にも所属していない精神分析家というのはごく少数です。精神分析の訓練を終えたあとは、自分が卒業した精神分析インスティテュートを運営している精神分析協会に入会するのが普通だからです。ですから、精神分析インスティテュートの数とほぼ同数の精神分析協会が世界にはあります。

精神分析家にとっての精神分析協会は、研究者にとっての大学や研究所と似ているところがあります。学会やセミナーなどで精神分析家を紹介したり、精神分析家が自分を名乗るときはたいてい、「○○精神分析協会の○○」と呼びます。

一部の精神分析家は、精神分析協会以外に、大学、病院、クリニックなどにも所属しています。それは、精神分析家の基礎資格が精神科医や心理士であって、精神科医や心理士が教育を受けたり、研究をしたりする場所が大学であり、臨床に従事する場所が病院やクリニックだからです。精神分析家の活動の中心はあくまでも精神分析協会になります。

精神分析家が大学の精神医学教室や心理学科に所属し、教鞭を取っていることはしばしばあることです。私自身、長らく大学で教鞭を取っています。

しかし、精神分析の実践そのものに関して言えば、大学という組織は直接的にはあまり関係ありません。精神科医であれ心理士であれ、精神分析家としての臨床の現場は大学の外にあるからです。大学は、主に、精神分析の基礎となる精神医学や心理学を教えたり研究したりする場所だと言えます。

Q3　将来アメリカで精神分析の訓練を受けたいと思うのですが、アメリカでは精神分析の訓練を受けるためにはどんな免許が必要ですか?

原則として、アメリカで精神分析の訓練を受けるためには、医師免許、心理士の免許、ソーシャルワーカーの免許の三つのうちのいずれかが必要です。日本の免許や資格は通用しませんから、アメリカで三つのうちのいずれかの免許を取得しなければなりません。その上で精神分析の訓練を開始するのが一番のルートです。精神分析は患者を相手に行うものですから、まずは基本的な臨床免許が必要です。それをアメリカで取得し、患者を実際に治療しながら精神分析の訓練を受けるのです。そのうえで、最終的に精神分析家の資格が得られます。

ただ、アメリカで医師免許、心理士の免許、ソーシャルワーカーの免許を取るのは大変です。精神分析の訓練の以前に、これらの免許を取得するために膨大な時間とエネルギーが必要です。

幸い、いくつかの州では他の可能性もあります。訓練プログラムに参加するだけであれば、アメリカの通常の免許を取得しなくてもよい場合があります。そのようなプログラムで精神分析の訓練を受けるだけであれば、アメリカの免許を取得するための膨大な手間が省けるかもしれません。

また、精神分析的な実践のみのための免許あるいは認可を出している州があります。ニューヨーク州、バーモント州、ニュージャージー州では、精神分析的な治療を行うための免許あるいは認可というものを作りました。これらの州では、医師免許、心理士免許、ソーシャルワーカーの免許を取得することができない方でも、そのような免許あるいは認可を取得することで、精神分析的な治療を合法的に実践することができるようになりました。以前は、それらの方々の中には、免許あるいは認可なしに精神分析的な治療を実践していた方もいたのですが、そのようなことはなくなりました。

　背景には、精神分析の訓練を希望する方の中には、医学、心理学、ソーシャルワークの専門課程を修めた方以外にも、人類学や哲学など関連領域の勉強をしてきた方もいる、という事情があります。他の専門領域に精通した方が精神分析の世界に入って来ることにはプラスの面があります。いろいろなバックグラウンドを持つ方がいることによって精神分析の領域が豊かになるからです。しかし、医師、心理士、ソーシャルワーカーとしての基礎訓練を受けずに臨床の基礎を身に着けることは困難です。

　先ほど挙げたいくつかの州における精神分析的な実践のみのための免許や認可の基準は、ＩＰＡの訓練基準のような詳細で厳密な基準とは異なります。精神分析の実践に週何回以上のセッションが必要であるかを明確に規定していないなど、より広く、より多くの方にとって満たしやすい基準が設けられています。

　精神分析インスティテュートの中には、これらの免許や許可を精神分析の訓練の中で取得できるようなプログラムを組んでいるところもあります。そのようなプログラムは、アメリカの免許を持っていなくても入ることができる可能性があります。またそこを卒業すれば、精神分析的な治療に限り、卒業後もその州で臨床実践を続けることができるようになります。

　ただ、他の州では通用しませんし、そもそも同じような免許がない州がほとんどです。また、精神分析的な治療以外の臨床業務には制限があります。ですから、長くアメリカに住むことを希望する場合、やはりアメリカで医師、心理士、ソーシャルワーカーの免許を取るのがよいでしょう。

　いろいろ話しましたが、やはりアメリカで精神分析の訓練を受けることは大変です。日本での精神分析家の訓練は年々充実してきています。アメリカには素晴らしい訓練プログラムを提供している精神分析インスティテュートがたくさんありますが、日本で医師免許や心理士の資格・免許を取得して日本で精神分析家の訓練を受けることも視野に入れておく方がよいかと思います。

Q4　日本の精神分析のレベルはアメリカの精神分析のレベルと比べてどうですか？

この問いに答えようとすると、精神分析に「レベル」などという分かりやすいものがあるのか、という本質的な問いが残ります。しっかり答えることはできないのですが、そこをあえて答えるならば、次のようになると思います。

個々の精神分析家に関して言うと、私は、日本の優れた精神分析家や精神分析的セラピストは、アメリカの精神分析家や精神分析的セラピストと比べて劣るところはないと思っています。

一方、精神分析の実践は、個々の精神分析家の力量だけでなり立っているものではありません。精神分析の「インフラ」のようなものがあるのです。それには、精神分析家の数、精神分析の社会的評価、医療における精神分析の位置づけ、精神分析オフィスの開きやすさ、などいろいろあります。日本の精神分析家の数は、アメリカよりもはるかに少なく、精神分析の認知度もアメリカに比べるとまだまだ低いものです。

すなわち、日本の「精神分析インフラ」はまだまだ発展途上です。それを「レベル」の違いと言ってよいのかはわかりませんが、日本の精神分析とアメリカの精神分析の違いはこの「精神分析インフラ」によるものが大きいように思います。

Q5　英語が十分に読みこなせないと精神分析を学ぶのは難しいですか？　ドイツ語やフランス語はどうでしょうか？

英語が十分に読みこなせなくても、精神分析を学ぶことはかなりの程度可能です。しかし、しっかり学ぶためには、やはり英語の文献に当たることが必須でしょう。精神分析の文献のほとんどは英語で書かれています。日本語になっている文献もかなりあるのですが、それでも精神分析の文献の全体の一部にすぎません。

ドイツ語やフランス語が読めれば役に立つことでしょう。しかし必須とまではいかないと思います。これらの言葉で書かれている文献は、英語の文献と比べるとずっと少ないと思います。

ドイツ語を読めることはフロイトの理解に非常に役に立ちます。ストレイチーによるフロイトの英訳は非常によくできているのですが、やはりドイツ語の原文のニュアンスが大分失われています。重要なところだけでも、原文にあたると随分違うものです。

同じように、ラカンに関心のある方は、フランス語の原文を参照できるとよいと思います。

Q6　英語で精神分析の訓練を受けるのに必要とされる英語力はどの程度ですか?

日本語が母国語の方が英語で精神分析の訓練を受けることには大きな困難が伴います。精神分析訓練にどの程度の英語力が必要とされるかですが、英語のテストや英語検定の類では測りにくいでしょう。テストで非常に高い得点が取れても、患者と英語で自由にコミュニケーションを取ったり、ネイティヴと英語で議論するために必要な英語力は別のものです。ネイティヴの英語力というものは途方もなく高いものです。

それまで英語圏で何年も暮らしたことのあるような方でなければ、せっかく精神分析の訓練を受けに行っても、最初の数年くらいは、英語を正確に聞き取り、自分の気持ちを伝えることに大分エネルギーを取られるのではないかと思います。アクセントのない、明瞭な発音の英語であればまだ聞き取りやすいものですが、患者さんの話す英語の中には、強いアクセントがあることもしばしばです。それでも慣れてくると聞き取れるようになるものですが、時間がかかることでしょう。精神分析の訓練を外国で受けることの一つの問題点はここにあります。せっかく訓練を受けにいっても、訓練以前の言葉の問題で膨大なエネルギーを使うことになります。ただ、それを乗り越えれば、外国でしか得られない訓練体験が得られるのではないかと思います。

Q7　抑圧と解離の違いについて、外傷との関連でもう少し教えてください

外的なものは知覚というチャンネルを通してこころにスーッと入ってくるもので、一方で内的なものは自我による制止を受けるため、それを手掛かりに外的なものと内的なものとを区別することができる、とフロイトは考えました。

今、少し上を向くと、目の前に電灯が光っているのが見えるでしょう。これが何か心的葛藤のために見えなくなるということは滅多にありません。電灯がこころの中の何かのために、たとえば罪悪感のために全く知覚できなくなる、見えなくなることはほとんどありません。ほとんどない、と言ったのは、稀にはあるからで、実際ヒステリー性の盲というものはあることにはあるのですが、滅多にありません。

それに比べると、「こころの中の電灯」のようなもの、電灯のイメージや電灯という考えが「見えなくなる」ということはもっと頻繁にあります。あるいは、もっと臨床的なことで言えば、嫌な体験、辛い体験のイメージとかそれにまつわる考えがいわば「見えなくなる」ということはよく耳にするところです。そこに神経症でしばしば見られるような自我の働きを感じることができます。刺激を散らしたり、そらしたり、エネルギーの分布を変えたり、「こころの中の電灯」は、こころの内部にあるために、そういう作業を受けやすいのです。

ただ、今まとめたような外的なものと内的なものの区別の仕方についてもう少し考えてみると、本当にそうだろうか、という疑問も残るところではあります。この疑問についてもう少し話してみましょう。

すなわち、フロイトのこの発想は外的な環境、体験、知覚、そういったものの影響というものを十分に考えていないのではないか、フロイトは精神内界の意義に集中しすぎて、精神病理における外傷の意義を過小評価しているのではないか、という疑問です。人はそんなにスーッと外部を知覚できるものではないのではないか。人が何かを知覚し、体験するというのはもっと複雑な過程であって、それはある条件のもとに可能になるだけなのではないか、という意見があります。

たとえば患者に過酷な現実の話をしてもらうように仕向けると、外傷体験が典型的ですが、選択的に一部を話さないということがしばしばあります。それもどうも、話したくないのではなくて、本当に話せないようなのです。そういうことがしばしばあります。外傷体験者の方の多くが外傷について語れなくなっているのですが、それは言わば、電灯を見るという体験をしているはずなのに、それについて話せなくなっているようなものです。でもそれは、何らかの心的葛藤のために話せなくなっている、というのとは少し違うのではないか、という考え方があります。

電灯を見ているのに話せないということ、あるいは外傷体験について話せないということは、その人の主たる意識状態において、そもそも知覚することや体験するということとそのものが十分に起こらないような状態になっているためである、と説明することができそうです。そういう人は、電灯を目にしているのに、電灯の知覚が生じない状態、電灯を見るという体験が生まれない状態になっているのです。今話しているような事態は、そもそも体験するということ自体が障害されているような事態です。一度十全に体験をしていて、その上でその体験が、制止や抑圧によって意識できないものになっているというのとは異なります。

外傷体験はあまりに衝撃的なので、こころの処理が追い付かなくなって、自分自身を引き裂いてしまうほどです。自分の本体の部分を、外傷を体験している自分から切り離してしまうことで何とか対処しようとします。そういうこころの働きのことを解離と呼ぶことは講義の中で話した通りです。

そして、外傷のように不十分にしか体験されていないような出来事は、主たる意識状態とは異なる別の意識状態になることで、すなわち解離状態に入っていくことでまた話せるようになったりするということが臨床的には知られています。すここに再び、ブロイアーやジャネの発想が戻ってきます。すなわち、そういう患者は、意識状態を変容させることで治療することができる、という発想です。

というわけで、患者の何かが話されていないという事態の説明には二通りあり得るということになります。一つは話したくないで、もう一つは、話せないです。フロイトの関心は、後者よりも前者にありました。このことをあえて取り上げているのは、フロイトの理論構成はそういう選択にもとづいたものだ、ということを言っておきたかったからです。この選択は必ずしもそうでなければならないものというわけではありません。他の理論構成もあり得るわけです。ただ、フロイトはそういう選択をしたというだけです。フロイトは、病気の原因となるような主たるこころの働きとして、解離ではなく抑圧を採用したのですが、それは一つの選択だったということです。

Q8　週一回でも精神分析的な治療ができるのでしょうか？

この問いに答えるためには、「精神分析的な治療」という言葉が何を指すのを明らかにする必要があると思います。

「精神分析的な治療」を、「精神分析という治療」と「精神分析の考えを用いた治療」に分けて考えるとよいと思います。そしてこの二つの違いを考えるには、それぞれが何を目標としているのか、ということを考えるとよいと思います。

最初に、「精神分析という治療」の目標ですが、それは「無意識の十分な探究」であると言えるでしょう。そして、その方法として、「精神分析という治療」では防衛分析や転移分析を行いますが、特に転移分析を中心とした転移的な現象を扱う方法を重んじます。

つまり、「精神分析という治療」は、「無意識の十分な探究を行うもので、特に転移分析を重んじるもの」と言えるでしょう。そして、このように考えられた「精神分析という治療」を「精神分析」と呼ぶ、と私は考えています。

そのように考えられた「精神分析という治療」であるところの精神分析は、その目標を達成するために、最低でも週三回の頻度を必要とします。できれば、週四回以上がよいでしょう。週三回ですと、うまく進まない場合が週四回以上の場合よりも多くなります。

次に、「精神分析の考えを用いた治療」について考えましょう。「精神分析の考えを用いた治療」は、「無意識のある程度の探究」を目標にするような治療であると私は考えます。その他に、症状の軽減、現実適応の改善なども同時によい目標になると思います。このような治療は、症状や現実適応に問題があって、それらの改善を患者が求めており、かつそのような改善が、無意識的な領域をある程度扱うことなしには達成しにくい場合に適応になります。その方法としては、「精神分析の考えを用いた治療」では、「精神分析という治療」と同じように防衛分析や転移分析を行いますが、転移分析を中心とした転移的な現象の比重は「精神分析という治療」よりも低いものになります。転移分析以外の技法が「精神分析という治療」の場合よりも重要になるのです。そして、このように考えられた「精神分析の考えを用いた治療」を「精神分析的心理療法」あるいは「精神分析的サイコセラピー」と呼ぶ、と私は考えています。

まとめると、「精神分析の考えを用いた治療」は、「無意識のある程度の探究を行うもので、転移分析をある程度を重んじるもの」と言えるでしょう。

もし、「精神分析の考えを用いた治療」を開始して、途中から何らかの理由で、無意識の探究が「ある程度」では不十分で「十分に」行われなければならいない、と判断された場合には、「精神分析という治療」に移行する必要があるでしょう。

さて、次に考えなければならないのは、これらの「目標」を達成するために必要な設定についてです。その設定の変数としては、週当たりの頻度が重要です。

週一回の頻度では、転移分析を中心に据えて無意識の十分な探究を行うことは非常に難しい、というのが私の実感です。ですから、週一回の頻度の場合、「無意識の十分な探究」を目標とせずに、異なる目標を持つのがよいでしょう。週一回の頻度の場合、「無意識のある程度の探究」がよい目標となる、と私は思います。

週一回でも「無意識の十分な探究」を目標にすることができると考える治療者もいるかもしれません。しかし私は、そうは考えません。「無意識の十分な探究」には、ごく例外的な場合を除いて、週三回以上の頻度が必要だと考えています。

今述べたような考え方は、頻度によって精神分析を定義しよう、という考えと似ているものの、実は全く異なる考え方です。頻度が先に来るのではなくて、「無意識の十分な探究」という目標が先に来るべきなのです。そうすると、結果的に、それを可能にする設定が最低週三回以上であって、その方法が主に転移分析になる、ということです。逆に、週三回とか週四回行えば自動的に精神分析になるわけではないのは明らかでしょう。

私の考えでは、「精神分析の考えを用いた治療」すなわち精神分析的心理療法は、「精神分析という治療」すなわち精神分析からその方法を部分的に拝借するものです。精神分析的心理療法では、精神分析とは異なり、精神分析以外の方法も積極的に用いる必要があると私は思います。それはたとえば、支持的技法です。支持的技法を導入することによって、無意識の探究が犠牲になるかもしれません。しかし、精神分析的心理療法ではそもそも「無意識の十分な探究」を目標とはしていないのですから、それでよいのです。週一回の精神分析的心理療法では、精神分析とは異なる目標に向けて、支持的技法も積極的に用いることが重要でしょう。

週一回の治療が「精神分析的」なのかどうか、考え込んでしまう治療者も少なくないようです。しかし、精神分析から得られた知見や方法を一部でも用いたら、それはすでに立派な「精神分析的な治療」だと思います。週一回の治療は十分に意義深いものになる可能性があります。それは「精神分析という治療」すなわち精神分析ではありませんが、だからといって価値が劣るというものではありません。どういう治療を患者が必要としていて、何を目標とするべきなのかは、全くのケース・バイ・ケースです。精神分析が必要な方もいれば、精神分析的心理療法を必要としていてかつ十分である方もたくさんいます。治療方法に優劣があるわけではないのです。

Q9　週四回の精神分析が必要な患者は実際にはほとんどいない、という話も聞きますが、そうなのでしょうか?

週四回の精神分析を必要としている人がほとんどいない、という意見は、「ほとんどいない」の意味にもよりますが、大きく間違っている意見ではないと思います。ただ、大切なのは、「ほとんどいない」ことと「全くいない」というのでは、全く話が違うということです。週四回の精神分析を必要としている人は、数は少ないですが、確実にいます。慢性的な生きづらさを抱えており、薬物療法や、週一回あるいは週二回のセラピーを何年も試しても、どうにも辛さが改善しない方がいます。そのような方の一部に、週四回の精神分析を必要としている方がいます。精神分析であればこそ、その方の生きづらさの問題を理解し、新しい何かをもたらせる可能性があるのです。人の人生は、平均的人生からの距離で測れるものではありません。どれくらい稀であっても、その方にとっては、固有の意義を持つ一回限りの人生における悩みです。精神分析が必要な人が一人いれば、その方にとって精神分析は必要なのです。他に精神分析が必要な人がどれだけいるか、という問いは、その方にとってはあまり意味を持ちません。

精神分析を必要とする方が仮に千人に一人、あるいは一万人に一人しかいないとしても、そういう方は実際にいるし、精神分析はその方たちにとっては必要なものなのです。私は、実際には精神分析を必要としている方は潜在的にかなりいると思っています。

そういう方の精神分析をする精神分析家の数は、そんなにたくさんいなくてもよいかもしれません。ただ、誰もいなくてよいのではなく、誰かできる人がいることが重要だと思います。

Q10 精神分析家や精神分析的な治療者は、何時から何時くらいまで仕事をするのでしょうか？ 一日何人くらいの人を分析するのですか？

日米で若干の違いがあります。アメリカの精神分析家は、朝が早い方が多かった印象です。朝八時前から始めている方が少なからずいました。知り合いの訓練生は、朝六時台から始めていました。ただ、夜はアメリカの精神分析家の方が切り上げるのが早い気がします。また、週末の休みも確保していたように思います。

日本の場合、印象ですが、朝は早くても八時くらいからではないでしょうか。夜は九時とか、一〇時までやっている方もいるように思います。

一日何人くらいの人を分析するかですが、アメリカでは、一日一〇セッションもっている方も結構いました。中には一日十一セッションもっている方もいました。でも、一日一〇人を超えると、多すぎるように思います

私も、昔は一日一〇時間ほどセラピーをしていたことがありました。しかし今では、私は一日一〇人は多すぎるように感じます。午前中四人、午後に四人の八人くらいでないと、疲れてしまい、じっくりと話を聞くことが難しいと思うようになりました。ただ、これは個人差があるので、一〇人でも大丈夫な方は大丈夫なのでしょう。

Q11 先生は何学派の分析家ですか？

しばしば「先生は何学派の分析家ですか？」と聞かれることがあります。ただ、この質問にどう答えるのかは少し複雑です。「何学派の分析家ですか？」という問いには、「何学派の理論にもとづいて実践をしているのですか？」という意味と、「何学派の分析家とみなされていますか？」という意味の両方が含まれているように思うからです。

「何学派の理論にもとづいて実践をしているのですか？」という問いに対しては、私は、「特に何学派の理論にもとづいて実践をしよう、などとは考えていません」と答えるでしょう。私が関心をもっている理論によってではなく、あくまでも患者さんが話すことによって精神分析の実践をガイドしていきたいと思っているからです。

「何学派の分析家とみなされていますか？」という問いは、周りがどのように見ているか、ということですから、それに

比べると単純です。私は関係学派（関係精神分析学派）の分析家とみなされていると思います。

ただ私は、精神分析家であるという以上に、〇〇学派の精神分析家というように少なくとも自分では規定しなくてもよい、さらには規定しないほうがよいのではないかと思っています。

現実的には、精神分析家が学んだインスティテュートによって、当然学派的な偏りが生じます。すべてのインスティテュートで等しく精神分析を学べる、ということはありませんし、そうあるべきでもないでしょう。「自我心理学派の分析家」、「対象関係論学派の分析家」というような分類には、ある程度妥当性があると思います。

しかし、それはその分析家が学会やセミナーで話すときに、それを聞く人が、ある特定の学派の観点からの発言を期待している、ということの結果であるだけのようにも思います。実際の精神分析の現場では、ある特定の学派の観点のみから分析を進めているというわけではないと思います。

諸学派の見取り図のようなものがあるとして、その中で私が自分自身をどこかに位置づけるとしたら、私は自我心理学、米国対象関係論、そして対人関係・関係学派の間に位置づけると思います。そのような私の考えは、広い意味で、対人関係・関係学派に分類されるものでしょう。

しかしこの学派的区別に私は拘っているわけではありません。実際の臨床では、自我心理学や対象関係論にずっと寄った考え方をしていることがしばしばあります。その方が多いかもしれません。学派的区別は、精神分析のアカデミックな世界では意味がありますが、臨床ではあまり意味がないと私は思っています。今後も、他の学派の理論に学ぶことがあれば、私はその学派の勉強をして、臨床に生かしていきたいと思っています。

Q12 ラカンの精神分析をどう思いますか？

皆さんの中には、精神分析の中でもラカンの精神分析に関心があって、その話を聞きたいと思ってこの講義を取ることにした人がいるかもしれません。そうならば、私がそういう話をしないのでがっかりしているかもしれません。

残念ながら、私はラカンについて講義ができるほどよく理解しておらず、十分に話ができないと思うので、この講義では取り上げていません。

ラカン派の精神分析を受けた経験が私はありませんし、ラカン派の精神分析のスーパーヴィジョンを受けたこともありません。ラカン派の精神分析について多少は本を読んだりしたのですが、私が毎日行っているような精神分析臨床の実践にどのように取り入れることができるのか、実感できるほどにはなっていないところです。

今のところ以上のような事情でラカンについては取り上げることができないでいますが、ラカンやラカンに影響を受けた精神分析家の書いたものを読むと、ラカンが極めて鋭利で独創的な思索を展開した方で、特にフロイトの仕事について他の分析家が到達しえないレベルで考え続けていた人であることを感じることができます。そういう意味で、ラカンの精神分析は重要な参照枠の一つだと思います。

Q13　先生の精神分析の訓練とその後の精神分析家としての歩みについてもっと教えてもらえますか?

私は、コロンビア大学精神分析センターとウィリアム・アランソン・ホワイト・インスティテュートという二つの精神分析インスティテュートで訓練を受けました。前者は、正式には、Columbia University Center for Psychoanalytic Training and Research と言い、後者は、William Alanson White Institute of Psychiatry, Psychoanalysis & Psychology と言います。

私は、アメリカに行く前から、スティーヴン・ミッチェルという精神分析家の著作に強い関心をもっていました。ですから、ミッチェルが卒業し、所属していたホワイト研究所で学びたいという希望を漠然と持っていました。しかし、ミッチェルは私がアメリカに着いたその年の冬に突然亡くなってしまいました。私はその訃報を New York Times 誌で知ったのですが、あまりの突然のことに非常に驚きました。というのも、その数週前には、私はミッチェルの講演を聞きに行っていたからです。どの精神分析インスティテュートで訓練を受けるのかということについて、私は振り出しに戻った気がしました。

その後、私のアメリカでの恩師だった精神分析家の竹友安彦先生がコロンビア大学精神分析センターの卒業生で、竹友先生のすすめもあり、コロンビア大学精神分析センター所属の訓練分析家から週四回の精神分析を受け始めました。そして精神分析を受けながら、コロンビア大学精神分析センターに精神分析の講義を受けに通いだしました。

その後は、ある現実的な事情もあって、ホワイト研究所に移籍し、卒業しました。当時ホワイト研究所はまだＩＰＡ加盟研究所ではまだなかったため、移籍に迷いはありました。しかし、ホワイト研究所はnon-IPAインスティテュートとしてもっとも有名な研究所の一つで、非常にすぐれた訓練を提供しているインスティテュートとして知られており、訓練内容は大変魅力的でした。以前からミッチェルをはじめとするホワイト研究所の分析家たちに強い魅力を感じていたこともあって、それでよかったと思っています。

その後ホワイト研究所はＩＰＡに加盟し、私はＩＰＡ会員として認められることになりました。その後も訓練を続け、日本精神分析協会の正会員として認めてもらいました。そして日本精神分析協会の訓練分析家となり、今日に至ります。

二〇二三年からは、ＩＰＡのボード（代議員会）のメンバーとして、ＩＰＡの運営に携わっています。

Q14　訓練分析とはどのような体験なのでしょうか？　先生の個人的体験についても教えていただけますか？

精神分析の訓練においては、訓練分析が決定的に重要です。それは、精神分析家の資格を取るために必要だとか、そういう実際的なことを超えて重要なことです。精神分析家になるためには、自分をよく知る必要があります。それは他の人に向けてそのように言えるようになるために重要なのではなく、精神分析家になることを志す自分自身にとって、重要なことです。ですから、訓練分析は確かに訓練の重要な一部なのですが、訓練のためであるということを超えて取り組まなければなりません。訓練のためにやっているのだ、という思いが強い間は、まだ分析に十分に取り組めていないということです。訓練のための分析であることを忘れて自分自身に分析を通して向き合えるようになったときに、初めてその分析は訓練のために十分に役に立つものになると言えるでしょう。

私の訓練分析についてですが、その内容は極めて個人的なことで、ここで共有できるようなものではありません。ですので、外的なことだけ少しだけ話します。私は二人のアメリカ人の精神分析家に訓練分析を受けました。一人目の精神分析家は、コロンビア大学精神分析センター所属の訓練分析家でした。コロンビア大学精神分析センターは、自我心理学をベースに、対象関係論的な考え方をしている精神分析家が多く所属しているところです。二人目の精神分析家は、ウィリアム・アランソン・ホワイト・インスティテュート（ホワイト研究所）所属の訓練分析家でした。ホワイト研究所では、対人関係学派および関係学派の考え方が重視されていますが、近年では自我心理学や対象関係論も重視されるようになっています。そういった特徴を持つ二つの研究所の訓練分析家に訓練分析を受けました。

この二つの精神分析家との精神分析の体験は、その後の私の精神分析家としての基礎となったのはもちろんのこと、個人的にも大変意義深いものでした。

あとがき

この度、『実践詳解 精神分析16講』の下巻を完成することができたことを嬉しく思う。これで上下巻がようやく揃った。上巻は、ここから精神分析が勢いよく展開していくというまさにその時期で終わりとなったが、下巻では、精神分析のその後の多岐にわたる展開について十分に盛り込むことができたように思う。

上巻においては比較的小さなまとまりを示していた精神分析が、下巻では多方向に枝を伸ばし、簡単には見通し得ない全体を形作ることになる。上下巻を通して読んでいただくことで精神分析の一つの全体像が浮き上がるようにこころがけた。

精神分析の展開のプロセスは多様な捉え方を許すものであり、それをどのように語るのかには多くの可能性がある。私が示したのはその中の一つであり、私という一個人の視点からのものにすぎない。読者諸兄がやがてはご自身で精神分析の全体像を思い描こうとする際の一つの参考になれば幸いである。

上巻にはなかったものとして、Q＆Aのセクションがある。ここには、学生の皆さんからの質問のみならず、すでに相当臨床実践を積んでいる臨床家の方々からの質問も含めている。その中には口頭で手短に答えるのが難しい質問もあった。この機会に、それらにしっかりと答えてみることにした。そのようなわけで、このセクションには、かなり突っ込んだ、発展的な議論も含まれている。

本書の中でも何度か繰り返し述べているように、私は米国で精神医学と精神分析の訓練を受けた。そのような事情もあって、米国の精神分析の紹介には自然と特に力が入ったように思う。ただ、私が米国を離れてからすでに長い年月が経っている。彼の地の情報については自分なりにアップデートしているつもりであるが、私がいたころの米国の精神分析の状況に引っ張られて過ぎている可能性も否定できない。その点はご理解いただければと思う。

藤山直樹先生の名著『集中講義・精神分析』上下2巻は、本書執筆にあたっての直接の刺激であった。精神分析を学ぶ方々に広く読まれ、また私自身も学ばせていただいた『集中講義・精神分析』であるが、本書の執筆中は、なるべくそれを開かないようにした。自分自身の精神分析の語りを生み出すには、それは必要なことのように思えたからである。高い目標を示していただいた藤山先生に改めて感謝申し上げる。

上下2巻からなる本書を企画し、執筆を続けている間、精神分析を同じく志す数多くの方々のお世話になった。事例検討会やスーパーヴィジョンにおいて教える体験、そして各種講演会やセミナーなどの準備や当日のディスカッションを通して、多くの論点について考えることができた。本書の執筆のアイデアの多くは、そのような出会いから生まれたものである。この場を借りて、関係者の皆様に御礼申し上げたい。

本書には、多くの臨床例が登場する。個人を特定することができないように適宜変更を加えているが、それらの多くは、私の実体験にもとづくものである。私の精神分析体験は、すべて患者さんと共に歩んだものである。臨床例として用いることを許していただいた患者さんたちに感謝したい。

上巻においてと同様に、下巻においても、岩崎学術出版社の長谷川純さんに終始お世話になった。構想からこの下巻の発行まで、長くお付き合いいただいたことに、深く感謝申し上げたい。

最後に、日々の生活をいつも変わらず支えてくれている家族にこころより感謝したい。そして、両親に本書を贈ることができることをとても嬉しく思う。

二〇二四年五月

吾妻　壮

Aronson, New Jersey.　前田重治監訳（1983）対象関係論とその臨床．岩崎学術出版社．

Kernberg, O. F. (1984) Severe Personality Disorders: Psychotherapeutic Strategies. Yale University Press, New Haven.　西園昌久監訳（1997）重症パーソナリティ障害―精神療法的方略．岩崎学術出版社．

Kernberg, O.F. (2004) Aggressivity, Narcissism, and Self-Destructiveness in the Psychotherapeutic Relationship: New Developments in the Psychopathology and Psychotherapy of Severe Personality Disorders. Yale University Press, New Haven and London.

Kohut, H. (1971) The Analysis of the Self. International University Press, New York.

Kohut, H. (1977) The Restoration of the Self. International Universities Press, New York.

Kohut, H. (1982) Introspection, Empathy, and the Semi-Circle of Mental-Health. International Journal of Psycho-Analysis 63: 395–407.

Kohut, H. (1984). How does analysis cure? (A. Goldberg, Ed., with the collaboration of P. Stepansky) The University of Chicago Press, Chicago.

Levenson, E. A. (1988) Real frogs in imaginary gardens: facts and fantasies in psychoanalysis. Psychoanalytic Inquiry 8: 552–567.

Levenson, E. A. (2012) Psychoanalysis and the Rite of Refusal. Psychoanalytic Dialogues 22: 2–6.

Mahler, M., Pine, F. and Bergman, A. (1975) The Psychological Birth of the Human Infant. Basic Books, New York.

Mitchell, S. A. (1988) Relational Concepts in Psychoanalysis: An Integration. Harvard University Press, Massachusetts.　鑪幹八郎監訳，横井公一訳（1998）精神分析と関係概念．ミネルヴァ書房．

Yeomans, F. E., Clarkin, J. F. and Kernberg, O. F. (2002) A Primer of Transference-Focused Psychotherapy for the Borderline Patient. Jason Aronson, New Jersey.

Winnicott, D. W. (1960) The theory of the parent-infant relationship. In: The Maturational Processes and the Facilitating Environment: Studies in the Theories of Emotional development. International Universities Press, Connecticut.

文　献

Aron, L. (1996) A Meeting of Minds: Mutuality in Psychoanalysis. The Analytic Press, New Jersey.

Benjamin, J. (1988) The Bonds of Love: Psychoanalysis, Feminism, and the Problem of Domination. Pantheon Books, New York.

Bion, W. R. (1965) Transformations: Change from Learning to Growth. Transformations: Change from Learning to Growth 5: 1–172.

Bion, W. R. (1970) Attention and Interpretation: A Scientific Approach to Insight in Psycho-Analysis and Groups.

Bromberg, P. M. (1986) Discussion. Contemporary Psychoanalsis 22: 374–386.

Bromberg, P. M. (1989) Interpersonal psychoanalysis and self psychology: A clinical comparison. In D. W. Detrick & S. P. Detrick (Eds.), Self psychology: Comparisons and contrasts (pp. 275–291). Analytic Press, Inc.

Caper, R. (1997) A Mind of One's Own: A Kleinian View of Self and Object. Routledge, London and New York.

Drescher, J. (2013) Jay Greenberg and Steve Mitchell: Interviews from The White Society Voice (1993–1994). Contemporary Psychoanalysis 49: 34–50.

Fairbairn, W. D. (1952) Psychoanalytic Studies of the Personality. Tavistock, London.

Freud, S. (1905) Three Essays on the Theory of Sexuality（英）Drei Abhandlungen zur Sexualtheorie（独）

Freud, S. (1938) An Outline of Psycho-Analysis（英）Abriss Der Psychoanalyse（独）

Greenberg, J. R. and Mitchell, S. A. (1983) Object Relations in Psychoanalytic Theory. Harvard University Press, Cambridge, Massachusetts.　横井公一，大阪精神分析研究会訳（2001）精神分析理論の展開―欲動から関係へ．ミネルヴァ書房．

Greenberg, J. R. (1991) Oedipus and Beyond: A Clinical Theory. Harvard University Press, Cambridge, Massachusetts.

Guntrip, H. (1975) My Experience of Analysis with Fairbairn and Winnicott—(How Complete a Result Does Psycho-Analytic Therapy Achieve?). International Review of Psychoanalysis 2: 145–156.

Hoffman, I. Z. (1983) The patient as interpreter of the analyst's experience. Contemporary Psychoanalysis 19: 389–422.

Jacobs, T. (1986) On countertransference enactments. Journal of the American Psychoanalytic Association 34: 289–307.

Kernberg, O. F. (1976) Object-Relations Theory and Clinical Psychoanalysis. Jason

や行

ら行

わ行

アルファベット

ま行

な行

は行

た行

さ行

索　引

あ行

か行

著者略歴

吾妻壮（あがつま　そう）

1970年　宮城県生まれ

1989年　宮城県仙台第二高等学校卒業

同　年　東京大学理科一類入学

1994年　東京大学文学部第三類ドイツ語ドイツ文学専修課程卒業

1998年　大阪大学医学部医学科卒業

2000～2009年　米国アルバート・アインシュタイン医科大学，コロンビア大学精神分析センター，ウィリアム・アランソン・ホワイト研究所留学

国際精神分析協会正会員・ボードメンバー，日本精神分析協会正会員・訓練分析家

現　職　上智大学総合人間科学部教授，個人開業

著訳書　関係精神分析入門，臨床場面での自己開示と倫理（以上共著，岩崎学術出版社），精神分析における関係性理論（誠信書房），精神分析的アプローチの理解と実践（岩崎学術出版社），精神分析の諸相（金剛出版），実践詳解 精神分析 16 講 上（岩崎学術出版社），リア＝開かれた心（共訳，里文社），ビービー他＝乳児研究から大人の精神療法へ（共訳，岩崎学術出版社），ブロンバーグ＝関係するこころ（共訳，誠信書房），フェロ＝物語と治療としての精神分析（監訳，金剛出版）

実践詳解 精神分析16講（下）
—欲動論と関係論の対話—
ISBN978-4-7533-1242-9

著者
吾妻　壮

2024年6月12日　第1刷発行

印刷・製本　（株）太平印刷社

発行所　（株）岩崎学術出版社　〒101-0062 東京都千代田区神田駿河台 3-6-1
発行者　杉田 啓三
電話 03（5577）6817　FAX 03（5577）6837